纪念世界反法西斯战争胜利70周年

Les Oubliés de la
Mémoire

爱与黑暗
"二战"时期欧洲的同性恋者

召汋源 译

让·勒比图（Jean Le Bitoux） 著

中国人民大学出版社
·北京·

只因为我是一个犹太人！难道犹太人没有眼睛吗？难道犹太人没有五官四肢、没有知觉、没有感情、没有血气吗？他不是也吃着同样的食物，同样的武器可以伤害他，同样的医药可以疗治他，冬天同样会冷，夏天同样会热，就像一个基督徒一样吗？你们要是用刀剑刺我们，我们不是也会出血的吗？你们要是搔我们的痒，我们不是也会笑起来的吗？你们要是用毒药谋害我们，我们不是也会死的吗？

——威廉·莎士比亚：《威尼斯商人》，第三幕，第一场（1604）

目 录
CONTENTS

001 第一章 大清洗

　　005　国会纵火案
　　008　柏林的疯狂年代
　　011　社会解放受到致命威胁
　　016　柏林的同性恋政策
　　021　危害极大的"外出郊游"浪潮
　　026　文化的浩劫
　　032　海因里希·希姆莱：一个仇恨科学的讲话
　　039　尴尬的"血腥之夜"
　　043　血腥的早晨
　　048　从"血腥之夜"到"砸玻璃之夜"
　　053　同性恋在被占领国家和地区的命运
　　060　德国和奥地利的女同性恋者的命运

076 第二章 仇视同性恋的可怕岁月

　　081　粉红色三角
　　086　"疯狂"医生
　　089　集中营里的"性生活"
　　095　一个艰难的任务

099　欧洲其他地区的情况

110　第三章　无忧的巴黎

115　巴黎的医生和警察
119　巴黎的夜生活和沙龙
124　被占领的法兰西，被监控的巴黎
130　达尔朗和他的土伦水兵
137　面对神秘凶手的达尔朗
144　所有人都解放了吗？
149　历史的不可思议的沉默

165　第四章　萨特，无须负责

171　安德烈·纪德和让·科克托
179　作家、同性恋和附敌分子
188　萨特与同性恋造反

204　第五章　重新认识之路

208　带头的无名呐喊，最初的集体行动
211　邦特和斯特拉斯堡事件
218　悼念之艰难
234　死者的名分
239　不可告人的结盟
242　正面人物
248　同性恋和公民权

266　结束语

275　译后记

第一章

大清洗

国会纵火案

柏林的疯狂年代

社会解放受到致命威胁

柏林的同性恋政策

危害极大的"外出郊游"浪潮

文化的浩劫

海因里希·希姆莱：一个仇恨科学的讲话

尴尬的"血腥之夜"

血腥的早晨

从"血腥之夜"到"砸玻璃之夜"

同性恋在被占领国家和地区的命运

德国和奥地利的女同性恋者的命运

关于同性恋问题，没有更多的话好说，我们只要记住有些丑行就够了。

——T. W. 阿多尔诺

1933年1月30日，保罗·冯·兴登堡，这位1925年上台的德意志共和国总统召见阿道夫·希特勒，让他组织新政府。时年44岁的希特勒，终于取代冯·施莱歇尔，成了德国的新总理。希特勒上台16个月之后，1934年5月30日，施莱歇尔和他的妻子在"血腥之夜"的大屠杀中惨死在自己的家中。他当时曾拒绝把总理的位置让出来。

希特勒上台6个月后，要求解散国会，魏玛共和国政府没完没了的更迭，使他很不满意。不过，在刚刚同国家主义右翼组成的新政府中，他任命了戈林和弗里克两名部长。这样一来，他就可以放手大干了。

1933年3月5日最终赢得的国会新选举并未保证纳粹党的真正优势，他们还需要开展一系列包括大量暴力和极端行为的运动。共产党和社会党的一批议员已经进了监狱。他们空下的候选人名额的转移，完全改变了选举结果。其间，希特勒也运用一些能赢得人民支持的宣传口号。但这只是他复辟大德意志的一个步骤。为达目的，他必须首先消灭从前的竞争对手，然后同"腐败的议会制"决裂，使这个麻木不仁、毫无生气的魏玛共和国不复存在。[1]

15年来，德国人一直认为，1914—1918年战争的失败，是他们国家的耻辱。自20世纪20年代①初经济衰退以来，失业队伍越来越大。希特勒希望重工业开始起步，以便把更大规模的军工生产纳入其中。此外，近几十年间，德国人民和艺术家似乎对1917年的布尔什维克革命热情高涨。斯巴达克革命险些就成功了。这些都让希特勒寝食难安。在他看来，共产党人、社会主义者、各种协会、工会，他们所做的一切，都是要毁掉德国。10年前，从他写《我的奋斗》一书以来，他就一直认为这个腐败制度的最主要获利者是犹太人：他们是给别人带来不幸的无国籍流民。

另外一些强有力的决定也压在所有那些使德国出生率下降的人们身上。金字塔形的年龄统计结果表明人口遭受了巨大损失（1914—1918年间丧失了200万人），这些损失应由大量出生人口来补充。对于一个好战的独裁者来说，这尤为重要，因为他需要征用所有身体强壮的年轻人。然而，这些青年人似乎并不关心生育方面的事。很多人加入到某些青年运动之中，几十年来，他们组织森林探险和旅游，在野外庆祝友谊，欣赏阳光和裸体，远离战争和尘嚣。

与此相反，另外一些青年人则陶醉在德国大都市那种繁华舒适的生活中，这些大都市正遭受人口指数下降的困扰。

这时，在所有欧洲大城市中，到处都有人争论艺术问题，他们鼓吹抽象艺术，用他们的作品扰乱男女关系的正常表现。从青年旅馆到舞厅，从画室到渔村，所有一切，都使德国青年背离了希特勒给他们规定的使命：大量生孩子，建立一个雅利安人统治的千秋万代不朽的王国。

---

① 本书中所有年代，除特别注明的，均指20世纪的年代，下同。——译者注

正因为此，希特勒在他掌权几天之后，即 1933 年 2 月 4 日，颁布了《德国人民保护法》（*pour la protection du peuple allemand*）。此法令很快就得到加强，因为三周以后，发生了国会纵火案，德国总理借此补充该法案：禁止政党、工会、社团和各协会的活动，禁止新闻自由和游行示威。

80 岁高龄的兴登堡元帅是在 1933 年 1 月 30 日这一天正式任命希特勒为总理的。同一天，克里斯托弗·伊舍伍德，这位自从离开伦敦后就成了柏林居民的人，万万没有料到有如此大的灾难来临，在写给朋友斯特凡的信中，他大大嘲笑了这次事件："正如你将要看到的那样，我们即将有一个包括查理·卓别林和圣诞老人在内的新政府了。"[2] 还是在这一天，作家托马斯·曼在他即将离开柏林起程赴莱比锡改编圣艾修伯里的剧本《夜间飞行》之前，在日记中写道："一大早我离开了柏林，好像是被一种不祥之兆所驱赶……晚上没有睡好，情绪很坏，我勉强看了一眼这座仍然在沉睡中的城市，这也许是我看柏林的最后一眼了。永别了，柏林。我从前离开从不向它这样说的。"[3]

这天，刚成为德国总理的希特勒，离开他居住了两年之久的凯塞尔霍夫饭店，饭店就在总理府对面，那里有他的议事厅和他的秘书组。两处相隔不过数十公尺，希特勒一抬脚就到了。他回答新闻记者的问题，同他的战斗伙伴以及楼层女服务员握手。入主总理府以后他可以解散这边的队伍了。同天晚上，数十万人组成的火炬游行队伍穿过柏林勃兰登堡桥，然后汇入威廉姆斯塔斯大道，大道两旁的楼房和阳台上，希特勒和兴登堡先后向狂热的人群挥手致意。游行队伍从离总理府两条街的法国大使馆门前经过，法国大使安德烈·弗朗索瓦-蓬塞在他的回忆录中写道："一条火焰的河流从法国使馆门前流过，我沉重的心充满了不祥的预感。"[4]

希特勒一整天都很高兴，他对戈倍尔组织的这次检阅十分满意。一场盛大的晚宴在总理府贵宾露台后面的豪华客厅举行。席间，人们可以看到戈林、戈倍尔、罗姆、赫斯和弗兰克，他们都是这个舞台上的关键人物。希特勒预祝即将到来的大选获得成功。在各地的选举中，应当争取雷那尼地区和德国南方的中间派和天主教徒的选票，也要争取东部地区民族主义者和保守派的选票。至于国家中部地区，传统上是社会民主派、左翼人士、共产党人的势力。他们在城市的选票通通要争取过来。纳粹在柏林的集会很有效果，尽管共产党扬言要"拿下"柏林，并采取了一系列敌对行动，他们还是赢得了不少的支持。街头在打架斗殴，小酒馆里在狂欢畅饮，纳粹的讲演就在其间进行，照菲利普·苏波在巴黎 Vu 杂志上的描述，其成绩的突出是不容置疑的。希特勒十分满意。[5]

一周以后，他们建立了第一座集中营，即由一家工厂改建的奥里安昂堡集中营。这是纳粹主义的高效率，是他们为强迫犯人劳动而改建成的，地点就在萨克森豪森附近柏林西北 30 公里处。紧接着，1933 年 3 月 8 日，距慕尼黑 15 公里远的达豪集中营建成，6 个星期之后，大批人群来到达豪。到 1933 春季快结束的时候，已有 50 个集中营在运转了。

国会纵火案

1933 年 2 月 27 至 28 日夜间，也就是立法议会换届选举前 8 天，国会被烧了。纵火嫌犯很快被抓获，他是一个名叫马里努斯·冯·德尔·卢贝（Marinus Van der Lubbe）的荷兰籍青年，一个可怕的纵火狂。听说他是用自己的衣服浸了汽油点燃这座建筑的。两天以后警察局的报告就出来了，他们向新闻界公布细节，证明共产党人常去那里，证明这个危险的年轻人有同性恋倾向。[6]

在起诉期间，一些当时的新闻照片和一段新闻纪录影片描绘出一个柔弱青年支离破碎的轮廓，他身穿一件花格子囚服，在他旁边，一个系着领带的人面带嘲笑的表情，很像是个警察。另一些从这名青年身上搜出的照片显示出的是冯·德尔·卢贝面带微笑的娃娃脸形象，一个头戴鸭舌帽的青年无产者。

在这场草率的诉讼过程中，记者、编辑们很少报道被告的个人情况，只简单地说这个年轻人已经被立即处死。国会被焚，这太不可思议了，而要怪罪到所有民主党人身上，好像也说不过去。政治报刊和民间新闻对这桩尴尬事件的分析非常笨拙，他们的论点相互矛盾。一方认为冯·德尔·卢贝是一个纳粹同性恋破坏分子，当然是在威逼之下，受命进行破坏。另外一方则认为他是一个仇视自由的同性恋者，他企图钻社会混乱的空子，趁机在德国鼓吹布尔什维克革命。也还有另一种议论，在这场火箭般速度的官司过程中流传开来：被城市的繁华所吸引，这位荷兰的同性恋青年没有理由不利用曾被欧洲历史征服的首都的松散、堕落的气氛。被柏林的同性恋名气所吸引，他更要到那里去进行政治活动了。

反法西斯舆论坚持认为，是这个年轻人的道德品质原因，使他改变了最初的革命信念："冯·德尔·卢贝主要是一名同性恋者，他的行为举止像女人，他在女人和众多证人面前的拘谨和腼腆，说明了这一点。他喜欢同男性往来的兴趣是尽人皆知的。……冯·德尔同纳粹头头们之间的同性恋关系，他在物质方面的依赖性使他变得乖巧灵活因而听命于要他放火的意志。"[7]冯·德尔·卢贝的唯一不足之处是：他不是犹太人。对于同性恋者或被控为同性恋的人来说，一点儿怀疑就足够了。这是可以威胁任何一个人的可怕的政治武器。

被民间报刊和官方新闻炒作得沸沸扬扬的共产党人和同性恋者大杂烩，在1933年2月份期间，使当时方兴未艾的反抗运动和自发抗议活动变得像抽风一样，忽冷忽热，希特勒是很怕这些运动和活动的。这种瘫痪的政治形势，由于共产党和社会党在这一悲剧性事件面前缺乏共同对策，变得对希特勒更加有利。我们觉得，这双重的指控，这政治栽赃的大杂烩，把一场正在进行的较量搅乱了。人民运动没有利用这一高涨的群众愤怒情绪，一举摧毁这块议会民主的招牌。希特勒避开了他本来非常害怕的群众愤怒的锋芒。这种像化学实验式的相互作用，既引起人民群众的反共情绪，又使他们更加仇恨同性恋。至于马里努斯·冯·德尔·卢贝，柏林法庭于1980年1月追判他无罪。[8]

在1933年2月27至28日的夜里，柏林闹市区的上空升起大片红云，它意味着德国民主的灾难，随着这座其中摆着一排排议员席位的巨大建筑的倒塌，民主也被火焰和仇恨彻底摧毁。在那著名的"金屋"夜总会门口，有多少人亲眼目睹了这片天上的红云！在金屋这个全欧闻名的同性恋聚会场所，在这个"不法"分子集中的舞厅里，有夜游神和艺术家、知识分子和有产阶级、外交官和穿异性服装的人、嫖客和妓女……有一位在布鲁塞尔大学任教的米歇尔·万谢诺先生在1984年的一次讨论会上说："德国人当时的确认识到，同性恋这种异类生活方式的存在，会使某些人感到恐惧……这样一来，纳粹的意识形态成了最终的受益者，它可以使各不同阶层的人——从共产党直到教会——都哑口无言。"他最后说："现政权既使那些被'腐化堕落'吓怕了的部分德国人民放了心，又不致过分激怒真正的对手。"[9] 15天之后，"金屋"被墙壁堵死，上面覆盖着他们的卐字旗。一幅当时的照片显示，在这座建筑前面，一些党卫军士兵日夜守护着一条已经荒芜的走廊。正面是一幅标语："希特勒说到做到。"

国会大厦烧毁了。柏林的夜晚遭到纳粹警察的直接践踏，他们搜查关门较晚的咖啡厅、爵士乐俱乐部、群众集会场所，对同性恋俱乐部中人的大逮捕更是不在话下。在内政部长赫尔曼·戈林命令下，颁布了关于通信秘密检查、禁止卖淫、禁止同性恋、关闭夜间娱乐场所等多项法令。多数情况是，一辆辆满载着全副武装的冲锋队队员的卡车，开到同性恋者聚会的地方，去执行大搜捕行动。

镇压是大规模的。2月28到29日的夜里，抓了4 000名政治犯，其中1 500人是在柏林城区抓的。此后，3月份逮捕了10 000人。因反对纳粹政权而被投入监狱或送进集中营的，总数有25 000人。四分之三是共产党员。3月3日，共产党的总书记恩斯特·台尔曼被捕，这天离国会换届选举只有两天时间。希特勒非常高兴，因为社会主义分子拒绝了共产党要他们追随其转入地下的建议。

作家克里斯托弗·伊舍伍德在那个悲惨年代生活在柏林，他的小说《永别了，柏林！》（*Adieu à Berlin*）描写了当时自由被剥夺的情景。1972年，鲍勃·福斯同莉莎·米纽莉、迈克尔·约克共同摄制的影片《小酒店》（*Cabaret*）就以其小说为蓝本。差不多半个世纪之后的1980年，这位76岁高龄的老作家在会见 *Gai Pied* 报记者时，对吉勒斯·巴伯代特说道："我的朋友们那时总爱说，希特勒根本没有可能长久执掌政权，因为只要有一次大罢工，就会立即把他扫地出门。不过这种理论上的推测，与实际情况相去甚远。令人意想不到的现实是：同性恋者对纳粹主义上台，没有进行丝毫有效的抵抗。"克里斯托弗·伊舍伍德很快就要离开柏林回伦敦去了，他最后离开伦敦去美国定居。他补充道："我对当时的政治形势给予了足够的重视，当时英国的同性恋者生活在奴隶般的状态之下。所有的人都缄口不言。不久，我回到了伦敦，开始了完全自由的生活。"[10]

柏林的疯狂年代

柏林的人口增长速度是非常惊人的，19世纪20年代的经济危机促其贫穷的郊区范围进一步扩大后,尤其如此。1845 年柏林有 50 万人,1871 年为 100 万,1900 年又翻了一番。到 1920 年,柏林已有 400 万居民,成为欧洲人口最稠密的首府。它同时也是一个年轻的城市,犹太人在那里非常集中。在它的郊区,自从 20 世纪初义务兵役制实行以来,兵营周围开了很多专为大兵服务的小酒馆。士兵性交易的事常常发生,特别在蒂尔加滕公园,他们在那里同男妓们一起,享受着园中的林荫小道。此外,在整个 20 年代,每到冬天,每周都要举办男同性恋者的舞会,其中有些人一晚上要赶好几场,特别在柏林狂欢节期间,欧洲人都到那里去聚会。[11]

盖伊·奥克汉姆,这位 70 年代同性恋运动的代表人物,赋予同性恋者一个固定名称,他说:"到 18 世纪初有一种城市现代文化逐步形成,这就是同性恋。那时,伦敦出现了反常性行为的秘密俱乐部,他们有自己的活动地点,有自己的行规……一直要到 19 世纪末,这种性倒错的行为方式才被其他人所认识,才第一次被医生、法学家、政治人物所接受,性关系的异端从此成为社会现象。总之,同性恋的产生,源于现代都市的发展和性心理知识的出现。"[12]

1900 年,柏林有 30 家同性恋酒吧,到 1933 年就增至 130 家,比巴黎现在还多。也有一些文学团体,如罗汉克林俱乐部和哲学家社团。还有"男人专场"的夜间演出,专演一些滑稽搞笑的同性恋内容的节目或当时较为流行的戏剧。在巴黎,那位被让·科克托所欣赏的专门反串角色的美国人巴贝特也同样吸引大批观众。这位舞蹈家和杂技演员不久之后在马雷区也有了自己的剧场。在柏林演出的《汉娜·斯图尔姆》,完全是《让娜·滕佩特》的翻版,此剧最初在"金屋"上演,令很多在夜间寻乐的柏林人陶醉过。

1931 年,巴黎一家以讽刺幽默闻名的报纸《小钢炮》对德国首都那种既疯狂又刺激的活动发生了兴趣,赶紧向那里派去几名记者，通过奥斯卡·梅泰尼耶的文章，我们看到了对另外一个著名的同性恋夜生活场所"德雷斯内·卡西诺"的描写："我眼前是一片四百到五百人形成的五颜六色的人海，人海中发出美妙的交响乐声音。每个舞者都是男扮女装。在色彩斑斓的人海中，偶尔可以看见几个流动着的黑色斑点，原来是一些身穿制服和晚礼服的警察，他们一脸严肃，也参加到这一纯粹由男人组成的晚会中，又唱又跳。"女同性恋的夜总会"玛丽"和"英奇"，《小钢炮》的记者也没有放过："在那儿，环境设施和谐优雅，非常适合众多美女冶游其间，周围的颜色主要是酱紫色和珠灰色，有一个琳琅满目、供应丰富的吧台，座椅都是深色的。我们走进去的时候，已经有一些女人在那里了。"一家同性恋小报也刊登了一些分析评论文章、连载浪漫小说以及一些夜生活的新闻报道。一家名叫《友谊报》的杂志上面刊登着这样的启事："水兵寻求男性伴侣"或"男青年，27岁，征求一位强壮男子为性伴侣"。

  同性恋者生活在一起，纵情声色，享乐达到了极致。他们的人数和性质很难确定，正如费里克斯·亚伯拉罕亲眼所见后所描述的："大多数同性恋者都在某个团体当中。在柏林，我们看见有胖子俱乐部、秃子俱乐部、光棍俱乐部，那么，为什么不能有一个专门为仇视女人的人提供相聚场所的俱乐部呢。"也有小胡子团体，但他们也欢迎留大胡子的人，他们常常组织数百人规模的50岁以上老人的聚会，这些老人风度翩翩，丝毫不逊色于那些嘴上无毛的青少年，他们在那里快乐消闲，通宵达旦，一晚上喝掉无数公升的啤酒。在一些体育竞赛协会的酒店中，人们鼓励那些身健貌美的青年进行色情表演，帅哥们性感刺激的紧身衣裤，非常具有挑逗性。表演常常掏光观赏者的腰包。《小钢炮》最后一篇报道是20世纪30年代初发表的，标题是《致小雄狮》："这是一家美国西部式的小酒馆，天花板上挂满了万国旗，乌烟瘴气，乱七八糟，简直就是一个疯人世界。服务员是清一色的'小狮子'，其实，就是一些18到20岁的身体健壮、精力充沛的小伙子，他们身穿水兵服，在那些爱好男风的顾客中间忙碌着。"[13]

科莱特的第一任丈夫威利在1927年对柏林的小酒店有过另一番描写，文章比较含蓄但不无幽默感，指的就是克里斯托弗·伊舍伍德曾经提到过的、位于一个工人区的科西·科迈尔酒店。他说："旅游者都不愿到那里去，他们认为那里不安全。其实，这家酒店接待的都是一些老主顾，格调一点也不低下：四周墙上挂着拳击手和自行车运动员的照片，来者多数是年轻的失业工人，他们身穿皮夹克，衬衣敞开露出肚脐眼儿，衣袖挽得高高的，在那儿一边玩扑克，一边等待顾客。"威利还一再描写卡尔斯巴德咖啡馆："整个大厅塞满了男人，大多是吵吵嚷嚷、高谈阔论的年轻人，他们手舞足蹈，动作极其夸张。一个因吸食吗啡而瞳孔扩大的少年，在大厅中间扭来扭去。他穿一件短外衣，里面光着上身，两条腿也裸露着，脚上穿着一双凉鞋。"[14]

在王子大道，有大歌舞厅、时尚的啤酒馆以及首都最大的电影院，正如旧时照片所展示的那样，一些女同性恋者和男同性恋者旁若无人地在那里散步，他们和她们充满自信，认为自己已完完全全融入了这个社会。[15]吉勒斯·巴伯代特在 *Gai Pied* 报上，追忆这个疯狂年代时写道："最使欧洲人感到震惊的德国文化现象，就是同性恋。欧洲人看到了他们永远不想看到的莱茵河彼岸的现实。"[16]这种令人震惊的都市文化的涌现，来势汹涌，清晰可见。[17]

社会解放受到致命威胁

这种社会解放的动力对于同性恋者来说，不是孤立的，也不是没有限度的。当时还出现了另一种潮流:妇女解放运动。尽管这不是主流,很多职业还是以妇女为主了。同时出现了一种新职业:打字员。这是一种令人羡慕又较为稳定的职位,它常常可以弥补丈夫工资的不足,而且开始涉足男人的经济领域。当然这种职业对于从事演艺的妇女、女歌星以及服装模特来说,是没有吸引力的,那些女人有自己的梦想。此外,由于魏玛共和国的制度,妇女于1927年开始有了选举权。威廉·赖西的Sexpol运动,是思想意识领域的另一次大动荡,从1920年到希特勒上台这段时间,它引起人们越来越大的兴趣,给人们带来新的道德观念,如重新回到以生活享受和肉体刺激为主要目标的生活方式之中。这种风气很快散布到整个德国。但赖西并不因此就赞成同性恋解放,他觉得同性间的性欲很靠不住。异性之间的性关系才是正常的、神圣的。作家兼政治斗士达尼埃尔·介朗30年代在德国时并不认识赖西,但后来,他1948年在美国时认为:"赖西是一个被压抑的同性恋者。正因为如此,他才会强烈地抨击同性恋。"[18]赖西的理论完全是依照西格蒙特·弗洛伊德思想中的"文化是一种性欲的升华"这一观点,他的理论可能把人对劳动的反感态度,把人遇到障碍反而更加兴奋的现象,解释为一种人对社会秩序的态度:有时是自愿的服从,有时是违心的顺从,这种解释是对性能力的根本歪曲。Sexpol运动也暴露出人在遇到自身障碍(其中包括政治方面)时的无奈。人需要从控制他感情欲望和梦想的社会枷锁中解放出来。[19]

埃里克·弗洛姆的思想接近后来在六七十年代影响很大的弗洛伊德—马克思主义潮流。他在其所著《专制和家庭》(*Autorität und Familie*)一书中,并没有分析同性恋的外在表现,而是描绘了同性恋的社会构成,此时道德权威们尚沉浸在某种受虐狂的反应之中,出现了"同性恋—顺从者"这样的混合体,他写道:"一般来说,施虐狂—顺从者的特点同其在异性性关系上的欠缺是一致的。性成

第一章 大清洗

熟前的冲动（特别是肛门的）是非常强烈的，表现出来却是有条有理、一丝不苟和协调和谐，对于小资产者的性格来说，这一点非常重要。按照心理学的观点，一个同性恋者，如果对他的妻子心理感觉特别好，性欲也得到完全的满足，他会非常珍视这种和谐的感情。反之，如果他对她反感，则会在同她的关系中，更关心家庭和孩子，而不在意情爱方面是否和谐。在其他兴趣方面，他更同情有受虐狂倾向的人，善意地使柔弱的男人和强健的男人相互补充。这种爱情设计构成了团结合作的重要因素，对于一个受压抑的社会来说，是非常重要和必不可少的。在正常情况下，这种关系是不合情理的，是同弱者的利益相背离的。这样，同性恋有了存在的空间。在什么样的情况下，兼有施虐狂和受虐狂倾向的人能与同性恋者结合起来，这是一个多年受到关注、至今尚不十分清楚的问题。"[20]

一种双重的渴望正在吸引着新的一代，这些年轻人想忘掉大战中的屠杀而钟情于兄弟关系和友谊，他们到大自然和森林中去聚会，或沉浸在都市夜生活那些稀奇古怪的娱乐之中。总之，不惜任何代价，逃离钢铁厂的高炉和贫苦的郊外地区。

另外一个关注这些青年人和德国的是达尼埃尔·介朗，他在同他的巴黎资产阶级家庭决裂之后，先动身去了黎巴嫩，然后前往印度支那，在那儿见证了殖民主义的残忍统治。1930年回到巴黎时他26岁，在贝尔维尔区当印刷工人。1985年，他在同我的一次谈话中回忆道："从1932年开始，我就感觉到纳粹主义的上升。而之前的1930年，我们虽然对纳粹势力急剧增加有强烈印象，但还觉察不到它的危险性。对墨索里尼的回忆已渐渐淡忘，在德国发生的一切似乎并不那么可怕。"[21]此时，这位《褐色瘟疫》一书的作者对德国进行了两次访问。他写道："我的第一次旅行是在1932年夏季，希特勒还未上台。第二次是1933年的四五月间。这是两次完全不一样的旅行。第一次是步行，身上背着背包，有一个伙伴同行。我们晚上住在青年旅馆，那儿有许多可爱而浪漫的青年，这些青年的活动，就是弹着吉他和曼陀铃，在马路上边走边唱。"总而言之，达尼埃尔·介朗并不十分清楚这些青年同流浪的同性恋者之间有何界限。他承认自己16岁时就是同性恋，而且从不向人隐瞒。他说："但我从不做爱，也从未看见同性恋者公开做爱。同性恋无非是男孩子之间友谊的升华，它在当时是很光彩、很时髦的。"

下一年的旅行使他的美梦变成了噩梦："1933年，一部分青年旅馆已经希特勒化了，人们不得不常常同纳粹青年艰难地争吵。在某些旅馆里，有人怀疑我可能是间谍，我受到威胁。"几年后，他在挪威被纳粹逮捕，原因是他曾参加过一个欧洲抵抗组织，其实那既非宗教团体，也不是戴高乐或共产党的组织。

意大利作家阿尔贝托·莫拉维亚也要去柏林访问，那是1934年，他27岁。1929年，他的第一部小说《冷漠的人》的出版使他在意大利非常有名。他很快就成了墨索里尼法西斯意识形态的敌人，于是设法离开了他的祖国意大利。他访问了欧洲很多国家，去过伦敦、巴黎和慕尼黑。1987年，他在巴黎刚过完八十大寿时，我同他相遇并进行了一次交谈。他回忆起在那些黑暗年代中在德国一次短暂的逗留："我是坐三等车离开罗马的，因为我没有很多钱。我下车后，糊里糊涂地住进了一家叫豪索诺夫的豪华酒店。第二天早晨，我才搞清楚，我是这儿很少的几个平民百姓中的一个，周围尽是些穿褐色服装的武装分子。晚上，从酒店出发，我参加了雄伟壮观的火炬游行，在行进中，我看见阿道夫·希特勒向人群挥手。我吓得够呛，知道此地绝不能久留。第二天赶紧购买一张火车票离开，花光了口袋里所有的钱。"[22]

上世纪20年代到30年代初期，柏林是欧洲三大同性恋首府之一，另两个是伦敦和巴黎。在东方，圣彼得堡成了一座死气沉沉的城市。在西方，纽约超过了欧洲，开始成为值得信赖的消闲娱乐和逃避恐怖的去处。这些首都城市使那些正在追求自由的国家的人民心向往之。城市的光明也像它的黑暗一样，吸引着那些在自己老家生活得不如意的同性恋人群。一个德国同性恋者 30 年代初期亲历了这种情况："那时，对我这样的外省人来说，马格德堡、马英兹或纽伦堡这些地方是小资产者的安乐窝，而柏林则代表着开放和可以自由自在、随心所欲的地方，以至于人们一旦有机会去那里，就再也不想回老家了。"[23]

正如美国历史学家杰勒德·科斯科维奇所说："到那时为止，同性恋对于人们还只是一个孤立的、模糊的概念，对同性恋者真实生活的发现，是一件了不起的新鲜事。"马格努斯·希斯菲尔德写道："人们看见从他们外省的老家最底层出来的一些男同性恋者看到这些都市情景时，高兴得热泪盈眶。"很多同性恋者对柏林自由氛围的感情，可以从给同性恋夜总会取的名字上体现出来，那个名字在 20 年代和 30 年代初曾经把德国首都的每个夜晚变得美妙无比。名字用霓虹灯的大写字母，装饰在夜总会的大门之上："金屋"。名字显然源于那些西班牙的探险家们想找而没有找到的那个神话中的国度。为了让人容易看得见，还在主要入口处上方竖了两个广告牌，示意新来的客人："你们到了。"[24]

克里斯托弗·伊舍伍德并未被柏林同性恋生活的浮华表面现象所迷惑。他回忆道："虽然人们可以说，在这个城市生活是多么的舒服，但我却对它很反感。当然，这只是个人层面上的体会，如此而已。我不是一个想在文化领域中捞取好处的人，比如作家的聚会、知识分子之间的辩论以及所有大城市中都有的咖啡馆生活。另外也还有在那些年代中存在的，由于卖淫的原因而搞同性恋的。1929 年的经济危机加重了这种现象的发生。与此相反，代表真正快乐生活的资产者圈子中，人们都非常大方，彬彬有礼。在男人们举办的一些庆祝活动中，如果某人想同另一个人交往，他就向他走过去，用一种谦恭的姿势邀请他'我可以同你跳舞吗？'当然这看起来有点滑稽。"[25]

其实，在 30 年代，就有这样的人物，他们过得又幸福又轻松，比如柏林的哈里·斯特拉普说："我 1930 年起就生活在柏林。我们有自己的夜总会，我们可以约会，可以跳舞。也有另外一些场所，远离喧闹的人群，更为高雅，更加清净。我同一个男孩子生活在一起，我认识他的时候他 21 岁。靠他母亲的关系，我们常常参加一些豪华的大型化装舞会，就像马莱·迪耶特里克或俄国叶卡捷琳娜二世举行的那种。晚会快结束的时候，人们打开大门，面向在马路上值勤的警察，让他们看见我们的所作所为。那时很宽松，彼此相安无事。我记得有个晚上，我和我的朋友在住房前拥抱亲吻，正好房东从门口经过：'你们在那儿干什么，像孩子似的？'我们不知道怎样回答她。"哈里·斯特拉普继续写道："后来整个柏林城里装扮成女人的鸡奸者都消失了。我失去了很多同性恋朋友。他们无一人得以幸免。我比较狡猾，销毁了同性恋者的一切标记，以及一切可能引起怀疑、从而把我拖进那场大清洗灾难之中的信件。"[26]

柏林的同性恋政策

在那些疯狂的年代里，柏林有三十多家同性恋报刊，其中有三份是周刊。大部分是在全德境内的报刊亭中发售的。同这方面有关的图书每年要出二百种左右。这个有两千多个妓女在警察局注册的城市，是一个同性恋十分活跃的地方，也是欧洲组织得最好的城市，因此，有必要在这里详细谈一谈。[27]

1897 年，在大量的同性恋游行活动和一些反思团体的影响下，马格努斯·希斯菲尔德博士建立了科学和人道主义委员会。这一年他 30 岁，自己还开了一家专门研究性问题的中心，包括一个陈列室和一个图书馆。1919年,中心增设了一个专门接待同性恋者的诊所,它包括医药救助、心理分析以及法律服务。

这位医生也是医生的儿子,在八个兄弟姊妹中排行第七。他于1867年生于波梅哈尼附近的科尔贝格。1900年,他的委员会中只有70个成员,1910年增至5 000人。[28] 由于他的这一伟大壮举,才有了后来的不谈鸡奸行为,而改为谈同性恋者和同性恋问题。希斯菲尔德比其他人看得更远,他认为20世纪初开始就应该集中各方面的知识,其中包括医药方面的知识,迅速提高其可信度,以研究解决这方面的问题。

这一用词上的改变符合一种政治上的策略(关于这个问题,以后本书提到米歇尔·福柯的时候,还会涉及),它使新生的同性恋运动得以利用古旧势力和新生权威之间的矛盾。因为这涉及在经历了两个世纪的压迫之后,可以逃脱进监狱的命运,如同从前逃脱苦役的命运一样。但是,正如杰勒德·科斯科维奇所说:"谈到限制措施,医务人员所做的,早就超过了司法工作者的努力。在70年代,医生们早就对有同性恋欲望的男人和女人进行了分类,既针对先天性的生理特征,也针对个人心理紊乱引发的精神失常。这种分类的目的能辨别出,哪些情况是先天的性倒错,哪些情况是后天形成的毛病。为了证明所使用治疗方法的严格,医务人员特别强调患者性别的丧失和可能的传染威胁。"[29]

如同权力领域的社会碰撞一样,怎样为男人与男人之间的互相吸引定名呢?一场如何措辞的斗争在20世纪初期已经开始了。大众报刊有最后的发言权,"同性恋"这个词被采用了,它取代了所有其他用词。"同性恋"和"同性恋者"被国际上接受了。特别是1907年开始的奥伊伦堡诉讼,德国大众报刊大量使用此词。[30] 此外,有趣的是,"同性恋"一词是1896年才出现的。差不多30年后,有证据表明,"异常"这个词,是因为先有"正常"一词,用其反义才出现的,就像少数是多数的对应词一样,郊区是相对城市而言的。还有,秩序的对立面是违规。正如历史学家克里斯蒂安·博内洛所说:"如果说人们花如此多的工夫寻找同性恋相关词汇以及它在 19 世纪的不正常表现的话,那是因为他们要更好地确定其规则界限。"[31]

新生的医学权威利用在握的大权,给欧洲的同性恋运动进行政策定位。哈夫洛克·埃利斯,这位希斯菲尔德博士的同行,也要在 20 世纪初,在伦敦建立大不列颠同性恋运动组织。同他站在一起的,还有作家爱德华·卡彭特和约翰·阿丁顿·西蒙德。赌注是一样的:利用医院的病历,逃避监禁。一种摇摆于正常和反常之间的说法出现了。

在伦敦,一个叫奥斯卡·王尔德的人的案件,长期困扰着人们,此人因为对大不列颠贵族的反同性恋政策不满,常有怨言,一场要命的官司扣在了他的头上。因为,自 1895 年以来,大不列颠刑法明确规定,严厉惩罚所有粗鄙下流的同性恋行为。

希斯菲尔德的主要诉求是关于对 1870 年德国法律"175 条款"的撤销。当时通过此刑法法典,是想利用它来统一德意志国家。这就是第二帝国的建立。路易二世的巴伐利亚后来长时间敌视这一对同性恋的惩罚政策。"175 条款"非常清楚:"任何一个男性,对另外一个男性或动物做出猥亵行为,或同意参加这类性质的活动,将被判刑。"至于女人爱女人,将不受惩罚,虽然 1912 年最高法院曾有意将其列入条款。根据德国法院的记录,1894—1914 年间,每年都有数百人遭受这条法律的打击。1919—1933 年期间,德国法院根据这个"175 条款",宣判了 9 万起同性恋案件。

希斯菲尔德在其活动的主要方面,都得到了他的同时代人西格蒙特·弗洛伊德的支持。他俩互相帮助,在众多的新兴科学中,共同催生了精神病理学和性学。这股科学新风,扩大了医疗界同行的权力空间。尽管在他们的友好关系中,也有某些不愉快之处,特别在关系到他年轻的匈牙利籍学生山多尔·费伦茨的时候。[32]弗洛伊德在其所写文章中始终认为,假如同性恋意味着男人接近女人的道路的不太自然的中断的话,那么,对同性恋的歧视就是不应该的了。法学家弗洛拉·勒鲁瓦-福尔若说:"他的判断长期不为人所知,长期不被重视。"但弗洛伊德长时期来对同性恋问题始终有他的立场。1905年10月27日,他在《时代周报》上发表意见,支持一个被控同两个男模特发生性关系的摄影师。这位精神分析学的奠基人进一步写道:"我的意见是,同性恋者不应被视为病人,因为一个有不正确方向的人,远非一个病人。同性恋者不是病人,他们的位置也不该在法庭上。"[33] 1865年,律师兼新闻记者海因里希·乌尔里希就已公开宣称:"我是一个反叛者。我拒绝接受我认为不正确的、现存的一切。我为不受司法人员干扰和不受嘲笑的生存权利而斗争。"1867年,他面对500位法学工作者协会会员,要求取消镇压同性恋法律,被人们喝倒彩。[34]

同性恋的形象在大众中的确不太光彩,在很多公共场所常常被丑化,有些同性恋者甚至被判刑。马格努斯·希斯菲尔德在20世纪初想要做的事情,就是要把这种情况扭转过来,把他们解救出来。当然,他的努力未能达到目的。他依靠克拉夫特·埃班先前的思想体系,追随他的前辈海因里希·乌尔里希,进行大胆科学假设,认为同性恋者是一个女人被囚禁在一个男人的身体之内。马格努斯·希斯菲尔德事实上受到精神病学的很大影响。他在世界各地旅行,拍了大量照片,特别是两性人的照片,用来支持他的论文。[35]

1979年,我由于一个朋友的关系,认识了一个精神病学医生伊夫·埃德尔,此人1910年在埃及时,曾接触过马格努斯·希斯菲尔德。我在遇见他时,这位现在已经去世的当事人住在星形广场附近的一所耶稣教会学校里。他的记忆已经很模糊了，但还清楚记得希斯菲尔德对精神病学魔鬼附体般的钟情。他说当他俩在开罗街上散步时，他会突然挡住某几个人，要求人家同他到饭店去拍照片，他完全陶醉在他关于人体的理论研究中。

他认为人的外形是根本性的。他本人也穿女人衣服照相，同其他许多支持他的人一样，也同他用来证明他的理论的很多照片一样。他要靠医学知识的效能，靠病历而不是靠判刑和监狱最后解决同性恋问题。他不断向他周围的人重复他最喜欢的格言："要得到公正，需依靠科学。"

当时曾经发生过一场巨大的政治斗争。1903年公开发表的一份反对仇视同性恋、反对"175条款"的请愿书有6 000人签名，其中包括克拉夫特-埃班和在位的司法部长尼贝尔丁。所有左派政治人士，都在倍倍尔之后签了名，从考茨基到伯恩斯坦以及众多的欧洲名流，如阿尔弗雷德·爱因斯坦、列夫·托尔斯泰、埃米尔·左拉、卢·安德列亚斯-萨洛梅、卡尔·马里亚·冯·韦伯、赫尔曼·黑塞、乔治·格罗兹、海因里希·曼和托马斯·曼。请愿书在谈到同性恋案件时，措辞相当谨慎，而在提到其不良社会后果时，则非常明确：此条款大大有利于大规模敲诈勒索，就像那备受指责的男妓领域一样。这些签名者，他们的名字就足以说明他们动机的严肃和正直，他们出于对真理、正义和人道的热情，庄严声明："175条款"现行文字是同法律的进步相违背的，坚决要求立法当局尽快修改这一条款。[36]

1914—1918年第一次世界大战前夜，100位法学家、1 000位教育界人士以及3 000位医生联合，重新提出上诉声明。希斯菲尔德中心印了3 000本解释"分歧"的小册子发给居民，收集了6 600份德国全境问卷调查的答卷，其中2.2%的德国人勇敢宣称自己是同性恋者，即差不多100万人。1933年，希斯菲尔德运动拥有大约

4 800名正式会员。

新生的同性恋运动一下子就成功地促成了一次政治联合。从1898年起，社会主义者倍倍尔就敢于要求废除"175条款"。希斯菲尔德方面呢，他在1905年时受到司法部长尼贝尔丁的接见。[37] 1905和1907年，德国国会为此题目进行了两次辩论。社会主义的捍卫者谈到德国有6％的人是同性恋。1907年，希斯菲尔德运动在一次柏林的集会中，召集了2 000人参加。1912年，德国进行立法选举，选举进行中，希斯菲尔德让人在德国所有的报刊中，夹发了一份宣传品，其文字是："你们，第三性者，别忘了这一现实：保守分子始终在发言反对你们。左派在帮你们说话。你们看着办吧！"

在一次同时对内又对外的斗争中，马格努斯·希斯菲尔德尝试了他的初步策略，即现在人们称之为"院外活动"的策略。他把医学信用和他的支持者的信用，都放到天平上了。但他的政治盟友显得很软弱。因为，如果莱茵河彼岸的社会党和共产党都支持同性恋的要求的话，后者会毫不犹豫地在他们的报刊上，揭露那些不是他们内部的人的同性恋身份。这同工业家阿尔弗雷德·克虏伯声称"外出旅行"，但很快就自杀了这一事件，是同一情况。

30年后，反同性恋者在评价恩斯特·罗姆的同性恋放浪行为时，仍然十分愤怒，他们依然谈那些可怕的细节。所有人都嘲笑纳粹党是同性恋的巢穴。但纳粹认为同性恋只是一些犹太人和共产党人。绕不过去的是人民的评价。究竟谁是同性恋，从罗姆事件来看，纳粹是虚伪的。他们想利用这一事件封住人们的嘴，使同性恋问题成为历史的踏脚垫。

危害极大的"外出郊游"浪潮

20世纪初，同性恋问题的出现，是在某些低俗小报上大量渲染后才为人所知的。1905年，希斯菲尔德同司法部长尼贝尔丁的会见并不成功。这位部长宣称，当舆论对同性恋持否定态度时，政府是无能为力的。另外，也有个人能量产生的影响。希斯菲尔德于1905年和1907年，分别同莫尔特克和奥伊伦堡的丑闻进行对质，前者是柏林的军事首脑，后者是皇帝的私人顾问和得力助手。这是那位唯恐天下不乱的新闻记者马克西米利安·阿尔兰选择的最好时机，他得以一一列举凯泽的最亲密朋友、菲利浦王子的同性恋证据。他在《大众日报》上写文章，标题就叫《一桩秘密和违反人性的罪恶行为》。流言不胫而走：假如皇帝也"搞"，也是同性恋，那么，那些怀念俾斯麦的人们该高兴了。[38]

一个具有"男性美"的德国官方形象长时期铭刻在外国人的脑海中，但这种形象或多或少是被同性恋者引领着的。晚些时候的"血腥之夜"的检阅，只不过是回归的确认。这些精心安排的检阅仪式，是为了显示男性美和纳粹制服的性感剪裁。[39]这种反面形象增加了人们的反德情绪，特别是在法国。

奥伊伦堡丑闻之后，在法国，一提到"德国恶习"，就是指同性恋。相反，德国人在很多出版物中，把这事叫做"法国毛病"。在19世纪，人们称之为"阿拉伯风俗"。16和17世纪时，在文学作品和报刊上，这种"恶习"是属于意大利人和英国人的。总之，有相当多的词汇表述这一性反常现象，而且总是来自外国。

这些丑闻，有时是新闻记者或自以为优秀的活动分子所为。在揭露法院、财政、工业和政治等部门人士的同时，他们可能会想，这种将当局重要机构的某些上层人士曝光的做法，只能使同性恋这件事变得更加平常，同时也使得他们在现代社会生活中的一切行为更容易被接受。[40]盖伊·奥克汉姆在评论这些丑闻时写道："所有被指控者都属于上层社会，人们在责备他们对不良青年喜爱的同时，也责备他们的道德品行和习惯。有意思的是，揭露当权者的同性恋,哪怕这种揭露是以拒绝伪善的名义,但也是以道德的名义。历史地看问题,这似乎只收到了唯一的效果:增加了反同性恋的陈见。"[41]

当这些"性道德"事件发生的时候,非常关注此事的马格努斯·希斯菲尔德立即要到法院去证明他的卓越才能,有时候更是要在德国法庭上实践他的才能,当然这是有他的理论作依据的。法官要求他以"性专家"的身份,检查所有被控有同性恋嫌疑的人。其实,在法院宣判之前,他们已被视为同性恋者了。他诊断出冯·莫尔特克将军是一个"无意识的"同性恋,从而使丑闻更加严重。盖伊·奥克汉姆写道:"这种用科学手段对司法压迫的帮助,是始料不及的,但它还是引起了希斯菲尔德的信徒们一片不大不小的恐慌。希斯菲尔德永远也不明白,他曾经向当局明确指认了一群至今不为人所知的新的牺牲者。"[42]

与揭露别人的严厉做法相反,希斯菲尔德并未忘记保护他自己。曼弗雷·埃尔茨和詹姆斯·斯特克利写道:"人们很少知道马格努斯·希斯菲尔德的同性恋倾向,因为他从未公开说过。一些反对他的恶毒讽刺言论,在一些小册子和评论文章中发表,大多数是反犹言论,因为他从未隐瞒他的家庭出身,何况他还是一个无神论者。他深知,只要他承认自己是同性恋,他肯定会被吊销医生从业资格,从而毁掉他在公众舆论和政治领域中的影响力。"[43]

这种在司法方面像同谋犯式的姿态,很快就激怒了另一位同性恋运动的创始人阿道夫·布兰德,他很快就站在了希斯菲尔德的对立面,同他在策略上的转变针锋相对。[44]他通过自己影响的网络系统以及自己的报刊进行宣传。他在一份名为《老百姓》的报纸上愤怒地写道:"我们不想拿我们怀疑其不正常的人作为科学凭证,去同政府合作,树立自己的善人形象。"由于他也在他的报刊栏目中,通过这种告密方式,公开泄露了冯·比洛首相的问题,布兰德于

1908年获罪入狱。[45]

　　从克虏伯到奥伊伦堡，从社会主义报刊到人民大众报刊，中间经过了同性恋的新闻媒介，告密这件事形成了一股危险的浪潮。历史变化的轰动处在令人遗憾的状况之中。1980年克里斯托弗·伊舍伍德在追忆那些年的情况时，很严肃地写道："希斯菲尔德的理论是以怀疑有第三性的存在为基础的。在'正常'这个词的名义之下，此理论没有少帮助糟蹋同性恋者。因此，一切都是复杂的，要想象出那些应该被打倒的陈见的分量是困难的。"在对柏林人客厅中的爱情和对这个首都娼妓数量的忧虑两者之间，他认为："很多人突然间对同性恋严厉起来。特别是中间阶层人士，他们谴责所有希斯菲尔德式的严肃。人民对此感觉很强烈，尤其是柏林。"[46]确切地说，在经常出入豪华客厅的人士和那些夜间上街游荡或卖身者之间，有一个中间阶级，他们认为时机已到，他们应该有发言权了。这个"小资产阶级"，有政治人物，有知识分子，有艺术家，他们全部讨厌纳粹的意识形态，选择走向承认社会现实的道路。但他们最终还是要处在一切危险的旋涡之中。

　　钳子越夹越紧，让人喘不过气来。第一次世界大战德国最终失败之后，爆发了斯巴达克的起义，德皇于1918年10月10日宣布退位。当天，这个革命组织在国会前举行了大会。当希斯菲尔德应罗莎·卢森堡之邀，勇敢地走上讲台发表演说的时候，机关枪密集的火力向乱哄哄的人群扫射。他当众重申要为性平等而斗争，台下有与他团结在一起的5 000名支持者。这些人很快就遭到追捕、枪杀或流放。罗莎·卢森堡于1919年1月15日被杀害。

　　3年之后，在慕尼黑的一次集会上，希斯菲尔德被德国民族主义分子的子弹所伤。1923年，在这同一城市，他又躲过一死，但颅骨被打开了。德累斯顿一家报纸评论道："长着一脸大胡子的人永远死不了。马格努斯·希斯菲尔德受了那么重的伤，报上文章说他已经死了。但今天我们听说,他已经痊愈了。我们可以毫不犹豫地说,很可惜,那些残忍可耻的、我们人民的谋杀者未能达到他们的目的。"[47]他去慕尼黑是为了给理查德·奥斯瓦尔德的影片《与众不同》做宣传,同他一道去的还有当时的著名演员、影片中同性恋的主要扮演者康拉德·法伊特。希斯菲尔德对此片全力支持,他本人也在影片中露面。这是同性恋历史上最早的一部影片,也是电影史上第一部同性恋影片。[48]该片完成于1919年,它的一部拷贝在纳粹的大焚烧中,奇迹般地幸存下来,被人在乌克兰找到。影片叙述的是一个同性恋的敲诈勒索故事,有审判、有自杀,也有为了废除"175条款"这个灾祸之源所引起的诉讼。在这部无声电影的结尾处,银幕上打出了这样的文字:"我们希望看到这样时代的到来:这样的悲剧不再重演,社会良知不再沉默,真理不再成为谎言,爱情不再变成仇恨。"[49]

影片放映尽管取得巨大成功,还是遭禁演了。然后,纳粹抓住了民族主义分子和反犹分子两股力量,对希斯菲尔德进行跟踪追捕。像在维也纳所做的那样,他们会突然在群众集会中出现,开枪射击,在参加会议的人群中制造恐怖气氛。纳粹报刊上不无调侃地写道:"你们没有必要活着,但我们德国人必须活着。我们活的唯一条件就是要战斗。要战斗就要有男人的刚强气概。要保持刚强气概就需要有严格的纪律,特别是在做爱这件事情上。自由爱情和畸形心态都是同纪律相违背的……因此,我们反对一切形式的淫乱,尤其是同性恋,因为它剥夺了我们解救人民的最后机会,人民至今仍戴着沉重的枷锁。"[50]

被驱逐出德国之后,在外国他更加不易被理解,特别是在巴黎。在那儿,社会上的同性恋运动被人当笑话看待。某些个人主义唯美艺术家如科莱特的伴侣威利,对希斯菲尔德的评价就很苛刻:"他的理想主义同某种贪婪做法完美地结合在一起,比如他的刊物、他的影片以及他的协会，都是些喧喧嚷嚷、华而不实的宣传，只能给出一些供咨询的参考意见……他非常懂得如何利用同时代人反常的好奇心。"[51]不久，他被巴黎驱逐，他在那儿未得到任何支持。

文化的浩劫

1933年，柏林敲响了丧钟。纳粹抢夺了他们所需要的一切：研究中心、文化资源、商业贸易、大众媒体、社会组织……当然还有人，也开始有系统地驱赶同性恋，并宣布说这是长期任务。在一片咒骂声中，也出现了另外一些声音。因此早在1930年8月2日，纳粹党报 *Volkischer Beobchter* 趁"175条款"的修改计划在委员会通过的机会，发表文章威胁说："你们可以想象，假如我们掌了权，我们一天也不能容忍这样的法律。同牲口性交，同自己的兄弟、姐妹，甚至同自己一样性别的人发生性关系，这一切变态都是从犹太人的灵魂中产生的。他们冒犯了神圣造物主的本意，将会受到应得的惩罚：上绞架或驱逐出境。"[52]同性恋活动分子很快警惕起来，如慕尼黑方面："很有可能，有些同性恋是孤立的，是政治上不成熟的，是只关心满足眼前欲望的一些人，他们不懂，1933年意味着什么。但是我们，我们作为同性恋运动积极分子，在政治上也是活跃分子，我们要参加斗争，制止纳粹主义危险，即参加日益壮大的抵抗运动。我们为自身的安全计，决定假装互不认识。当然我们还是需要有时会见的，但绝不在公开场合……随着时间的逝去，我们很多政治上的朋友、犹太人朋友也都消失了。"[53]作家勒内·克勒韦尔在1933年写给马塞尔·茹昂多的一封信中，证实了在慕尼黑发生的事情："那儿的气氛令人窒息。很多的妓院都未能使纳粹铁青的面孔有所改变，他们总是嘴唇紧闭，皱着眉头。"[54]

第一章 大清洗

　　勒内·克勒韦尔 1928 年访问过希斯菲尔德的研究中心。更早几年，克里斯托弗·伊舍伍德还让安德烈·纪德拜访过那里。这个中心在全世界都很有名。

　　数十年间，马格努斯·希斯菲尔德博士的这所位于柏林市中心的性科学研究所留下的文字资料非常之少。人们只知道它的联合组织曾经购买过蒂尔加腾的哈茨费尔德旧宫，以后又购买了一些附近的建筑。中心有一百多个房间，包括由国家资助的学员和研究人员宿舍。1930 年在法国出版的路易-夏尔·鲁瓦耶的著作《爱在德国》一书中，人们可以读到如下的描写："于是我前去看望马格努斯·希斯菲尔德博士，这位国际知名的性学大师。……先出来接待我的是他的助手费里克斯·亚伯拉罕，这是一位瘦高个子，有着棕色头发的青年，他有一双温柔的大眼睛，英语、法语都说得很好。……也就在这个时候，他们中心除接待前来收集资料的专家学者外，也接收前来治病的患者以及司法机关监控之下的犯罪分子。后来，希斯菲尔德博士进来了，他是一个五十多岁的矮胖子，脸上留着又多又整齐的胡子。在他的眼镜后面，目光炯炯，但温和而安详。"[55] 在希特勒上台之前不久，立法委员会刚刚以压倒性的多数票最终通过了几代同性恋者盼望已久的这项立法改革措施。形势说明，比起 20 年前，目前是最好时期。

　　1933 年 5 月 10 日黎明，全国报刊和广播电台宣布，今天将要对希斯菲尔德中心发动一次攻击，"目的是净化文化环境"。这次清洗，象征着要把同性恋运动初创的巨大工程置于死地。地方报纸新闻栏补充报道说，医学院的学生们自愿参加，去"打扫"这个由政府出钱兴办的、不知羞耻地耸立在首都中心的机构。非常幸运的是，中心某些负责人事先觉察到了危险，抢先把珍贵文件运出德国国境，大部分资料运到了阿姆斯特丹。此外，大多数同性恋运动的加盟组织也销毁了他们的档案材料。

克里斯托弗·伊舍伍德住的地方离希斯菲尔德中心只有两条街的距离，他说[56]："一大早，马路上满是卡车，还有铜管乐队伴奏，有些大学生在对中心进行打砸抢。他们砸开大门，飞快地冲进大楼内部。他们整个上午都在里面，打翻墨水瓶和油墨，地毯上一片狼藉，手稿文件乱七八糟。他们把图书室里的书以及与同性恋毫无关系的作品，如历史书、艺术杂志等装上卡车。冲锋队的队伍来了。他们身着褐衫开始仔细搜查。他们似乎早已知道要找什么东西。"[57]事实上，几年前，一些纳粹的头面人物就到希斯菲尔德这里来看过病，他们无疑担心有人会利用病历资料揭露他们的同性恋问题。也不排除发动这个骚乱的，是另外一些想利用档案资料浑水摸鱼的人。

混乱时刻过后，有一万册书被装上卡车，以便五天之后，运到歌剧院广场去焚毁。国会大厦被烧以后，这里成了正式的群众广场。希斯菲尔德的半身像也一路上被拖着向前走，两旁的人们举着火把，它也是要送到火场去焚烧的。两天之后，纳粹报纸 *Der Angriff*——戈倍尔经常为此报写社论——发表了结论性意见："这个以科学作为挡箭牌，被马克思主义势力保护了14年之久的中心，我们以从他们那里搜出的东西，证明它简直是一个藏污纳垢之所，下流和无耻之徒的大本营。"

此次大焚烧还包含有别的仇恨。歌剧院广场集会在戈倍尔主持下，在霍斯特·韦塞尔的歌声中，纳粹大学生们朗诵："反对阶级斗争和唯物主义，为了人民团结一致和理想主义哲学思想，我们把马克思和托洛茨基的著作投进火海。反对颓废堕落和道德败坏，为了尊严和家庭，为了国家的良好风尚，我们把海因里希·曼的著作投进火海……反对胡乱夸大生命本能，为了人类灵魂的高尚纯洁，我们把西格蒙特·弗洛伊德的书投进火海……反对诬蔑大战中士兵的描写，为了用真理精神教育人民，我们把埃里希·马里亚·雷马克的书投进火海。"[58]

1933年3月23日,希斯菲尔德中心的主席库尔德·席勒被捕,1933年年底被押送到奥里亚伦堡集中营。[59]当时,希斯菲尔德在国外,他从此失去了他的德国国籍,后来再没有踏上过祖国的土地。至于中心的大楼,它被没收了,但并未被摧毁。这座空空如也的巨大建筑后来成了联军大规模轰炸的牺牲品。

在逗留柏林的那些年代里,克里斯托弗·伊舍伍德同马格努斯·希斯菲尔德的朋友卡尔·吉泽经常来往,他知道,在中心遭浩劫之后,他该如何行动。他先回到伦敦,然后踏上去美国的旅程。吉勒斯·巴伯代特写道:"他离开了他的出生地,10年前他在那里发现了初期的同性恋运动和20年代柏林的左派运动,并积极地投身其中。当时正在巴黎同那里的妓女鬼混的亨利·米勒,也认识了这位柏林来的同性恋者。"[60]1939年,伊舍伍德横渡大西洋,特别想去同他的朋友奥尔德斯·赫胥黎重聚。他现在偶尔翻译一点波德莱尔或兰波的作品,消磨日子。他最近的一本书是1980年他76岁时出版的。他通过作品中的人物宣称,他离开欧洲,是因为忍受不了他的同伴都被召唤到敌人的旗帜之下的现实。[61]

1934年,在德国的"血统和荣誉"的法律范围内,"175条款"进一步加强:"在对男人和男人之间和人与牲畜之间进行违反本性的性行为判罚监禁的同时,也要宣布剥夺其公民权。"这条法律的修改是一个司法委员会于1933年10月开始起草的。徒刑从5年过渡到10年。1934年1月28日,突然又规定,男人相互拥抱、接吻,甚至做同性恋的性幻想,都在法律的打击范围之内。解释的范围危险地扩大了,从鸡奸到明显的身体外部挤压,从同性恋分子到同性恋倾向,从治安调查到流言飞语,以及邻居告密和家族复仇均属犯法。[62]因为告密会扩大逮捕的人数,刑讯逼供会增加同性恋者的档案资料,特别是在那些有钱人中间,或者在那些不属于某种社会势力的人中间进行，目的是在他们身上施行不同的压迫。同性恋的脆弱正好可以为其所用。[63]

文化界是首当其冲的领域。当这个影响力很大的领域应该长期起表率作用的时候，文化事实上处在"衰退"的危险之中。无论如何，这一特殊的清洗行动，应该为国家利益着想，容许有例外。因此，除了明显的现行犯罪行为外，逮捕同性恋的艺术家和作家，必须首先得到希姆莱本人亲自批准，以避免涉及高层保护下的人物，给他们脸上"抹黑"。希姆莱在1937年秋为此专门颁布了一条命令："所有对性反常的演员和艺术家的抓捕和监禁，都需要事先请求我本人批准，除非当场双双捉住。"[64]

身为演员、摄影家兼舞蹈家的阿尔布雷希特·贝克尔于1935年在柏林被捕，他在1995年作证时说："我在巴黎的夜总会见过莫利斯·舍瓦利耶，也在'疯狂牧女'俱乐部遇到过米斯坦盖。如同当时所有的同性恋者一样，我在拉雪兹神甫公墓内向奥斯卡·王尔德的墓碑鞠躬致敬，在回来的路上被捕，罪名是曾经拍摄很多运动员的裸体照片，而那些运动员属于盖世太保或党卫军的编制。他们在我的寓所中搜出了一些使我受牵连的照片。……审讯是令人难以忍受的：一个纳粹分子来到我的面前，很有礼貌地向我致意后，开始对摆在我面前的我的情人们的裸体照片大喊大叫：'这些人，他们究竟是些什么人？'一些朋友被监禁、被判刑。我的一个朋友判了一年，而我却被关了三年。"[65]

同样是柏林演员的库特·冯·鲁芬回忆道："1934年秋天的一个晚上，我的门房来告诉我，说有一个警察在客厅里等我。他是来带我到盖世太保总部去的。我被一个朋友揭发了，他忍受不了严刑拷打，说出了他所认识的所有同性恋者的姓名和地址。我为了接受审讯，不得不经常往返于达姆的监狱和盖世太保总部之间。后来我被关进了利希滕贝格监狱，在我印象里，那里有非常多的同性恋囚犯。后来我被释放，完全是由于海因茨·希尔伯特的干预。他是柏林德国剧院的经理，他直接找到希姆莱，否认我是同性恋，要求恢复我的自由。其实他对同性恋的情况是很清楚的。"[66]

另一位演员米夏埃尔·李特曼奇迹般地逃脱进集中营的命运，则是由于他咬紧牙关，缄口不言："我同我父亲生活在一起。纳粹夜间巡逻，搜查了我的书房，他们在我书桌的抽屉里找到一本写满姓名和地址的笔记本。当晚我就被带到盖世太保总部，他们对我还算是客客气气的。初步问话之后，我被带到一个小房间里，里面还有另外两个男人。但到了半夜，我又被带到一个有十来个人的房间，他们每人手里拿着一根棍子。他们对着我笔记本上的名字，依次向我问话：'这人是谁？'我回答说不知道后，每次都要挨一棍子。所有名字念过之后，我晕了过去。醒过来之后，我觉得脸上好像被抹了蜂蜜。我用手一摸，才知道那是血。我记得当时我在想，如果我破了相，肯定不能再在剧院里工作了。监禁了几个月后，我又被带到先前那些人面前，他们向我宣布，由于缺少证据，我自由了。"[67]

另外一个证人也证实告密和审讯中的残暴情景："我的女管家来告诉我，说有两个'态度不友好'的人在等我，原来是两位警察局的官员。他们对我说'不需要很长时间'。但一拖就是三个月。他们把我同其他囚犯一起关进一间地下室里。后来我又被带去见一位粗暴的警官，他的名字我至今还记得。他说，我被抓进来是因为我企图勾引一位男士。我被转押到利希滕贝格集中营，在易北河上的托尔高附近。那儿的人一半是政治囚犯，另一半就是我们这些同性恋者。这儿很恐怖，人们强迫我们看杀人，这是我一生中看到过的最残暴的景象。"[68]

同性恋就这样走进了一个错综复杂的环境之中。在执政当局的推波助澜之下，社会仇恨在更大范围内直接指向政治反对者和犹太人、妓女和共济会员、爵士乐情侣和抽象艺术的狂人、原子研究者和十二音体系的发明人、偷猎者和懒汉、同性恋者和流浪的茨冈人。

  这种"堕落"情况甚至波及部队里的新兵，他们为了改善待遇，竟敢到那些肮脏下流的地方去出卖自己的肉体，那些地方经常有告密者出没。当时的警察局报告和司法部门的文件还白纸黑字地摆在那儿，上面详细地记载着当年被人引着去看到的那些行为动作的细节。同那些有窥阴癖的人和有过激情绪的人提供的荒唐景象相反，也远远不同于颓废堕落的狂欢节上的情景，这些专门报告中反映出性交都是单调、拘谨和偷偷摸摸的：有些人手淫，口交的不多，鸡奸更为少见。当涉及犯罪行为时，问题更要复杂得多。因为他们的目的不单纯是那些已被证实的同性恋者，而是要当场抓住正在性交的同性恋。但这是非常困难的。有钱的资产阶级同性恋或"浪荡"的贵族子弟，与军队中士兵的生活条件相比是有天壤之别的。

海因里希·希姆莱：一个仇恨科学的讲话

  在读过了第一批受害者的证词之后，我们来看看刽子手说些什么。一般情况下，他们是不谈这方面问题的。1937年2月18日，海因里希·希姆莱对纳粹的高级官员有一次讲话，讲话的主要内容就是同性恋问题。这次谈话对于了解纳粹如何迫害同性恋，对于了解他们根据何种理论来制订几次大屠杀计划，都是有教育意义的。长时期查阅这份很晚才公布的"秘密讲话"的记录之后，对于纳粹如何审讯，以及他们在这方面的真正意图，就非常清楚了。

  希姆莱的讲话是这样开头的："我们1933年夺得政权时，发现有一些同性恋协会组织，会员大约有200万。负责这方面的官员甚至估计说，德国有 400 万同性恋者。我个人认为人数没有那么多……我的估计是 100 万到 200 万。这意味着 7％到 10％的男人是同性恋者。这种情况如不改变，意味着我们的人民将被这种传染病毁灭。从长远看，任何地方的人民都不能抗拒其生活中和性平衡中的这样一种错乱。"[69]

希姆莱按照习惯的方式，做了如下推算：根据最新人口普查结果，德国共有 6 700 万人，其中男性 3 400 万。不过，有生育能力者只有 2 000 万人。还应该考虑到，1914—1918 年大战中死亡了 200 万人。记录上很清楚："你们可以想一想，这 200 万同性恋和 200 万死亡者加在一起共 400 万人，他们会对德国的性别关系的失衡，起到多大的影响。这将引起一场大灾难。"把为战争而死去的人和当前仍然活着的人相提并论，希姆莱在他令人毛骨悚然的演说中，盲目吹嘘鼓励生育政策对应付越来越近的战争的重要性。他接着说："一个有很多孩子的民族，未来肯定能够统治世界。一个孩子很少的优等种族，等于已经买好通向来世的车票。"

他还提起注意，这个对生育责任的硬性要求，事实上早在大战结束之后，就已经列入国家鼓励生育的报告中了。配合道德标准的医疗卫生报告也列入其中。因为对生育要求方面的改变是一切灾祸之源。

早在 1899 年，夏尔·费雷博士就在法国出版了一本名为《性本能：进化还是退化》的书，书中写道："性本能的倒错，首先是身心的衰退，因为紧接着就是遗传上的退化。"[70]

他的这个论点，在差不多一个世纪之后的 20 世纪 80 年代初期法国刑法关于同性恋不犯法的辩论中，也被广泛利用。因此，在 1983 年的法国法典中写道："婚姻是男人和女人之间的一个长期结合体，他们应该通过某种性的合作生儿育女。"这一毫无诗意的、对异性性爱简直是一种侮辱的定义，对同性恋者来说，也有其异曲同工之处。比如1985年12月11日,布鲁塞尔上诉法庭的一桩判决,就挥舞着这条百年老论点:"假如同性恋本身不构成违法的话,那么,总不得不承认,它构成了一种性的不正规形式,仅此一条,就否认了两个不同性别存在的目的性,此目的性的普遍放弃,将导致人种的毁灭。"[71]

我们阅读希姆莱报告,发现其中有一条引导人们的主线,那就是对传播这种"传染病"的人,不能有任何宽容,他们的传染性是实实在在的,他们的人数是非常多的。奇怪的是,所有的放荡观念都是有相对性的。指责同性恋者和"醉心于"同性恋的关键,首先是它造成的压在"优选人种"前途身上的致命威胁。把所有的人都登记在详细的卡片上,变成了全民族优先要做的事。为了卓有成效地给人民制作卡片,为了警察和告密者服从命令,必须驳斥"私生活"论点。此论点难不倒希姆莱,他说:"在同性恋者中,有些人采纳以下观点'我所做的事同别人无关,这是我的私生活'。但这绝不是私生活,因为性领域的问题关系到我们人民的生死存亡,关系到我们的世界支配权,关系到我们的重要性是否会降低到瑞士一样的水平。"

这一障碍扫除之后,只剩下同性恋时尚的外表所造成的障碍了。因为有一个强有力的运动,正试图使这个障碍变得越来越有效力。希姆莱放弃了他一向使用的道德审判方式,更倾向于利用社会舆论。为此,他必须塑造一个神经有病、说话啰唆、毫无主见的同性恋者形象。总之,一个使人毫无安全感的公民。在这道德行为的知识正在形成的时代,当威廉·赖希和西格蒙特·弗洛伊德被迫离开欧洲远走美国时,希姆莱以极为粗暴的词汇说起同性恋者:"同性恋者是一些理想的压迫对象。"人们将记住他这个讽喻。他接着说:"他们早就应该受到惩罚,已经有人顺从并承认错误了。他们最终软了下来并完全丧失了自己的意志。"这位纳粹重要头目接着说:"你们看到,在大部分时间里,那些被抓住的人,他们会'完全自愿'地供出他们所知道的全部姓名。"真的完全自愿吗?那些亲眼目睹纳粹高官的所作所为的人们,会在心中暗笑其用词实在很有讽刺意味。希姆莱越说越自相矛盾,因为盖世太保的地下室里多年来一直回响着同性恋者受刑的惨叫声。他说:"因此,同性恋者随心所欲地招认一切,无疑是为了挽救他们自己的生命。"最后,他断然说道:"在男人和男人的爱情中,没有任何忠诚可言,尽管他们曾经许诺过彼此相爱。"

希姆莱是说到做到的,哪怕是在最敏感的领域内。当他1937年2月发表他的演说时,他当德国警察头子已经一年多了。1939年9月,在德国所有大城市和初期占领的境外土地上,建立起一大批供间谍机关使用的建筑群和大楼。这是他众多创造性措施中的一个,很多告密者不断地建议加强对居民的普遍监视系统。到1944年,光盖世太保本身,就集中了32 000名成员。还应该加上10万名领工资的告密者。根据他们提供的情报,逮捕不需任何法律手续,通行无阻。

对同性恋者的清洗从此制度化了,其范围扩大到德国全境。正如1938年8月28日《国民日报》登载的证词所说:"国家安全局的一支别动队接受任务,要在汉堡对同性恋犯罪进行一次大规模清洗行动。其实,这种性质的行为在世界大战之后,由于放松对道德行为的要求,已经死灰复燃。但是,这种性质的行为,是违背刚刚上台不久的国家社会主义党强硬政策的。警察的介入、惩罚力度的加强,使这种荒唐行为大大减少。"[72]该报强调这次汉堡行动对同性恋的搜捕以及其后的快速判罪的重要作用:"别动队在光天化日之下查抄了大量的约会酒吧。另外一些搜捕行动也在进行。在这种形势下,有相当一部分人被捕。被抓的人太多,需要快速审问。一个专门的机构负责把被控者带到法庭。被告一般判12到20个月监禁。有88桩同样事实和同样罪行的案件，还在等待波恩法院的开庭。所有这些审判，都是针对社会各阶层人士的。"[73]

根据"175条款"被捕入狱的，1933年为853人，1934年为948人，到1935年，这一数字突然上升到2 106人，接下来的两年，分别为5 320和8 271人。1938年达到创纪录的8 562人。在整个1933年到1944年的11年间，根据此条款被判刑者共计48 082人。[74] 1942年，统计曲线奇怪地下降到3 963人。这一变化也同样反映在同年集中营里新来同性恋者明显减少这一统计数字上。最直观地看到前景越来越不妙，希特勒周围的人开始在想，那些要在集中营里杀死的人，至少可以让他们到德国各条战线去堵枪眼。

希姆莱对这个主意不太赞成。他认为，这样就放弃了正在实施的迫害和消灭同性恋的计划，这很可惜。这一统计数字的下降，也与同性恋者转入地下有关，他们尽可能不被发现。但希特勒斩钉截铁，认为这种情况是违背生物繁衍的，是同德国目前的紧急状态不相容的。犹太人和茨冈人都没有这样可以"替代"的同等机会。这种推理使一些同性恋者离开了集中营和监狱，但他们的前面仍然是绝路，死亡威胁始终在他们四周徘徊。11年间，至少有45 000个以上的同性恋者是由于"175条款"的关系被判刑的。除集中营外，蹲监狱的同性恋者还有60 000人左右。

有时，热情的警察会故意制造一些事故，以致把事情搞得更糟。1933年9月，在法兰克福，希姆莱给这个城市的警察头子们做了一个反对同性恋"堕落"的报告（6个月前他给党卫军的高官们也做过同样的报告）。会后，有些警察利用他们迷人的外表做诱饵，设圈套勾引大量的同性恋者，此事引起司法部长居特纳的极大愤怒，他给希姆莱写信，用词相当刻薄："虽然我不否认，一场反对同性恋以保持德国人民力量的斗争是紧迫和必要的，但我仍然觉得，警察的荣誉必须爱护。军官们为了给同性恋者下套，把自己的

第一章 大清洗

身体都奉献出来,是不能容忍的。"[75]

但希姆莱认为,法院的工作热情很不高,他们对那些威胁司法运作的罪行处置不力。很有可能,那些有用的案卷资料,被法官们在压力之下销毁了。希姆莱补充道:"在大战之前、之中和之后,这方面的法律已经不少了,但都没有执行过。为了说得更清楚,我举一个例子:在我们开始这一行动的头 6 个月里,我们提供给法院的案子比我们 28 年间提供给柏林警察局的还要多。"但是,他很遗憾地接着说:"我们上当了,把同性恋者送上法庭并让人把他们关起来,不解决任何问题。因为,当他们从监狱中出来后,依然故我,又成了同以前一样的同性恋者。"

在党卫军高官们面前,希姆莱不厌其烦地重复他的使命:"我们应该明白,假如让这一恶行在德国继续扩散,而我们又不加以打击的话,这将是德国的末日。"我们知道,是另外的力量,是多数人集体的力量,将打破纳粹的梦想。

历史上有过日耳曼残暴和血腥的传说故事,他必须此时向他的听众说出,以收到理想的效果。他回忆从前:"对我们的前人来说,任务很简单。对他们而言,这些家伙都是孤立的人,是非正常人。那时的同性恋者都要被扔到很远很深的沼泽地里。"[76] 希姆莱还说:"那些现在在沼泽地里发现了尸体的人们,万万没有料到,其中有 90% 是同性恋,他们是穿着衣服被扔到那里的。"这是关于条顿人的一个混乱不堪的传说。希姆莱最后说:"这并非一种惩罚,这是一种解决办法,即把这种不正常生活干脆消灭。应该把他们除掉,就好像我们拔除毒草一样,拔起来堆积在一起,点火烧掉。这不是一种报复。这样的人就应该从人间消失。"

雅利安人中的同性恋也有着同样的命运:很多人被抓起来,有人给他们上刑,以便从他们口中挤出情报。他们的活动场所和他们的协会也被取消了。接着,被剥夺工作并关进有铁丝网的拘留所,拿去做科研试验品。他们只能等待最近的结局：娼妓、政治人士、教士、工人或教员。1931年，柏林司法机关的档案中，有41 000名同性恋罪犯或嫌疑犯的名字。大多数是根据他们的司法记录被重新抓捕或重新收监的，哪怕有些人已经服过刑了，也不能幸免。

专门监视柏林同性恋的特别警察局和负有同样使命的盖世太保办公室的领导者是同一个人——灵魂一点也不干净的约瑟夫·迈辛格尔。这样的组织结构，把镇压机构和同性恋甚至堕胎结合了起来。约瑟夫·迈辛格尔是一个做过阉割手术的同性恋者。戈林研究中心的档案中，有他同性恋史的详细记录。这位落入圈套并可以被任意摆布的人同一些荒唐的、造成大量死亡的研究有关。[77]这些研究使用了动物试验品。这些试验产生了一些颇有医学价值的科学报告。

但是，正在进行着的屠杀并不等于对同性恋进行有计划地消灭，正如历史学家米歇尔·切尔斯所说："犹太人和茨冈人是贴着从属于宗教和种族标签的。性的取向则不同，它不从属于别的东西，它是个人的独立行为。因此，性的取向并非必然引来杀身之祸。"他的这种说法也适用于集中营内部。米歇尔·切尔斯接着说："在集中营分等级惩罚的档案中，可以看出社会监督的逻辑——其中也包括肉体消灭的情况——远远优于计划消灭肉体的种族灭绝逻辑。"[78]

有些同性恋者女里女气，很容易被认出来，因此也容易被捕。弗里德里克·保罗·格罗斯汉姆于1937年的一个晚上，在吕贝克他的寓所中被捕。在同一城市，同一天晚上，另有229名同性恋者被抓起来，因为盖世太保手上有德国警察在20世纪初提供给他们的粉红色名单。[79]在市政监狱中被关押并刑讯了10个月之后，他被判9个月监禁，是根据"175条款"定的罪。后来他被释放，再后来又重新被捕。人们问他愿去萨克森豪森集中营，还是愿被阉割，二者必选其一。他于 1939 年做了阉割手术。

卑鄙的告密行为盛行，常常把人置于死地。格特·魏曼回忆道："1943 年，我在柏林遇见一个小伙子，他是从俄国前线回来休假的。他女人气十足，警察在车站把他抓起来并投入监狱。此人从此消失了。我还记得有两个替秘密机关工作的党卫军分子。他俩共同住在一个寡妇家里。一天，寡妇发现两个小伙子之间有问题。她将此事告诉了来到她家的另外两名党卫队员。两个小伙子被抓走并被杀害了。我常常问自己，这个女人为什么会干这种事情呢。直到战争结束，我每次走到那个街区时，都要绕道而行，以避免面对面碰到那个女人。"[80] 并非只有平民百姓中的同性恋被追捕，指控很快就渗透到政治、经济领域，最后，纳粹分子本身也不能幸免。

尴尬的"血腥之夜"

但这次清洗也不是那么简单。大量同性恋丑闻不断使德国高层人士蒙羞。很久以来，外国人就在嘲笑他们了。这种丢脸的事必须停止。约瑟夫·戈倍尔和海因里希·希姆莱策动的"血腥之夜"行动，什么也改变不了。这次权力道路上的政治行动，事实上只给同性恋—纳粹主义这个不伦不类的大杂烩增加了一些附加含义而已，其目的之一就是要利用这次行动来摆脱困境。更糟糕的是，这种事先计划好的屠杀，对于上千名同性恋者在集中营里濒临死亡这一现实情况，是可以相互对照的。

1934 年 6 月 30 日希特勒决定进行的大屠杀，消灭了 150 名冲锋队负责人。这批人当中的头号人物，是前职业军人恩斯特·罗姆。时间是早晨 6 点，地点在巴特维塞。历史学家米歇尔·威诺克是这样描述的："罗姆以及其他一些冲锋队的高官被从床上拉起来，指控他们犯有背叛罪以及附带的同性恋罪，他们有的当天被枪决，有的第二天被杀。"[81] 更为严重的是，在全德国境内，同时开展了大逮捕和大屠杀。关于这次进行了 48 小时的大屠杀，没有留下任何文件资料，特别是没有关于牺牲者人数和逮捕原因的资料。人数常常被压低，目的是逃避责任。究竟是数百人还是数千人呢？

恩斯特·罗姆是唯一能够同元首说话时用"你"字来称呼的人。他们两人共事十几年。在巴特维塞旅馆中逮捕恩斯特·罗姆 6 个月之前，希特勒曾写信给他："正是有了可以粉碎红色恐怖的冲锋队，我才能够进行国家社会主义运动的斗争，我要特别感谢你，我亲爱的恩斯特·罗姆，感谢你对国家社会主义和德国人民所做的不可估量的贡献。你知道，这是命运的安排，使我得以把你这样一个人，称为我的朋友、我的战斗兄弟。"[82]

成立于 1920 年的褐衫党，鼎盛时期有 40 万人。他们专门为纳粹党进行一些下流卑鄙的行动。但他们过于野蛮，失去了希特勒的信任。因为希特勒上台执政必须要面对德国军队，他非常想迅速把军队拉到自己身边来。"丢人的"凡尔赛和约不允许德国军队超过 10 万人，这使得党卫军和冲锋队在一旁冷笑。军队，不管怎么说，自大战失败以来，它粉碎了斯巴达克分子和士兵委员会的造反。在希特勒的眼里，为了很快在全国扩大实力，军队是不可缺少的象征。

1934 年 6 月，这时候希特勒同恩斯特·罗姆的看法已经很不一致了。一些道德方面的丑闻提到法庭面前，一些男娼出来作证，指控罗姆。还有一些罗姆从玻利维亚寄给他的男情侣的信被新闻界公布出来。矛盾的是，当这些揭露出来的事物引起对同性恋愤怒的时候，很多同性恋者想的是，他们是元首的亲信，应该保护他们不受独裁统治者的陷害。但希姆莱派人严密监视罗姆。他的打手汇报说，罗姆经常发脾气大骂希特勒。对罗姆的处置，希特勒犹豫不决是错误的。这场必需的清洗是否在没有他的情况下进行呢？当他的情报部门向他报告，说罗姆在 1933 年 2 月公开宣布："这个可笑的下士所说的和我们毫无关系。假如希特勒不能同我们一道做点事的话，没有他我们照样干革命。希特勒是叛徒，应该让他回家休息。"希特勒的回答很冷静："应该让事情更成熟一些。""血腥之夜"这个词是冲锋队自己造出来的，含义是对现存政权的最后清洗。历史和希特勒用另一种屠杀方式，给予了这个词另一个日期、另一个时刻表、另一种含义和另一种地位。

几个月之前，即 1933 年 9 月 21 日，某些罗姆手下的人干了一件蠢事：当冯·德尔·卢贝被控纵火烧毁国会的官司开庭的时候，冲锋队租了柏林一家大酒店，在那儿大摆宴席庆功。当三杯酒下肚、大家都有些醉意的时候，他们在众多宾客面前提起这件足以断送民主的纵火事件，当然，人们没有提到戈林和罗姆的责任，因为正是他们派了一组冲锋队员，去把一些汽油桶搬进德国议会的地下室里去的。无独有偶，在另外一次宴会上，罗姆手下一名官员，突然在众多参加宴会者面前纵声大笑，宣称："假如我说火是我放的，我将是一个可恶的傻瓜；假如我说火不是我放的，我将是一个讨厌的说谎者。"他的话使在座宾客无不笑得喘不过气来。这种对保密法规的背叛，使元首非常恼火。

至于戈倍尔、希姆莱和戈林三人，他们催促希特勒尽快除掉罗姆。混乱范围越来越大，除冲锋队员平日的敲诈勒索外，还有许多他们同党卫军和军队冲突的严重事件。这些发生在礼仪场合中的事件，无法逃脱在场人士和新闻记者的眼睛。希特勒的德国似乎掉进了一个秩序混乱无法挽救的怪圈。1934 年 6 月 15 日，就在"血腥之夜"发生之前 15 天，希特勒同那位独裁统治达十多年之久的墨索里尼会晤，会晤时，墨索里尼提到德国这个不稳定的问题，使希特勒十分狼狈。这些混乱也包括道德方面的问题吗？

几个月之前，希姆莱同罗姆之间有一次秘密会谈。罗姆阻止希姆莱实现其全面清洗同性恋的计划。1934年4月16日，他曾成功地阻止内政部长瓦格纳关于根据"175条款"对一些冲锋队员的性犯罪进行惩治的法律决定。在这次气氛紧张的会谈中，希姆莱的态度是明确的。他的攻击目标，就是在冲锋队中非常明显的同性恋问题。那些未受到惩罚的极为恶劣的行为，玷污了新秩序的形象。

就在这次面对面的晚宴上，希姆莱向罗姆抱怨说："同性恋已经对纳粹运动构成很大危险，人们可以说他们选择头头是以性作为标准的。"他们的线人特别提到有一个组织，专门向柏林输送年轻俊美的冲锋队员，去参加罗姆及其助手们喜爱的狂欢宴会。希姆莱说话时，罗姆没有回答，他摇了摇头，继续喝酒。[83]

法国驻柏林大使安德烈·弗朗索瓦-蓬塞在1934年春，也同恩斯特·罗姆共进过晚餐。他在其回忆中写道："他来的时候，有六到八个长相非常俊美的青年陪着。这位冲锋队头子向我介绍说他们是他的助手。我对罗姆所干的事没有多少印象，对他同希特勒之间冲突的尖锐程度也估计不足……餐桌上很沉默。我对这个人有强烈的反感情绪，尽量避免同他接近，尽管他当时是第三帝国炙手可热的人物。罗姆一直在抱怨自己有风湿病，说要到巴特维塞去疗养。"[84]"血腥之夜"行动时，安德烈·弗朗索瓦-蓬塞已离开了。原因不必多说，他回法国度假去了。他对这场他早已预见到的大屠杀，出言十分谨慎。在德国历史上这样一个非常紧张的时期，他的这一突然离开，使希特勒更有理由指控罗姆，说他的计划有外国同谋者参与，同一个"强大外国的智囊"有关。

这个号称重视青年人的政权，剩下明显要做的事情，就是要利用一切机会，颂扬他们的光辉前程，让他们展现身体的俊美。"血腥之夜"的前一天，希特勒在参观了克虏伯工厂后，又参加了一个婚礼，视察了一个劳动营。最后，他来到施洛斯·布登贝格青年学校。"有好几百个青年在那里，个个很健壮都是肌肉发达，上身和大腿都是赤裸的，皮肤晒得很黑，上面满是汗水和雨水，身材匀称，很有阳刚之气。他们的鬓角和脖子都刮得很光，举手致希特勒式敬礼。希特勒从他们面前缓缓走过，他身穿一件长皮大衣，帽子拿在手上。……党的领袖们都看到了这一切：青年们在那里，在他们面前。在这健美肌肉的节日里，青年人已经同他们站在一起了。"[85]

血腥的早晨

1934年6月30日，星期六，天刚刚亮，希特勒的座机出现在慕尼黑机场的屏幕上。这时是凌晨4点。在贵宾出口处，戈倍尔和瓦格纳来迎接他（瓦格纳7年后将入主阿尔萨斯和莫泽尔地区）。前一天，希特勒终于同罗姆通了电话，他建议，也可以说是命令后者，在6月30日星期六上午11点会面时，向他做全面解释。届时在冲锋队的郊外驻地有一个会议。希特勒和罗姆分别是被邀者和与会代表。罗姆十分得意也十分开心，一点也不存怀疑之心，把这次会晤的建议通知了他的部队。他还下令，冲锋队所有的负责官员，都要出席第二天举行的会议。

在不远的地方，离此地往南60公里处，在巴特维塞海水浴场附近的一所寄宿学校里，冲锋队也在举行另一个会议，罗姆出席了这个会议。这是一个欢乐的夜晚，他们英勇地战斗了那么多年，终于获得了第一次休假。大家频频举杯祝贺，发言者都口气狂妄，说希特勒很快要完蛋。

在慕尼黑的酒吧里，众多的冲锋队员一整夜，甚至在赶回巴特维塞的路上，都是闹闹嚷嚷的，几个小时之后，他们就要见到希特勒了。他们心情舒畅，他们放声大笑。慕尼黑的小酒馆里，充满了快乐气氛。在这样的深夜，或者说在如此令人感到不安的黎明时刻，城中最热闹的地方，要数"褐色之家"酒馆了，希特勒经常到那里去怀念他 1923 年那次没有成功的政变。这里现在是冲锋队的一个据点，几个小时之后，这里将成为他们的陷阱。当巴特维塞事件发生时，正在开怀畅饮的冲锋队员们将被禁止离开这家小酒馆。一支纳粹车队从机场开始跟随着希特勒的黑色梅赛德斯轿车准时到达那里。这些纳粹高官出人意料地聚集在内务部，在那儿举行了一个总部会议，会上，希特勒神经病似的异常激动，下令关押或枪毙一些出现在他身边的军官。这是真正的屠杀，进行得有条不紊。

对于此次铁拳行动，没有要求军队参与。他们似乎是广泛意义上的同谋者。所有兵营都进入紧急状态：冲锋队即将发动一场政变。一道命令立即发往军中所有团体："通知每一名部队中对冲锋队政变深信不疑的军官，检查警报系统，检查兵营警卫和武器弹药库房的警卫情况，不可放松警惕。"[86]

希特勒乘坐他的专机，可能在德国领土上空飞行不到两小时，就会到达。他冒着那些当地人可能加害他的危险，亲自处理整个事件。他就像一头扑向小鸡的鹰，突然冲向巴特维塞。6 点 30 分，希特勒和戈倍尔的车队在前，后面跟着党卫军的队伍和装甲车队。在这个海水浴场的周围，一个党卫军的突击队带着一些盖着篷布的空卡车，与随行人员会合。同他们一道行动的，还有巴伐利亚的政治警察。驻地被包围起来，里面的人对外人进入没做任何抵抗。不久之后，戈倍尔记述道："我们冲进屋子里未遇到任何抵抗，那些仍然沉睡的叛乱分子被我们抓出来，立即宣布他们被捕了。逮捕是元首本人亲自进行的。"[87] 希特勒带着武器进了这家旅馆的大门以后，径直奔向罗姆房间的门口。他手里拿着枪，一边砸门，一边大声吼叫，让人把单独睡在床上的罗姆抓了起来。所有的冲锋队员都被捕了，他们被赶到旅馆的地下室里。然后，"阴谋分子"被押上盖了篷布的卡车。

第一章 大清洗

出发的时候,罗姆的卫队出现在路上,但已经太迟了。希特勒对他们讲了话,他们同意原路返回,也不正面打听在乡间旅馆休息的他们的头头的消息。此时,罗姆早已不在旅馆里了,他从睡梦中被抓起来后,在希特勒的咒骂声中,被推上了开往慕尼黑监狱的卡车。路上,很多其他冲锋队的负责人也从相反的方向到来,他们是同一天早上被叫起来对质的。他们也被逮捕,补充到希特勒的正在开往监狱的车队之中。至于被希特勒邀请来的人,他们同罗姆的贴身警卫一样,被要求原路返回。剩下要做的事,就是把抓起来的冲锋队员先关起来。这批囚犯立即填满了慕尼黑监狱的囚室和院子。监狱领导尚未收到纳粹当局关于此次逮捕,以及在监狱大墙之内迅速处决犯人的任何文件,特别是其中还有希特勒亲自在名单上画钩的6名冲锋队显要人物。

在处理完这些关押事务后,希特勒来到中央火车站,用高音喇叭要求那些购火车票准备到巴特维塞去的冲锋队员,都到一号售票口。这些一大早起床,从德国各地到来的冲锋队员们没有丝毫怀疑。当他们反应过来的时候,已被收缴了武器,推上停在火车站后面的卡车。在其他站台,一些党卫军的队伍又安安静静地重新上路,就像什么事都没有发生一样。"血腥之夜"已经过去了,那些尚未被捕的冲锋队员仍然蒙在鼓里,一无所知。

在慕尼黑的火车站,希特勒仍然控制着那里非常紧张混乱的局面。这时,他的忠实奴仆鲁多夫·赫斯从柏林赶来。他俩在车站领导的办公室见了面。前一天晚上,赫斯向全国电台发表了效忠元首的、声音十分激动的讲话,这是一个非常好的宣传时机,它不会引起罗姆的怀疑。这时,赫斯前来向希特勒汇报关于扩大搜捕范围的问题。[88]在全国开展行动毫无问题。下一个计划"蜂鸟行动"即将开始。目前,根据希特勒确定的名单,迅速处决一大批人。

同赫斯会见之后,希特勒又回到施塔德汉姆监狱。房屋顶上,有武装的党卫军士兵监视。这时是上午10点钟。头天晚上所有人都未合眼。希特勒对集中在院子里的"同谋者"破口大骂。罗姆在他的单人囚室里,他还有48小时好活了。希特勒痛斥冲锋队并不存在的纪律、他们的奢侈生活方式以及令人恶心的道德行为所造成的大量丑闻。在他离开以后,执行了第一批枪决。与此同时,希特勒不得不参加同罗姆的一场当面对质。

　　元首终于再回到慕尼黑机场,以便同赫斯和戈倍尔一道去乘坐他自己的座机。此时还不到中午。就在他刚刚到达柏林,甚至还没有离开机场的时候,一份新的逮捕并迅速处决的名单交到了他的手上。一切都很顺利。所有处理冲锋队问题的过程都差不多。他们已经不被信任了。公开宣布的罗姆和希特勒之间的亲密关系不可能是骗局。会谈的建议造成了干扰。受骗上当者是冲锋队队员。他们甘愿俯首就擒,深信这是一场互不理解的误会。有些人临枪毙前还在高喊:"希特勒万岁!"

　　现在已经面临着一场更大规模的屠杀。当罗姆的屋子被搜查以寻找他的"国际阴谋"的证据的时候,另一些高级官员也在他们的办公室里遭到捕杀。前总理冯·施莱歇尔和他的妻子也遭杀害,他曾于1933年拒绝将总理职位让出来。冯·巴本奉戈林的命令被软禁在自己的家里。至于兴登堡,耳聋了,眼睛也差不多瞎了,已经完全不起作用了,他是慢慢老死的,未卷入这场斗争。

　　在这场巴伐利亚的血腥屠杀之后,希姆莱和戈倍尔必须准备"蜂鸟行动"了。他们又熬了整个通宵,共同圈定准备逮捕和处死者的名单。因为他们要杀以前共同战斗的老伙伴和对政府怀有异心的人、那些在纳粹政权最高位置上目前同他们竞争的人以及那些妨碍他们私生活的证人。另外,他们也没有忘记在他们的名单上,加上几个总是同第三帝国过不去的、没完没了制造麻烦的保守党人。一幕幕享受复仇快感的场面发生了:约瑟夫·戈倍尔要一个高级纳粹军官带上他所有的勋章去见他，以便他亲自把那些勋章从他的胸口上拽下来；另一个军官在他的会客厅见到他，被他称为"同性恋下流坯"，并告诉他，他将立马被处死。

互相通气和联络工作也没有忽视。血腥屠杀的第二天，戈倍尔组织了一个向新闻界说明情况的招待会，指控冲锋队员"把自己的利益、自己的野心，尤其是把自己的反常性爱，放在首要地位。……他们的行为，到了一个危险的地步，引起人们对全党领导的怀疑，怀疑他们有可耻和令人恶心的反常性行为。"[89]

这是杀人者猖狂的时期。能逃脱劫难的人很少，银行家雷根·丹茨就是其中的一位，他曾经安排法国大使弗朗索瓦-蓬塞同罗姆的会见。他的名字也列在立即处死者的名单之中，因为他的作证可能会妨碍对罗姆"通敌"的指控。他感到情况不妙，速成学会了驾驶飞机的本领，在那个悲惨的星期六，乘他的私人座机飞往英国去了。

元首返回柏林途中，在此次危机的最后一次会议上，罗姆的命运被决定了。"血腥之夜"的次日，也就是7月1日，星期六下午两点半，罗姆在施塔德汉姆监狱的单人囚室中，接到两名党卫军人员交给他的一份头天晚上被枪毙的冲锋队领导人的名单，同时还交给他一把上了膛的手枪，给他几秒钟的时间，让他自裁。他迟迟没有自杀，最后被人在脑袋上开了两枪毙命。

是时候了！希特勒终于回到了柏林。当天晚上，他还要出席一个游园会，被邀请参加的有军队要人、法定社团领导、工业界巨子以及外国使节。希特勒在熬了两个通宵之后，终于有时间好好睡一觉了。晚上，他出现在来向他祝贺的战斗伙伴中间的时候，显得又精神又快活。

从"血腥之夜"到"砸玻璃之夜"

这次屠杀的影响轰动了世界,希特勒这么干,要的就是这样的效果。这次卑劣行为两周之后,1934年7月13日,元首通过广播电台,向他的人民揭露了一件"同性恋阴谋"。举出的关于道德方面的内容,都是他制造的新货色:"在冲锋队队员中,开始形成一些组织,这些组织构成了危及一个民族正常观念和一个国家安全的核心。我们能够证明,有些冲锋队官员职位步步高升,唯一的理由就是他们加入了提供特殊服务的小团体。……我已下令枪毙这种背叛行为的主要罪犯,割掉存在于我们内部和外部的这些毒瘤,哪怕会伤到一些健康的躯体,也在所不惜。"[90] 他一边践踏德国宪法,一边像一个古代条顿人的审判官一样,为他的闪电式屠杀辩解。他补充说:"我是德意志民族的负责人,因此,在过去的24小时中,我本人是德国人民的最高裁判者。"一个像奴才一样唯命是从的法官,根据1934年7月3日的一条法律宣布了这次国家屠杀的合法性。两个月之后,兴登堡逝世,希特勒一下子成了德国总统,他宣布自己为"元首"。军队宣誓向他效忠。

一年半以前,国会纵火事件发生时。他们对同性恋面貌的利用,制造了一个控制得非常好的巨大混乱效果。现在,纳粹新闻办公室一份正式的公报称:"此次逮捕行动,发现了在道德方面如此丑恶的形象,以至于所有原先的一切同情迹象,都完全消失了。某些冲锋队的头头们私自受用'过夜男孩'。他们中的一个被突然抓获时,正处在一种令人恶心的状态之下。元首下令彻底消灭这种瘟疫。他不能容忍将来千百万善良的人们被这些不正常的劣种纠缠和伤害。……中午,元首向集合在慕尼黑的冲锋队领导人讲话,他强调他同冲锋队长久的亲密关系,但他同时也宣布了要彻底消灭不守纪律和不服从命令者的决心。"[91]

　　流亡在阿姆斯特丹的德国社会主义党中了圈套，他们说："希特勒认为他的名誉和那些杀人者、施刑者以及那些腐化堕落分子的名誉是密不可分的。今天控告他们，让公众蔑视他们，他也十分自责。因为关于这些人，他们的罪行，他们的耻辱，都是他的制度造成的。"[92] 长期以来，政治人士、新闻记者和他们的外国同行们，都把道德方面的丑闻和冲锋队员肆无忌惮的同性恋，拿来同德国同性恋运动相比较，将其混为一谈。德国左派，他们实行"外出郊游"，特别是恩斯特·罗姆实行的"外出郊游"是犯了政治错误。

　　自1931年以来，布兰德的积极分子就已经对这种难以理解的形势感到失望："值此罗姆事件的机会，德国公众的眼睛将睁得大大的，因为我们战斗中最危险的敌人常常是同性恋者他们自己，他们有意识地通过虚伪和谎言，一次又一次地葬送我们通过斗争和工作获得的道德方面的一切成就。"[93] 人们又重新开始利用同性恋来使对手威信扫地[94]，仇恨也时有发生。在一本专为青少年写的书中，人们可以读到以下内容："有一些身着长裤、人们称之为男人的家伙，他们非常卑鄙无耻，常常把自己伪装起来，专门勾引天真的男童。这些家伙一般都长得很帅气，风度翩翩，对人和气，颇有绅士风度。但是，他们是些披着羊皮的狼……千万不要同这些家伙混在一起，因为他们随时都想着教你手淫或教你干更肮脏的事情……当他们说出第一句非礼的话、做出第一个不正常动作的时候，就揍他们，狠狠地揍，给他们留下终生难忘的伤痕，不要害怕，他们都是些胆小怕事的懦夫。"[95] 故技重演，就像对待国会纵火案的罪犯冯·德尔·卢贝一样，"阴谋分子"加同性恋这张牌又起作用了。这种手法肯定会取得成功，只要这个制度露出它的真正的罪恶面目，同性恋和纳粹主义之间这种复杂关系就不会消失。人们说它掩盖了同性恋的真正命运。[96]

在法国，Le Temps 报在 1934 年 7 月 2 日刊登的一篇文章中，赞扬由于这次政治事件而加强了"175 条款"，赞扬这是一个聪明的创造，说它挫败了"意欲建立一个由不健全人物构成的制度的企图"。但第二天发行的该报却相反地替"血腥之夜"的行为感到惋惜，说它像许多其他行动一样，虽然实现了屠杀的目的，但为时太晚了。

关于"血腥之夜"，历史学家科斯科维奇写道："它标志着在整个新闻界，一场贬损、丑化同性恋的运动已经开始，它的组织者和指挥者是宣传部长约瑟夫·戈倍尔。这次运动不仅仅在同性恋者中间散布恐怖气氛，它还帮助纳粹分子开始实行他们操纵大众舆论的策略，此策略在他们后来实施种族主义和排犹计划中非常有用。……因为它是依靠存在于人民群众心中的偏见为基础的，作为'血腥之夜'行动借口的反同性恋思想意识，毫无疑问有利于巩固周围公众的支持。正是这种支持态度，才促使纳粹分子敢于想象，他们将来可以在同样的条件之下，再次借助大规模杀人来达到目的。"[97]

1938 年 11 月 9 日至 10 日发生的"砸玻璃之夜"行动，事实上是受到其前辈的影响的。这两次屠杀之间的第一个相似之处，在于他们都是对人民的偏见进行了罪恶的利用。历史学家绍尔·弗里德兰德写道："大战前对犹太人迫害的历史，'砸玻璃之夜'的虐犹暴行是一个决定性的转折。"[98]包含在此次策略中的复仇者的面目是一样的，部署打击的范围很广：在德国全境，267 座教堂被毁，7 500 个犹太人的企业和商店遭到洗劫。戈倍尔大喜过望。他在日记中写道："游行的人们一波一波地走过。人们高声呼喊。这一次犹太人不得不尝尝群众愤怒的滋味。这是正义的胜利。……我回到饭店，窗外是五彩缤纷的焰火。犹太教堂还在燃烧，人们只是看到大火波及邻家的建筑时，才将其扑灭。元首立即下令逮捕 2 万到 3 万名犹太人。人民的愤怒终于爆发，应当让其自由宣泄。"[99]

另一个相似之处在于，人们发现，在"血腥之夜"发生 4 年之后，同样的阴谋活动围绕着希特勒，特别是盖世太保头目海因里希·海德里克，他早在"血腥之夜"发生的 1934 年，就颇有预见地指出："德国由于有犹太人，不得不变成一个没有前途的国家，在这个国家里，老一代人勉强维持着他们所剩不多的生命，最后自行消失；年轻一代在任何情况下，都不应该安安稳稳地老是活着，以便使人经常感到外来移民的必要性。但是，群氓似的粗暴的反犹主义应该避免：消灭老鼠不需要用枪，要用毒药和毒气。"[100] 希姆莱对于此次反犹行动是很谨慎的，因为他的竞争对手戈倍尔很有可能利用发动这场大清洗，重新获得元首的信任，因为他放纵的性生活和他无人不知的吗啡毒瘾曾受到元首的严厉批评。希姆莱在他的回忆中写道："我认为，在外交形势如此敏感的时候，发动这样的重大行动，无疑是戈倍尔的狂妄自大——对他这一点，我早有觉察——和他的愚蠢造成的。"[101] 慕尼黑协定事实上刚刚签字，但抗议还是有节制的，甚至天主教方面也采取审慎态度。其中有恐惧，也有怯懦。1937 年 3 月，教皇庇护十一世（Pie XI）向全国的教会亲自宣读一篇措辞严厉的通谕，揭露了初期的一系列欺诈勒索的反犹行为。之后不久，这篇通谕的撰稿人、德国律师弗里德里希·魏斯勒就被关进了萨克森豪森集中营。至于法国，它可能是欧洲国家中反应最温和的一个。时在巴黎的法学博士朱利安·魏尔，也于 1938 年 11 月 19 日通过《晨报》公开宣称，不想采取"可能阻碍德、法两国目前发展友好关系的任何主动行动。"

同"血腥之夜"行动的第三个相似之处是，随着 1933 年的报禁和 1935 年的纽伦堡决议加剧对犹太人的迫害之后，排犹运动急剧升温。很久之后，希姆莱于 1943 年在波森发表杀气腾腾的讲话时说："消灭犹太人是党卫军的使命。"

"砸玻璃之夜"行动的发生，可以说是一种报复行为。事件发生的前夜，德国驻法使馆一等秘书恩斯特·冯·拉特在巴黎被杀身亡，一桩发生在一个尚未被入侵的法国土地上的杀人事件：一个出生在汉诺威，名叫赫尔彻尔·格林兹本的17岁犹太青年，买了一支手枪，朝着那位纳粹官员扣动扳机，把他打死。

这个青年是什么人？他出生在一个波兰移民家庭里。生活在德国的外来犹太人有一半以上是来自波兰的，而德国不欢迎更多的波兰人。1938年10月27日，他在汉诺威的一家人，突然被送到边境上。但边境另一边的波兰当局像对待其他千万移民一样，拒绝他们入境。一家人只得在两国边境上游荡。绍尔·弗里德兰德写道："一连好几天，这些被驱赶的人在瓢泼大雨之下走来走去，没有食品，没有避雨的地方。后来大多数人都被送进了附近的一所波兰集中营。"[102]

赫尔彻尔·格林兹本对他家庭最近的悲惨遭遇并不知情。他不久前逃到了巴黎，靠打黑工维持生计，有时也靠移民来巴黎的他的叔叔的接济。在他的行为中，也的确表现出对纳粹分子的不满，认为犹太人的不幸是他们造成的。加之，1939年9月，巴黎的大街小巷，反犹太人的暴力游行示威活动不断发生。面对这些场面，他说他感到一股无明火气上升，然而又对此完全无能为力。还有，他还想赋予他的行为一种政治意义。在他去杀人的前一天晚上，他写信给他的叔叔："我想让全世界都听到我反抗的心声，我打算去做这件事，我请求你的原谅。"[103]

这起杀人事件当然很快被德国所利用，认为是犹太人的一次挑衅。"砸玻璃之夜"找到了它的借口，国家仇恨有了合理解释，某些群众的仇恨也爆发出来，这有利于党卫军。在随后的几天里，希特勒没有发表任何评论，他不愿意表现得像此次虐犹大屠杀的幕后支持者。11月17日，他总算参加了恩斯特·冯·拉特的葬礼。在柏林，11月12日上午，戈倍尔向新闻界宣布："犹太人格林兹本是犹太人的代表，德国人冯·拉特是德国人民的代表。德国政府对此事件将依法做出反应，但将是严厉的。"在巴黎，杀人诉讼案的官司正在准备。一个国际支援委员会也已组成，他们要在政治上支持被告。被告的辩护律师是梵尚·莫罗-贾弗里，此人是重罪庭最著名的律师之一，也是坚定的反法西斯斗士。希特勒一方则催促弗里德里克·格里姆教授关注诉讼案的全过程。

战争以及接下来的入侵行动阻止了诉讼案的如期开庭。后来维希政府把杀人者交给了纳粹。戈倍尔对这一反犹官司的推迟十分恼火。他于1942年又专门启动一个新的诉讼程序，但他的计划流产了。因为，正如绍尔·弗里德兰德所说："被告突然宣称，他同恩斯特·冯·拉特有同性恋关系。"[104]这样，同性恋不请自来地卷进了这场好戏之中。事先一点也未料到会发生这种情况，使人们感到非常惊讶，策略上的安排也不能再进行。同"血腥之夜"截然不同的是，同性恋问题再也不是证明社会进化的原因了。它妨碍了一场野蛮的行动计划。绍尔·弗里德兰德补充道："在公开官司中采取这样一种辩护路线，在纳粹分子看来是灾难性的。"诉讼始终没有开庭。至于格林兹本，他没能活到战争结束，他的死因至今还是一个谜。

同性恋在被占领国家和地区的命运

同性恋除了阻碍第三帝国达到其目标之外，并未引起其他国家和民族的注意。它们既然是堕落的因素，一有机会，就故意让它们充分表现。因此纽伦堡纳粹会议的制片人莱尼·里芬斯塔尔拍摄纳粹宣传影片《运动场上的神》的时候，以及后来1936年柏林举办奥林匹克运动会的时候，有些酒吧和同性恋聚会场所奉纳粹分子之命重新开放，成功地掩盖他们正在进行的迫害，从而使满天飞的对他们不利的传言得到遏制。

海因里希·希姆莱亲自监督对运动员、新闻记者和当时在柏林的外国政治头面人物的"保护"工作，包括生活起居和道德方面。出于国际政治的需要，他于1936年7月20日奥林匹克运动会开幕之时，发出通告："在未来的几周之内，我禁止按照'175'条款，采取任何针对外国人的行动，其中包括不许对他们进行审讯或发出传票。除非有我亲自签署的命令。"[105]这位柏林的警察头子，早在3年前就用这同样的手段，对待过文化界人士，从而成功地避免了一些自身污点，并且把他的仇恨藏在精心安排的外表后面，继续大量收集他所需要的情报。

关于对待犹太人的命运，纳粹的策略始终是一样的。他们的宣传也是成功的。美国自由主义报纸 *The Nation Observe* 的体育评论员写道："人们没有看到被割下的犹太人的脑袋，也没有看到他们挨打挨骂。人人都面带微笑，显得彬彬有礼。在啤酒店里有人在无拘无束地大声歌唱。膳宿公寓很多，价廉物美。"连美国总统富兰克林·罗斯福也上了他们的当，他毫不犹豫地拒绝了世界犹太人大会的主席斯蒂芬·怀斯对他的拜访，当时这位犹太人领袖对欧洲犹太人的命运忧心忡忡。

海因里希对社会控制一直表现得十分贪婪。这位党卫军的头目做事常常喜欢超越国家警察局的权限范围，当人民群众对纳粹的计划制造麻烦甚至仇视帝国的时候，他总能想出一些为希特勒所赞成的新鲜手段，帮助摆脱困境，渡过难关。在有关德国经济扩张计划的会议上，他也常常把自己的意志强加给别人。因此，他为党卫军直接赎买一些工厂大开绿灯。但是，围着希特勒转的不止他一人。在这小小的决斗场上，戈林虎视眈眈，他是四年计划的负责人，同工业和金融界的巨头们，特别是军工界，关系密切。希姆莱尽管也从一些工业家那里为他自己的阵营挣到不少好处，他还是不能在经济领域对斯佩尔施加决定性的影响。至于博尔曼，他是不会允许别人染指希特勒的党务的。在他前进的路上，还有里宾特洛甫阻碍着他对空军方面的权力欲望。他唯一能左右的是陆军。对于他们一寸一寸占领的土地，党卫军成了绝对不可缺少的力量。但是，希姆莱的任务并不能超越对人民群众的监视和恐吓这个范围。当然，他干得非常出色。1940年，他奉命消灭波兰的一些领导人物。这次杀人行动的血腥效应给希特勒留下了很深的印象。他很快得到希特勒的重用，被委派专门负责大批遣送被占领土地上的人士进集中营，负责清洗所有反动派。

1939年，集中营网络已经形成。其中的劳动营收容了6万名囚犯，打算让他们用劳动拯救自己的生命。战争结束时，这类人共有80万之众，光看守他们的就有4万人。1939年，无痛死亡计划也完成了：有7万个精神病患者被消灭。1939年，一场将要血染整个欧洲的战争已经万事俱备。战争机器在很大的范围内开动起来。正如戴维·鲁塞所说："当大人老爷们把装甲车开进欧洲的时候，集中营已经准备好变成帝国的基石了。"[106]

希特勒在民众中的威望空前高涨，德国人重新恢复了信心和自豪感。《凡尔赛条约》初期的耻辱，随着梅梅尔和苏台德地区、摩拉维亚和波西米亚等地的收复，已经洗雪干净。一年前，奥地利也已归附。下一个目标是华沙和布拉格。从策略上来说，以后依次是巴黎、伦敦和华盛顿。德国人已经开始行动了，清洗他们"不喜欢的东西"的步伐大大加快。青年人又回到了工厂和军队之中，德国的年轻人差不多全都或自愿或被迫地参加到希特勒青年团组织之中。从20年代初开始的失业率，到1929年人数达到了顶峰，这时也开始下降。共产党人和"堕落"文化的知识分子、夜游浪子和懒汉、有独立思想的妇女和同性恋者，通通被清除了。

1938年3月11日兼并奥地利的时候，也没有忘记对同性恋的清洗。奥地利不存在了。归附德国之后，奥地利的同性恋者就落入德国刑法"175条款"打击范围之内。他们的生活条件和在人民中的形象，都在希姆莱这个恶魔掌控之下大大恶化：国会纵火案、希斯菲尔德中心的洗劫、"血腥之夜"以及其他许多历史惨剧，罄竹难书。

奥地利作家约瑟夫·科胡特在其1972年出版并于1981年被译成法语的一部著作中，化名海因茨·黑格尔，证明自己因同性恋身份被关进萨克森豪森集中营的事件。他是一个虔诚信奉天主教的资产阶级家庭的儿子。奥地利被德国兼并时，他是维也纳某学院的大学生。学校有一个同性恋小组织，聚集了一大批学生，其中有些人是外交官的儿子，也有在维也纳任职的纳粹高官的子弟。1938年年底，他爱上了他们中间的一位，是个像他一样的运动员。他向母亲坦白了这件事，母亲表示理解。于是他俩成了一对。

1939年3月11日，他接到通知，要他到大都会饭店盖世太保的总部去。他去了，从此没有回来。他父亲尽了一切努力想救他。无论是内务部还是国家安全局，他都无数次地去求助，因为他同那里的德国行政高官关系很好。然而，这位也是高官的奥地利人不仅遭到无情拒绝，还被公开指责，说他是其儿子无聊行为的、荒唐的同性恋父亲。次年，他被解职了。他于1940年自杀，留给他妻子一封信，信的最后写道："我再也忍受不了熟人、同事和邻居们的嘲笑了，这对我是太过分了，我请求你的原谅。愿上帝保佑我们的儿子。"

海因茨·黑格尔在接到通知去盖世太保总部之前，最后一次前去拥抱母亲。他再次见到母亲是6年以后的事了。他到盖世太保总部后，一个党卫军军官对着他的脸大声喊叫："你是一个鸡奸犯，招认吧！"海因茨·黑格尔否认。那位党卫军官马上从他的文件夹中取出一张他的德国朋友弗雷德的照片，对他说："你们在一起干了肮脏勾当,你承认吗?"海因茨·黑格尔说不认识这个青年。党卫军官翻转照片,照片的背面写着:"送给我的朋友,永远爱你。"于是他回忆起了这张他送给爱友的照片,日期是1938年圣诞节的晚上。他怎么也搞不明白,照片怎么会落入纳粹分子手中。他只好签字承认。[107]

他被投入监狱,同另外两个囚犯关在一间牢房里。狱警向两个囚犯泄露了他被关押的原因。于是两个囚犯主动向他做一些亲密接触行为,但遭到他的拒绝。两个囚犯向狱警大发脾气,说不该把他们同一个讨厌的性反常者关在一起。但是,这并未阻止他俩晚上干那件事,借口是这里没有女人。海因茨·黑格尔补充道:"在人们的生理本能中,该如何判断什么是正常本能,什么是不正常本能?什么是正常饥饿,什么是不正常饥饿?什么是正常口渴,什么是不正常口渴呢?"两周之后,他被判6个月的单独监禁,加罚每两个月挨饿一天,理由是"与同性别的人多次发生性关系"。他一直都不知道他的伙伴弗雷德的下落。他写道:"我必须忍受这些权势人物所做的一切事,他们要保护弗雷德。事实上,他们为了不让人知道一个纳粹高官的儿子是一个鸡奸者,是永远也不会让我获得自由的。"

另外一个证明,是一个法国的阿尔萨斯人皮埃尔·塞尔在他1994年出版的回忆录中披露的,他也是德国占领时期的牺牲品,时间是两年之后的1941年,德国人发动进攻之时。[108]他是一个富商的儿子,他家在米卢兹地区远近闻名。17岁的时候,他经常去位于他的学校和他家庭住址之间的一个著名的同性恋约会场所斯泰因巴赫公园消磨时间。一天晚上,他的手表在那里被人偷了。他到当地警察局去辨认小偷。他未找回他的手表,由于年轻没有经验,反而向警察局提供了不少这个阿尔萨斯城市同性恋的活动信息,他的信息同其他很多档案一起,移交给了纳粹当局。在一份日期为

1942年4月27日的米卢兹的盖世太保的内部文件中,他们编制有一份关于"治安拘留"的统计数字,时间正好是在这个日期和1940年4月27日之间。共计230人以"职业犯罪"以及扰乱社会生活、拉皮条等罪名,被送往尚未被占领的法国,另有260名同他们有密切关系的人受牵连,也一道被遣送。在这一时期,断断续续有95个明确定性的同性恋者以及19名同他们有关的人,也同样遭到遣送。[109]

皮埃尔·塞尔于1941年5月2日被米卢兹的盖世太保传唤,关在一个早已关着12个人的囚室中。他认出来有几个是斯泰因巴赫公园里常见面的熟人。审讯一开始,他就被当成"猪、狗"一样对待。他们非常重视他签字的关于在那样一个不干净的地点、在那样一个令人生疑的时间手表被偷的证词。那天上午对他的审讯是动了刑的。皮埃尔·塞尔回忆道:"我们不得不忍受一连20次同样的问话和回答,并20次地把回答推翻。他们从文件夹里拿出一份名单,我们必须在上面签字,承认名单上的人都是米卢兹的同性恋者。四周墙壁回荡着我们的惨叫声。有时候,他们换另外房间审问。有时还要我们辨认新抓来的犯人。这时我们只能互相交换惊恐的目光。"皮埃尔·塞尔当时只有18岁。他接着说:"我们的反抗有时激怒了党卫军,他们就动手拔掉我们中一些人的指甲。他们气急了的时候,就把棍子折断,让我们跪在上面,以此来侮辱和折磨我们。我们遍体鳞伤,血喷得到处都是。当我们重新睁开眼睛时,还以为我们是在屠宰场里呢。酷刑吞没了我们全部的思考能力。十足的暴行,它永远地毁了我们。然而,对那些施刑者来说,他们得到的只是一点点微不足道的胜利。因为,如果我们像其他人一样在文件上签字,躲开了刑罚之苦,我们会断送多少无辜的生命啊!"[110]

在米卢兹狱中关押了3周之后,皮埃尔·塞尔的哥哥和他父亲请的律师来对他说，他们对他的案子已经无能为力了，党卫军的决定是不可更改的，他将由法国警察局的囚车送往希尔梅克集中营，那儿离斯特拉斯堡35公里。[111]

很多阿尔萨斯同性恋者的命运，不同于米卢兹地区富人的命运，这些富人尽量避免在室外，比如在斯泰因巴赫公园里约会。因为在那里有可能成为敲诈勒索的对象和警察突然抓捕的牺牲品。不过，他们的网也不总是那么密不透风。他们要活动，因为欲望和金钱随时随地在诱惑他们。阿尔萨斯资产阶级同性恋者宁可单独组织起来，像其他地方的中等城市一样。皮埃尔·塞尔写道："斯泰因公园的年轻顾客告诉我，在市中心的一个广场上，有一个建于路易·菲利普时代的音乐咖啡厅，咖啡厅楼上的大厅中央放着一张台球桌，那是摆在那里做样子的。事实上，我们躲在人们看不见的地方发生那种关系。那正好是饭前喝开胃酒的时间，此时楼下一层，一些有钱的顾客，正由一个小型的乐队伴奏，在那里消闲娱乐，他们一点也不知道，此时他们的头上，我们正在干我们喜欢干的事情。完事以后，同性恋们下楼，向几个熟人打招呼后，朝他们的座车走去，他们的司机一般都等在那儿。当地的人对他们都很尊重，对有关中伤他们的议论，充耳不闻。"解放后，这座大楼频繁的活动又重新开始，有原来的承租人，也有新来的，他们把阿尔萨斯沦陷时期那些黑暗年代忘得干干净净。关于犹太人在法国被占领期间遭到的掠夺，马泰奥利委员会的调查报告也认为，犹太人遭受的折磨，其程度是根据其社会地位而有所不同的。[112]

另一位阿尔萨斯的同性恋者1940年12月被送到自由地区，战后成了科尔马市名人的卡米耶·埃尔曼于1983年在 *Gai Pied* 报上作证："我28岁时，被盖世太保逮捕并审问。我知道，从1933年起，德国的同性恋者就要被送进集中营，这是德国同性恋朋友告诉我的，这些朋友当时处在随时被举报的惊恐之中。我被捕是因为我的名字出现在法国警察局的卡片柜中,那是当时闹得沸沸扬扬的一场司法案件造成的,当局要求所有涉案人员提供名单。有些人疯跑去多嘴多舌,并把他们的通信地址本献出来。1933年至1937年间,有数百人被传去问过话。但官司从未开庭。至于那位把档案资料移交给纳粹的警察局的官员,他在整个战争期间,一直留在原来的位置上。"[113] 皮埃尔·塞尔从他的角度写道:"我们的行政机构于1946年6月落入罗伯特·瓦格拉和约瑟夫·比克尔的手中,他们都是希特勒的战友。命令是党卫军头子海因里希·希姆莱直接下的。有时甚至由希特勒亲自下令,因为占领者希望最高当局参与,以便快速解决这个地区的问题。"我们知道,罗伯特·瓦格拉在"血腥之夜"的屠杀中,是希特勒的共谋者之一。在战前,阿尔萨斯没有像德国那样的联合组织,但一些友谊网络还是建立起来。阿尔萨斯的抵抗运动战士艾梅·斯皮茨(此人后面还要提到)证实:"我们不知道在阿尔萨斯存在任何同性恋组织或同性恋活动,但我们在斯特拉斯堡成立了一些友谊小组。为了避开所有的监视,我们每星期二在一个饭店里聚会。半夜一点钟过后,我们驱车去一个咖啡馆,那里的老板是自己人。我们的口令是'塞莱斯塔博士'。我们在那儿租几个房间,自由玩耍,直到天明。"

德国和奥地利的女同性恋者的命运

正如德国历史学家克劳迪娅·肖普曼在1991年的一份报告中表明的,第三帝国对女同性恋者的迫害,是一个很少有人研究的领域。[114] "175条款"就没有提到妇女。杰勒德·科斯科维奇说:"这一疏漏并不意味着她们的自由。它正好说明在男人统治下的社会和政治生活中,在妇女被排斥在劳动市场和公共领域之外的情况下,女人所处的地位。"[115] 当德国的妇女运动头几声号角响起的时候,"经济上不能独立的妇女还处在被父亲和丈夫的奴役之下,她们被幽闭在家务劳动和生儿育女的环境之中,根本不可能产生同性恋欲望,也根本引不起傲慢的立法官员们的注意"。有很多女同性恋参加的德国妇女运动,20世纪初就已初露端倪,但直到1911—1912年才活跃起来。德国议会当时冒险地、但也是徒劳无益地想将"175条款"的范围扩大,把女同性恋者也包括进去。[116]

晚些时候,1935年,德国司法部刑罚法典委员会在一份分析报告中指出:"关于同性恋男人,他们的精力已经耗尽,一般来说,他们已经不能生育了。但女人就不一样了,她们还有同样的生育能力。除了妓女这一领域,染这一恶习者,男人大大多于女人。再说,女同性恋者也不那么明显,不那么容易被人看见。她们堕落所引起的灾祸也要少些。另外,促使我们制裁男同性恋关系的重要理由之一,是他们对公众生活的扭曲和欺骗。一些消灭这种瘟疫的决定性措施就要出台。……如果这样的病因不被消灭,这种顽疾就会大规模表现出来。我们所形容的对公众生活的欺骗,用在妇女身上十分勉强,因为她们在公众生活中起的作用较小。"[117]至于那些打上烙印的不见容于社会的妇女,如妓女、穿着过于暴露的艺术家、脾气古怪性情顽固者,这些人中很多都是同性恋,都是削弱战斗力的因素。因为战争需要她们有一个能生育的肚子,纳粹当局对此十分担心。[118]

克劳迪娅·肖普曼写道:"1940年11月10日,埃利·斯米拉和马格雷特·罗森贝格被送往拉文斯布吕克,关在柏林以北妇女集中营中简陋的木棚里。斯米拉刚满36岁,罗森贝格30岁。登记簿记录的逮捕她们的理由是同性恋。不过,给她们戴的是红三角,在分类中这是政治犯待遇,而粉红色三角是留给男同性恋者的。因此女同性恋者在囚犯中并不是特殊种类。任何人都不知道,这些女人在被捕前是在一起生活的。我们同样也不知道,她们是否在集中营里幸存下来。"克劳迪娅·肖普曼还谈到埃尔泽的故事：她同一个妇女在波茨坦一起生活，好像是被人检举的。她被送往弗洛林堡集中营，后又转到拉文斯布吕克，被安排在纳粹分子的妓院中，他们许诺很快释放她，但并未兑现。

2000年4月7日在巴黎举行的法国参议院大会上，杰勒德·科斯科维奇明确指出："我们目前所拥有的零星资料证明，女同性恋的确存在。在那些被纳粹当局看中准备送进集中营的妇女中，有些是妓女和已经在其他监狱服过刑的惯犯。这两种人中包括出生于工人阶级家庭和赤贫无产阶级家庭的被社会抛弃的妇女，她们在性关系上，表现出既可当男人又可做女人的一种'副文化'心态。"

另一个例子。一个法国抵抗运动的女战士回忆说，1943年她曾在拉文斯布吕克集中营看见过这些妇女："在某些范围内，的确存在女人同女人之间发生同性恋关系。担当男人角色的女人，大家都叫她们'Jules'，她们在其'姘妇'的前额上刻画着一些十字形标记。我们将其称为'母牛的十字'。"另外一个拉文斯布吕克集中营的幸存者，是一名德国的女同性恋者，但把她关进集中营的理由是她有社会主义观点和言论，她回忆了1941年和1942年期间，她在集中营里的遭遇："我的囚室是由一个女人监视的。她问我：'你想抽烟吗？'我猜想她可能有别的企图。我多次拒绝她来抚摩我。我总是推托说：'等战争结束以后再说吧。'我是很慎重的。"[119]

1996年春，克劳迪娅·肖普曼又找到数十份奥地利女同性恋的档案资料。比起他们的德国同行来，奥地利刑罚法典在对付女同性恋的压制上，要残暴得多。纳粹占领者听之任之。的确，像法国一样，他们自己对此很是积极并不仅仅因为它是社会问题。这位历史学家因而可以利用他们的司法案件资料，第一次统计出70多个妇女是奥地利"129条款"的受害者，绝大多数是被检举揭发出来的。这条法律直到1974年才被废除。[120]

对所有的男人和女人来说,陷阱已经设置妥当。居民的治安卡片登记工作也已开始。随之而来的,就是大搜捕和大规模审讯了。有 10 万到 15 万欧洲的同性恋者成为牺牲品。严刑拷问之后,有的被驱逐出境,有的被投入狱中,有的被送进集中营。因为噩梦还未结束。

注释

[1] 有一个关于纳粹迫害同性恋者的重要网站,目前依然存在,它经常被国际信息机构所使用(www.chez.com/triangles)。

[2] 引自《希特勒上台》(*La Prise de pouvoir*,1928—1933),卡兰·科尼斯德尔、保罗·德拉戈尔斯著,巴黎普隆(Plon)出版社 1983 年出版,第16~17 页。

[3] 同上书,第 12 页。

[4] 同上书,第 24 页。

[5] 菲利浦·苏波撰写了几篇描绘纳粹集会的文章,专门寄往柏林。某些一大早就被征调来的青年,在讲演台四周的队伍中,累得都快趴下了。讲台上,领袖继续在那里大喊大叫[摘自巴黎 *Autrement* 杂志第 10 期柏林专写(1991 年 10 月号)]。

[6] 关于此情况,可参阅作家兼同性恋斗士盖伊·奥克汉姆在 *Gai Pied* 杂志 1979 年 4 月第一期第 4 页上,对马里努斯·冯·德尔·卢贝的描述。

[7] 参阅《关于国会纵火案和希特勒暴政的黑皮书》(*Le Livre brun sur l'incendie du Reichstag et la terreur hitlérienne*),由希特勒法西斯主义受害者国际救援委员会于 1933 年出版,引自弗洛朗斯·塔马尼的著作《欧洲、柏林、伦敦、巴黎的同性恋历史》(*Histoire de l'homosexualité en Europe, Berlin, Londres, Paris, 1919—1939*),巴黎 Seuil 出版社 2000 年 5 月出版,第597 页。

[8] 参阅 *Gai Pied* 杂志 1980 年 2 月号第 10 页。

[9] 米歇尔·万谢诺 1985 年 1 月在布鲁塞尔大学所作的关于《自由和种族主义》(*Libertés et racismes*)的讲话。

[10] 巴伯代特·吉勒斯和克里斯托弗·伊舍伍德在美国的谈话，*Gai Pied* 杂志 1981 年 4 月第 25 期，第 42~43 页。

[11] 参阅弗洛朗斯·塔马尼于 1997 年向巴黎 l'IEP 提交的博士论文《关于 20 世纪 20 年代初至 30 年代末法国、英国、德国的同性恋之研究》(*Recherches sur l'homosexualité dans la France，l'Angleterre et l'Allemagne*)。此论文是由让·皮埃尔·阿泽马（Jean-Pierre Azéma）指导的，原始资料来源于游击队员、警察、司法界人士、医生和文学家。此论文的主要内容的摘录于 1998 年 12 月刊登在皮埃尔·布迪厄（Pierre Bourdieu）的杂志《社会科学研究学报》(*Actes de la recherche en sciences sociales*) 上。此作品的译文缩写本 2000 年由 Aeuil 出版社出版，书名是《欧洲同性恋的历史》(*Histoire de l'homosexualité en Europe*)。

[12] 摘自盖伊·奥克汉姆所著 *Race d'Ep* 一书，Jean-Edern Hallier，1980 年出版，第 32 页。

[13] 参阅弗洛朗斯·塔马尼作品中第 50~57 页对柏林时期的描写，以及马格努斯·希斯菲尔德的著作《柏林的同性恋者》(*Les Homosexuels de Berlin*)，巴黎 Jules Rousser 出版社出版，里尔的 Gay Kitsch Kamp 出版社于 1992 年再版。也可参阅韦尼和梅屈尔（Venus et Mercure）的作品集，费利克斯·亚伯拉罕主编，作品中有希斯菲尔德研究中心的皮埃尔·纳雅克（Pierre Najac）本人签写的说明以及柏林几家同性恋夜总会的介绍，巴黎 Vie Moderne 出版社 1931 年出版，第 165~192 页。

[14] 威利（Willy）的《第三性》(*Le Troisieme Sexe*)，Paris-Editions 出版社 1927 年出版，参阅该书第 52 页。弗洛朗斯·塔马尼引用该书的第 62 页。

[15] 参阅 Jean-Christian Bouqueret 收集的摄影资料以及他的著作《黑暗岁月中的疯狂年代》(*Des années folles aux années noires*)，全国图书中心委托 Maral 出版社出版，该书获 1998 年纳达尔奖。

[16] 参阅 *Gai Pied* 杂志 1981 年 4 月号，第 14 页，以及"金屋"（Eldorado）展览会的详细展品目录，它涵盖了德国百年来的同性恋运动史。展览由柏林市政府出资，于 1993 年举办。

[17] 除了 *Crapouillot* 1931 年 3 月的这期特刊外，人们还可看 1955 年 3 月该刊第 50 期，它重新登载了关于"同性恋者"的文章。我们没有引用这

篇文章，因为它语气过于教条，是典型的陈词滥调，而且充满偏见。

[18] 参看影片《达尼埃尔·介朗 1904 至 1908 的世纪战斗》，该片由 Laurent Muhleisen 和 Patrice Spadoni 制作，Imagora 于 1996 年出品，影片中露面的证人有：Bechir Ben Barka、Françoise d'Eaubonn、Anne Guérin、Mohamed Harbi、Jean Le Bitoux、Michel Lequenne、Julia Wright。

[19] 受威廉·赖西理论的影响，*Sexpol* 杂志于 1976 到 1986 年期间在法国发行，它的根子来源于 1968 年的五月风暴。由于活跃分子 Marc Roy 的关系，该刊对法国的同性恋运动很亲近，直到 1984 年还在支持它。

[20] 参阅 Reimut Reiche 所著《性和阶级斗争》，巴黎 Maspéro 出版社 1977 年出版，第 74 页。

[21]《同让·勒比图的谈话》，1985，巴黎。谈话的部分内容于 1995 年 6 月刊登在一份同性恋中心办的杂志 *Keller* 第 13 期上，第 43～47 页。

[22] 摘自阿尔贝托·莫拉维同梵尚·塔迪埃和让·勒比图的谈话。谈话是由 *Moeurs* 杂志组织的。

[23] 电视新闻报道《第三帝国统治下的同性恋》的解说词摘录。该报道的根据是英国 1995 年发行的一盘电视录像带 *La Caméra Stylo*，1996 年在电视台第四频道播放。

[24] 杰勒德·科斯科维奇 1997 年 10 月 28 日在加利福尼亚大学多文化中央大厅所作的关于同性恋者被流放的演说，由弗兰克·扎尼担任翻译。

[25] 谈话发表在 *Gai Pied* 杂志 1981 年 4 月号上。

[26] 证词来源：电视新闻报道《第三帝国统治下的同性恋》。

[27] 这篇描述中的很多历史事实，都大量引用了盖伊·奥克汉姆于 1978 年 9 月 8 日至 10 日发表在《解放报》上、标题为《同性恋的产生》(*La naissance de l'homosexualité*) 的文章。这位作家、斗士也是一位德国语言学家，他让法国人认识到战前德国同性恋运动的重要性。参考资料来源于 Rose Winkel、Rosa Listen、de Hans George 以及 Rudi Finklen 等人的著作，该书 1981 年由汉堡 Rowolt 出版社出版。书中大量同性恋者的证词揭露了当年的大灾难。此外，关于有计划的大搜捕以及它在除柏林之外的重要性，可以参看 Burkhard Jellonneck 的著作 *Homosexuelle unter dem Hakenkreuz*，柏林 Scöning 出版社 1999

年出版。

[28] 参看 Manfred Herzer 和 Francfort 为马格努斯·希斯菲尔德所写的传记，纽约 Campus 出版社 1992 年出版。

[29] 引自杰勒德·科斯科维奇 1997 年的演讲。

[30] "同性恋"一词的出现是在 1869 年，匈牙利医生同时也是新闻记者的 Karoly Maria Kertberry 第一次使用。

[31] 克里斯蒂安·博内洛著 in Homosexualités, expressionlrépression, Stock 出版社 2000 年 3 月出版，第 70 页。该书收在 Louis-George Tin 和 Geneviéve Pastre 编辑的文集中，它汇集了 1998 年 12 月在巴黎 I'ENS 举行的一次讨论会上的发言和文件。

[32] 桑多尔·费朗西在认识到精神分析潮流之前，已经是同性恋的积极分子了。他在 1905 年写给匈牙利医生协会（I'Associatim Medicale de Hongrie）的公开信中，已经表达了他的观点。也可参看他同弗洛伊德之间的大量通信资料，他们通信的第三集，2000 年 5 月由 Calmann-Lévy 出版社出版，其中包括了他们 1920—1933 年期间的通信。在那些痛苦的年代里，他同弗洛伊德这种关系显得非常奇特，他俩的某些照片放在一起时，面貌惊人地相似。25 年间，他俩交换了 2 000 封信件。

[33] 《英国的同性恋不受惩罚》（La Dépénaliation de l'homosexualité en Ang letenne），Flora Leroy-Forgtot 著，见 I'ENS 讨论会文集第 133 页。

[34] 杰勒德·科斯科维奇曾引用此文。

[35] 涉及马格努斯·希斯菲尔德传记的很多情节，都出自曼弗雷·埃尔茨和詹姆斯·斯特克利的著作，他们将此作品奉献给这位欧洲同性恋运动的奠基人。该书 1986 年由柏林 Rosa Winkel 出版社出版，其后记的部分文学 1998 年曾在巴黎的 La Revue h 杂志第五期上发表。

[36] 参看詹姆斯·斯特克利的著作《德国的同性恋解放运动》（The Homosexual Emancipation Mouement in Germany），纽约 Arno 出版社 1975 年出版。也可参阅里夏尔·普朗著作《粉红色三角》，纽约 Henry Holt and Company 出版社 1986 年出版。

[37] 参看德国电影艺术家，社会活动家 Rose von Praunheim 在一部一个

第一章　大清洗

半小时的文献纪录片中对马格努斯·希斯菲尔德的介绍,该片完成于 1997 年。2000 年 2 月,柏林召开第一次关于同性恋流放国际代表大会时,放映了该片。

［38］并非是为了故意要制造事端,这次事件有其具体的政治意图,特别是要使德国的国际政策威信扫地,更具体地说,就是指责 20 世纪初他们对摩洛哥危机的处理。

［39］某些放荡的同性恋者,比如芬兰画家 Tom,他以大男子主义和法西斯主义的同性恋作为榜样,着意模仿他们。最近,著名服装设计师 Hugo Boss,在美国新闻界对瑞士银行侵吞犹太人财产问题向他进行调查,他承认曾为纳粹党卫军设计过一套服装,这套制服色调灰暗,但有一种冷酷的美感。意大利电影导演 Visconti 的影片《罪恶的灵魂》(Les Damnés)中的人物 Helmut Benger 就是穿的这种服装。

［40］1992 年 7 月,Hugo Marsan 在 Gai Pied 杂志上发表了标题为《外出郊游浪潮:1900 年就开始了》一文。文中指出:"过程很长,充满艰难险阻,一再拖延中断,然后重新开始。"他还说:"如果说希斯菲尔德是社会民主党人和成年的男同性恋和女同性恋的捍卫者的话,那么布兰德(Brand)这位仇犹分子和反妇女解放运动的卫士则是一位恋童狂的支持者。"文章最后说:"这一切太复杂了,它揭露出同性恋者的内部矛盾和斗争……他们利用此事件以达到其他目的……根据报刊的说法,所有的斗士都聚集在一个新的鸡奸(Sodome)者的阵营之中。他们的制服暴露出,他们是在以一种下流的方式,提高甲胄骑士们的屁股的地位。"

［41］盖伊·奥克汉姆,《解放报》,1978 年 9 月 8 日,第 9 页。人们可以拿这些差不多相隔一个世纪之久的事件同最近发生的巴黎 Act Up 协会政治事件相比较,这个协会是支持"外出郊游"活动的。可参看此协会创始人 Didien Leslnade 的著作,巴黎 Demoël 出版社 2000 年出版,以及他们的政治明星 Jean-Luc Roméro 的作品,此人由于在巴黎 2000 年议员选举期间,参加"外出郊游"活动被一家同性恋报纸揭露,成了"郊游"活动的牺牲品。Jean-Luc Roméro 作品:《人们偷走了我的真理》(On m'a volémavérité),2001 年巴黎 Seuil 出版社出版。

［42］盖伊·奥克汉姆,《解放报》1978 年 9 月 9 日,第 14 页。

［43］参阅 1998 年 Revue 杂志第 35 页，同上书。

［44］参阅《纽伦堡诉讼期间的政治笑话》(Les caricatures politiques lors de l'affaire Eulenburg)，里尔 Cahiers Gay Kitsch Kamp 出版社 1992 年出版，以及《一场闹剧的群像》(L'iconographie d'un scandale)，英国历史学家詹姆斯·斯特克利编著。

［45］纳粹上台以后布兰德不像其他人那样担惊受怕了，因为他已结婚，又非犹太人和社会主义者。不过他还是常常受到骚扰。他和他的妻子都在 1945 年盟军轰炸柏林时丧生。

［46］载于 Gai Pied 杂志 1980 年 7 月号上：《同吉勒斯·巴伯代特的谈话》。

［47］杰勒德·科斯科维奇引自上书，第 8 页。

［48］甚至在法国，此影片也未能逃过人们的关注。看看 La Presse de paris 1919 年 11 月 15 日的这篇评论吧，影片是在为所有的错误行为说话。它为性倒错行为减轻罪行辩护。国民议会多次开会讨论这种丧失理智的行为，但似乎并未将其禁止。

［49］此影片现存于慕尼黑电影博物馆中，将于 1999 年在 Philip Brooks 和 Patrick Cardon 的帮助下在巴黎同性恋和女同性恋者电影节上放映。三个月之后，还要再次发行该片并附带介绍马格努斯·希斯菲尔德的生平和德国刑罚的历史。

［50］詹姆斯·斯特克利，同上书，第 84 页，弗兰克·扎尼翻译。

［51］威利：《第三性》，第 47 页，弗洛朗斯·塔马尼引用。

［52］弗洛朗斯·塔马尼引用，同上书，第 114 页。

［53］H. George 和 R. Finkel 的这段文字转引自 Rosa Winkel 和 rosa Listen 的著作，同前书。1937 年，人们对兽奸的指控，使混乱情况更加严重，统计时把性"犯罪"（delits）也混杂在一起，阻碍了人们进行更详细的调查。

［54］弗洛朗斯·塔马尼引自上书，第 593 页。人们于 1934 年 7 月又在阿姆斯特丹见到了勒内·克勒韦尔，他当时在参加一个反法西斯会议，同他在一起的还有克里斯托弗·伊舍伍德和克劳斯·曼。

[55]《柏林城，1919—1933》，巴黎 Autrement 出版社 1995 年出版。Ralf Dose 著作《希斯菲尔德，一个先行者的挑战》（*Hirschfeld, les provocations d'un pionnier*），第 160 页。

[56] 参阅 Günter Gräu 和 Claudia Schoppmann 著作《NS-Zeit 中的同性恋》（*Homosexualität in der NS-Zeit*）中同一证词，此书收集了迄今为止最全面的盖世太保文献资料，都是有关雅利安化（l'aryanisation）中，如何"对待"同性恋者的问题。（柏林 Fischen Taschenbuch Verlag 出版社 1993 年出版，Irème Meyer 翻译）。

[57] 克里斯托弗·伊舍伍德：《克里斯托弗和他的同伴》（*Christopher and His Kind*，1976 年出版）。关于这一时期的情况，也可参阅他另外两部著作：《永别了，柏林》（*Adieu à Berlin*），Seuil 出版社 1992 年出版和《一个古怪的人》（*Un homme au singulier*），Seuil 出版社 1984 年出版。

[58] 摘自《希特勒上台》，同上书，第 328 页。

[59] 库尔德·希勒在受了九个月残酷对待之后，很奇怪地被突然释放了。他立即离开德国前往伦敦。但不久之后，他又于 20 世纪 50 年代再次出来作证，竭力主张废除"175 条款"。

[60] 吉勒斯·巴伯代特，*Gai Pied* 1980 年 7 月第 14 期，第 14 页。

[61] 克里斯托弗·伊舍伍德定居在美国西海岸，远离闹市的喧嚣，他自己构想了一套东方哲学思想。他在那里同他最后的伴侣生活了 30 年，直到 1986 年去世。

[62] "175 条款"最初只把男人与男人之间的性交以及"动作类似男人与男人之间性交"的行为视为违法。相互手淫也不包括在此条款之内。女同性恋也未在此法律条文中提及。她们因为是女人而被排除在外。1933 年 4 月份以后，女人再也没有可能担任政府官员了，一年以后，她们连医生也当不成了。女同性恋的活动场所被封，她们的出版物也遭禁止了。不过，正如历史学家弗洛朗斯·塔马尼所指出的："总之，应该得出这样一个结论：女同性恋者没有受过男同性恋所受的那些罪。如果她们同意放弃自己的个性，同意循规蹈矩做人的话，她们就不会遇到太大的麻烦。"（同上书，第 547 页）。

[63] 关于告密问题，它涉及一些与纳粹意识形态根本就无关的人，可参

看 Eric Johnson 所著《纳粹的恐怖时代，盖世太保、犹太人和普通德国人》(*La Terreur nazie，la Gestapo，les Juifs et les Allemands ordinaires*)，巴黎 Albin Michel 出版社 2001 年出版，第 424～440 页。

[64] 1937 年 10 月 29 日法令。参阅 Hidden Holocaust 著作《1933—1945 年期间法国对同性恋和女同性恋的迫害》(*Gay and Lesbian Persecution in Germany，1933—1945*)，伦敦 Cassell & Cie 出版社 1995 年出版，第 124 页。Günter Graü 出版的档案汇编，我们从中摘录部分历史资料。

[65] 这些证据出现在 Rob Epstein 和 Jeffrey Friedman 在旧金山于 1999 年出品的影片《175 条款》中。此片于 2000 年 2 月举行的同性恋流放代表大会期间，在柏林放映；2001 年 12 月由 ASC 协会引进，又在法国放映。

[66] 证词根据电视纪录片《第三帝国统治下的同性恋》摘录，同上书。

[67] 证词见 *Rosa Winkel*，*rosa Listen*，同上书。

[68] 证词见电视新闻报道《我们都佩戴着一个大大的"A"字》，1994 年伦敦电视台第四频道播放。

[69] 此讲话的部分摘录 1980 年引述在 *Bent* 一剧的法文版中，剧本由 Persona 出版社出版，该出版社也是杂志 *Masques* 的出版者。希姆莱讲话的全文收录在让·布瓦松所著《粉红色三角》一书的附录当中。该书 1988 年由巴黎 Fayard 出版社出版。

[70] 克里斯蒂安·博内洛 1988 年 12 月 4 日在高等师范学校讲演时引用，收在《同性恋》(*Homosexualités*) 一书中，同上书，第 64 页。

[71] 法学家米歇尔·万谢诺在布鲁塞尔做关于同性恋流放的报告时引用，见上文。

[72] 引自詹姆斯·斯特克利的著作，见上文。

[73] 参阅斯特克利，出处同上。

[74] 在 1937 年至 1939 年期间，有 94 738 名同性恋者受到盖世太保的威胁。资料来源：《粉红色三角联盟》2002 年的报告。

[75] 海因里希·希姆莱承诺今后要限制这些混乱，参见弗洛朗斯·塔马尼著作《欧洲同性恋的历史》，第 556 页。

[76] 人们想起了巴伐利亚路易二世（Louis Ⅱ）死亡时的情景，他拒绝

批准"175条款",当时正值德国司法统一之时。

[77] 参阅 Hidden Holocaust…?,同上书。

[78] Michel Celse 和 Pierre Zaoui 著:《否认,再否认:粉红色三角问题》（Négation, dénégation : la question des triangles roses）,此书收入 Shoah 的"良知丛书"（l'ouvrage collectif consciences）之中,是讲话和对讲话的批评,巴黎 Kimé 出版社 2000 年出版,第 5 页。

[79] 证据已列入华盛顿大屠杀博物馆的项目。同时也在 Lutz Van Dijk 的著作《同性恋流放的十一份证词》（La Déportation des homosexuels, onze témoignages）中引用,H & O 出版社 2000 年 8 出版,第 33~44 页。

[80] 见《我们都佩戴着一个大大的"A"字》同上书。

[81] 此特别档案,出现在电视专栏"Télérama"中,1999 年 6 月在以"血腥之夜"为主题的节目中播放。

[82] 参阅 Nicolas Werth 所著《动乱年代,从慕尼黑到布拉格》（Les Années de tourmente, de Munich à Prague）,巴黎 Flammarion 出版社 1995 年出版,第 144 页。

[83] Max Gallo 著《血腥之夜》,巴黎 Robert Laffout 出版社 1970 年出版,第 74~75 页。2001 年 6 月再版。要特别指出的是,这部 1970 年也就是同性恋运动还不太高涨时之前所写的作品,在其 350 页的篇幅中,抹杀了"血腥之夜"在同性恋控诉中的真正意义。"同性恋者"一词只在第 53 页上出现过,而当同性恋问题在纳粹的咒骂和人民的评论之间引起争议的时候,它没有发表任何有价值的意见。同时,此作品也远非一本反同性恋的书,它只一般地提到纳粹冲锋队的闹剧、男性共同生活和同性恋的悲惨命运。相反,它一点也没有提到对希斯菲尔德的研究中心的洗劫和希姆莱对同性恋运动的仇视。

[84] 希姆莱日记,引自《血腥之夜》,同上书,第 20 页。

[85] 参阅 Max Gallo 的《血腥之夜》,同上书,第 33 页。

[86] 同上书,第 214 页。

[87] 同上书,第 234~235 页。

[88] 某些历史学家提出,希特勒和赫斯之间的联系始于慕尼黑未遂政变

之后，他俩共同蹲监狱时期。比利时 Brême 大学教授 Lothar Machtan 是迄今为止，最后一位提及这种说法的人。这毫无历史价值。

[89] 参阅 Max Gello 的《血腥之夜》，同上书，第 294 页。

[90] 此摘要发表在 1934 年 7 月 15 日出版发行的法国 Le Temps 报上。

[91] 参阅詹姆斯·斯特克利著作第 74 页，同上书。

[92] 参阅 1934 年 7 月 3 日 Le Temps，引自弗洛朗斯·塔马尼著作第 593 页，同上书。

[93] 参阅劳埃德·艾登·凯伊斯（Leoyd Eden Keays）1996 年 12 月 6 日在拉瓦尔大学所做的讲演《纳粹对少数派党团的迫害》（La Persécution des groupes minoritaires sous le régime nazi）。

[94] 宗教改革期间，Martin Luther 特别针对教士和神职人员的同性恋问题，批评天主教教会。可参阅日内瓦 Labor & Fides 出版社 1966 年出版的 Martin Luther 的著作《论夫妻生活》（De la vie conjugale）的第二卷。也可参阅弗洛拉·勒鲁瓦·福尔 1997 年著作《欧洲同性恋法律史话》（Histoire juridique de l'homosexualité en Europe PUF, 1977）。希特勒抓住这一指控的机会，使数千名天主教教士关进监狱或惨死在集中营里。这一无声战斗的目的，不是要同梵蒂冈正面冲突，而是要限制天主教网络系统对青年人的教育作用。然而，1933 年 4 月 6 日梵蒂冈在一次公开声明中，竟公然祝贺对同性恋报刊进行封锁，声明说"梵蒂冈非常欢迎德国人民反对淫秽读物的斗争"（弗洛朗斯·塔马尼著作第 536 页，同上书）。

[95] 引自弗洛朗斯·塔马尼著作 Mauuais genre，巴黎 Martiniére 出版社 2001 年 10 月出版，共 160 页。

[96] 欧洲繁荣的同性恋文化的存在，在 20 世纪 70 年代严酷的现实面前，是一个反常的现象。为了强调这一现象和这一历史缩影，意大利电影人 Luchino Visconti 1969 在其拍摄的影片《罪恶的灵魂》中，特别抓住对冲锋队开刀中的同性恋现象，把纳粹主义和同性恋混在一起。在历史上，此影片中所表现的希特勒同罗姆之间的冲突并不存在。人们还可以在 Pier Paolo Pasolini 于 1975 年所拍影片 Salo 和 Liliana Cavani 于 1974 年所拍影片 Portier de nuit 中发现同样的疏忽。在 Rainer Werner fassbinder 所写的剧本《只有一片面色》

(*Rien qu'une tranche de pain*)中,他唯一一次,而且非常简单地通过剧中人物提到同性恋问题:"我不愿把自己局限在犹太人的圈子里,我也是集中营里的同性恋者,同性恋在人数百分比中只占极少数……这些同性恋者,都是性倒错的人,他们共同生活在一起,自己觉得很自然。我认为应该专门拍一部关于这方面题材的影片。"此剧由 Laurent Muheisen 翻译成法语(参看第22~23页),1995年4月11日在电视台法国文化栏目中播放。在他们之前,6月30日起,在 Ballade 剧场的舞台上演出。Bertolt Bnecht 在《血腥之夜》一剧中,制造了一桩罗姆和希特勒之间相互联系的故事。也可参阅 *La Résistitle Ascension d'Artuso Ui*。对此,Brecht 写道:"人们从未见过这样的大火和这么多死人。"(Max Gallo 转引自上书,第9页)

[97] 参阅杰勒德·科斯科维奇1997年在加利福尼亚的讲演,同前书,第9页,弗兰克·扎尼翻译。

[98] 绍尔·弗里德兰德:《纳粹德国和犹太人》,巴黎 Seuil 出版社1997年9月出版,参阅此书卷Ⅰ第269页。绍尔·弗里德兰德是特拉维夫大学和加利福尼大学的历史教授,著有十二部左右关于纳粹主义和犹太人种族灭绝题材的作品。

[99] 绍尔·费里德兰德上述著作第270页。也可参阅历史学家 Raul Hillerg 的新著《历史的泉源》(*les Sources de l'histoir*)(巴黎 Gallimard 出版社2001年9月出版)一书,该书多处提到长期强迫劳动和《大屠杀》(*Holocauste*)中所使用的 Heydrich 的手段。

[100] 绍尔·费里德兰德,同上书,第205页。戈倍尔日记直到1992年才公之于众。

[101] 海因里希·希姆莱。绍尔·费里德兰德引用,同上书,第272页。

[102] 绍尔·费里德兰德,同上书,第268页。关于这次暗杀,也可参阅 Michael R. Marrus 的《Herschel Grynszpan 的神奇故事》(*The Strange Story of Herschel Grynszpan*),以及 Lutz Van Dijk 为这位年轻而又不可捉摸的杀人犯所写的专著。

[103] 绍尔·费里德兰德,同上书,第268页。

[104] 同上书,第299页。

［105］弗洛朗斯·塔马尼，引自上书，第 548 页。

［106］戴维·鲁塞：《集中营的世界》（*L'Univers concentrationnaire*）巴黎 Pavois 出版社 1949 年出版，第 64 页。

［107］海因茨·黑格尔：《佩带粉红色三角的人们》，巴黎 Persona 出版社 1980 年出版，第 61 页。

［108］皮埃尔·塞尔的流放事实已被 SS 的两份文件所证实，文件内容已收在他写的书《我，皮埃尔·塞尔，同性恋流放者》一书中，巴黎 Calmann-Lévy 出版社 1994 年出版，内容包括他进出希尔梅克集中营、他被送往俄国前线的情况，因为他是阿尔萨斯人，必须绝对服从。随着此书的出版，加上大众媒体大量报道，他终于在一年以后获得被流放者证书。

［109］参见《同性恋者在 NS-Zeit》，同上书，第 273～274 页。

［110］《我，皮埃尔·塞尔，同性恋流放者》，同上书。1995 年由 Joachim Beugroschel 译成英文，由美国 Penguin Books 出版社出版，后又由 Da Capo Press 出平装本，收在 "Holocaust Studies" 丛书中，1996 年由 Jackwerth 出版社出德文版，2000 年由 Bellaterra 出版社出西班牙文版。

［111］关于希尔梅克集中营的情况，没有出过一本较翔实的作品。对其近邻 Natzwiller-Struthof 集中营的情况，可参阅 Struthof 民族委员会（le Comité national Struthof）出版的作品（1973 年 Nancy 的 Humhlot 出版社出版，共 90 页）。

［112］参阅 Mattéoli 委员会的报告，报告是奉阿兰·朱佩之命于 1997 年 2 月 5 日写成的，2000 年 4 月 17 日提交给若斯潘。Mattéoli 是参加过抵抗运动的前流放者。现任抵抗运动纪念基金会的主席。报告第 64 页写道："最终，抵制雅利安化的可能性，由于拖延太久，没有多大进展。人们处在分化的状态之中，但发展很不平衡。法国犹太人在他们各自的职业中生活得很好，挣了不少钱，有良好的社会关系和很多朋友，他们懂得自己的权利，能够拯救自己一部分财富。但新从波兰移民过来的、不会讲法语的服装工人不在其中：他们很快就受到了打击。雅利安化未避免社会不公的遭遇……掠夺只能被理解为种族灭绝的前奏。"

［113］见 *Gai Pied* 1983 年 3 月 26 日第 62 期。

第一章 大清洗

［114］见肖普曼：《国家社会主党的性政策和女同性恋》，柏林 Centaurus 出版社 1991 年出版。

［115］杰勒德·科斯科维奇：《从"金屋"到第三帝国》，同前书，第 3 页，弗兰克·扎尼翻译。

［116］参阅 Autrement 杂志柏林特刊中关于德国妇女地位的变化的文章，同前书，第 116～131 页；Marianne Wall 著：《柏林的女人和她们的斗争》(*Les Berlinoises et leurs comlats*)。

［117］克劳迪娅·肖普曼，同上书，第 16 页。

［118］参阅小说家兼新闻记者 Erica Fischer 的作品 *Aimée et Jaguar*，巴黎 Stock 出版社 1995 年出版。该作品叙述了在充满仇恨的德国，两个妇女之间真实的爱情故事，俩人一个是犹太人，一个是一位纳粹官员的配偶。

［119］两份证词均由杰勒德·科斯科维奇在 2000 年 4 月 7 日的法国国会期间的讲演中引用，他讲演的主题是《女同性恋和同性恋》(*La Lesbian & Gay*)。

［120］克劳迪娅·肖普曼：*Verhotene Verhältnisse：Franenliehe, 1938—1945*，柏林 Queverlag 出版社 1999 年出版。

第二章

仇视同性恋的可怕岁月

粉红色三角

『疯狂』医生

集中营里的『性生活』

一个艰难的任务

欧洲其他地区的情况

第二章　仇视同性恋的可怕岁月

纳粹对每一个同性恋者的屠杀，都是两次杀死他们，这另一次屠杀是在他们家庭的记忆中，是在对他们政治和历史的回顾中。

每一个杀人者都杀了他们两次。我实在无法分辨，哪一次更为卑鄙无耻。

——安德烈·萨尔格

当我们回忆1914—1918年的世界大战时，20世纪中的一个历史事实是无法回避的，那就是集中营的出现。正如历史学家尼古拉·沃斯所说，集中营的出现，完全是由于20世纪初发生在南部非洲的那场波尔斯战争影响造成的。英国军队为了破坏敌方战士的抵抗，决定把交战国的妇女、儿童和老年人关押起来作为人质。30年之后，人们又看到了这种敲诈勒索和非人道的大搜捕行为。集中营的设置运转，是为了收容那些不能见容于社会的反革命分子，设置理由是思想改造需要一定时间。

尼古拉·沃斯补充道："波尔斯战争之后，德国于1933年2月开始，陆续建立起一些集中营，用以作为对反纳粹分子、犯普通法的犯人、不适应社会生活者、同性恋者进行改造的场所。"[1]在希特勒的网络系统中，也有许多观点非常不一致的人，这些人都被认为是思想上的危险人物。局势变化很快，令人头晕目眩。从1939年9月占领波兰开始，集中营的数量如雨后春笋，急剧增加。这些集中营关押着德国人陆陆续续征服的新领土上送来的 20 来个民族的侨民，所有被德国陆、海、空三军占领国家的抵抗分子以及后来的命中注定将被最终解决的数百万犹太人。在第三帝国达到巅峰的时候，有一千多座集中营建立在被他们奴役的欧洲的土地上。

在回顾纳粹集中营制度，并以此来深入了解在这一非人道大悲剧中同性恋者的特殊命运之前，有必要先了解一下关于集中营究竟意味着什么。强迫一些人背井离乡将其关押起来，粗暴地限制他们的各种权利，破坏他们的日常生活和生存方式，使他们不得不否认甚至出卖自己的身份，长期待在危险无处不在的兵营里，这就是被抓的同性恋者的命运。历史学家弗朗索瓦·贝达里达回忆道："在德国境内组织的集中营里，从 1933 年起，首先关押的是那些反纳粹的德国人、犯一般罪的囚犯、被判定有危险倾向的成年人。他们的被关押，或由于安全原因，或因为判刑前需要羁押，或者要对其进行改造：政治犯、一般犯人、同性恋等。"[2]

大逮捕行动是诸多专制独裁手段中的一个，也是最厉害的一个，历史学家让·维格勒写道："甚至是从思想意识方面考虑，也有理由需要这种手段。有安全方面的理由，也有经济和种族方面的理由。雅利安人通过征服他们所谓的下等民族来扩大他们的生存空间，通过种族主义政策以维护他们的长盛不衰。因此政治上的反对者、有生理缺陷的人、不适应社会生活的人、同性恋者、犹太人、茨冈人以及斯拉夫人都是他们搜捕的对象。"[3]这些人如此地互不相干，在平时生活中极少互相往来，现在却结成了紧密的群体，一起走向死亡。

正如普里莫·莱维（Primo Levi）所描写，他们是"没名没姓的一个群体，人员在不断更新，方式总是老一套。这些无名的人，他们身上所有的光辉均熄灭，他们默默地走着，劳碌着。他们的一切都被淘空，他们已经麻木，感觉不出所受的痛苦。人们很难把他们称为活人。人们也不能说他们已经死亡,他们不怕死亡。因为他们已经没法弄清楚,什么是死亡。他们总是在我的脑海中显现,没有面孔。假如我能够通过一个形象来概括我们时代所有苦难的话,我将选择这个我脑海中最熟悉的形象:一个瘦得皮包骨头的男人,低着头,弯着腰,脸上和眼睛没有丝毫思想的痕迹"[4]。在这个人间地狱的描写之外,还应补充一些与语言相关的问题:"试想想,某个人,他面对要将他送进焚尸炉时他听不懂,因而也不理解的命令,该有多么害怕。在集中营里,一下子建立起一些能够互相理解的人聚集在一起的集体。"[5]

这些人的共同命运在铁丝网的后面被捆绑在一起,但他们的身份并不容易辨认出来。一个便于辨认的特殊标记很有必要。让·维格勒写道:"囚犯们条纹布的囚衣上面,都缝有三角形或星形的标记。这是纳粹需要并建立的种族和社会等级的标志。每一个在集中营或死亡营里的犯人都肯定是要死的。饿死、累死、病死,担当药物试验品而死、刑具折磨死或快速处决,还有关到毒气室里毒死。"

拘留营和集中营的犯人衣服上的标记是一点一点地改进并逐渐形成。历史学家沃尔夫冈·索夫斯基写道:"随着集中营的重新组织,党卫军于 1936 年引进了一种分类制度,即把犯人按性质分成若干小组。在上衣胸前的左边和长裤的左裤腿上,在犯人序号旁边,缝一个有颜色的三角形标记。……政治犯是营中的第一类,他们最初是没有特殊标记的。直到 1937 年,才给他们缝上了红三角。"他进一步写道:"对于社会阶级角色,决定性因素是分类方法:按不同颜色、不同三角形和其他区分标志分类。"[6]

"刑事犯"是绿色三角;不适应社会生活者,黑色;同性恋者,粉红色;流亡者,蓝色;茨冈人先是棕色后改为黑色。犹太人的标志是六角星。外国人,他们经常被划到政治犯一类,在原来的红三角之上,叠印上他们各自国家的符号,法国人印"F",波兰人印

"P"，西班牙人印"S"。那些陪伴犯人的被囚者，在其三角标志的顶尖之上，印上一个黑点作为标志。"夜与雾"① 队伍的犯人以红色宽带作为标志。他们背上有一个十字架标记，左右两边各标有两个大写字母 NN（德文 Nacht Nebel 的第一个字母），在他们长裤的裤腿上，也有同样的大写字母。至于那些早就被怀疑会逃跑的人，纳粹在他们的前胸和后背，都画上红、白两色的靶心样标志，这样一来，可疑人群中稍有动作，党卫队很容易找准目标射击，就像人们在庙会和集市的小摊上练习射击一样。[7]

有时候，某种优惠待遇会突然降到你的头上，沃尔夫冈·索夫斯基记下了一位囚犯的证词："我们走进囚犯的衣帽物品存放室，层层架子上放着制服、衬衣和靴子，数量很多，放得满满当当。在这儿做管理工作的也是犯人，但他们看起来气色较好，也穿得比较干净。他们身上缝的全都是红色三角。在所有新来到集中营的人当中，我们是第一批被挑选出来的。这儿是政治犯，都要接受红色三角。那边逃避劳动者、不适应社会生活者将接受黑三角，'耶和华见证人'② 是紫色，刑事犯是绿色，同性恋粉红色……在我旁边，有一个'黑色'犯人，他分到的衣服明显比我的差得多。在发靴子的时候，开始我轮到一双旧鞋。当发鞋子的值勤囚犯正准备交给我的时候，他问我：'是政治犯？'当我做了肯定的回答之后，他立即为我另选了一双最好的。我们，只有我们这些政治犯，人们才问我们是否带了一件毛线衣或一件毛料外衣。这种情况，其他类别的犯人是绝对没有的。"[8] 这些一眼就能看清的统一符号，不仅仅在集中营的管理上便于党卫军区分被囚禁者，而且，通过容易辨认的符

---

① 德文 Nacht und Nebel，纳粹给集中营的政治犯取的名字，他们注定死在集中营里而不留下任何痕迹。——译者注

② Temoins de Jehovah，宗教团体，1874 年由 C. Taze Russelle 创立于美国。——译者注

号也在囚犯之间建立永久的差别观念，甚至维持一种互不信任感，这些符号也代表着复杂和明确的社会等级，这使担任管理的同监囚犯在工作时有据可依。

粉红色三角

粉红色三角（它的颜色常常被小姑娘们用来嘲笑男性）逐渐在集中营里多起来。以前同性恋的标志是绿帽子，这是把他们同反对天主教者混为一谈。这很像皮埃尔被关进阿尔萨斯希尔梅克集中营时的情况。[9]对同性恋者，还存在另外一种贴标签方法，一种更为低级下流、更带污辱性的方法。有一份华盛顿的霍勒科斯特的档案，其中有奥斯维辛集中营的捷克同性恋囚犯埃尔文·福尔利的一段对这种特殊标签的回忆："某些初到集中营的同性恋囚犯，必须在屁股上围一块黄颜色的布，上面要缝一个大写字母的'A'字。它的原文是'Arschficker'，译过来是'喜欢吻屁股的人'。"[10]当粉红色三角在大多数集中营最终被接受的时候，三角标志还没有在其他集中营普遍使用。为了让人看得更清楚，有些集中营把粉红三角放大，比其他三角大3厘米。海因茨·黑格尔说："鸡奸者，应该让人从很远就认出来。"[11]

给囚犯做上显眼的记号是集中营工作的一部分，在这个封闭的领域里，为了幸存下来，打上一个容易辨认的记号是很有必要的。只听得懂命令，或只会辨别纳粹狱吏为他划分的高低贵贱的等级是不够的。这种记号既让人记住那些享有优越待遇的人，也使人容易看清他们和下等人的差别。沃尔夫冈·索尔斯基写道："在最高层，存在着一般人和下等人之间的种族主义矛盾。斯拉夫人、茨冈人、犹太人是不被他们视为人类的成员。他们是处于社会边缘的种类，是被排除在社会生活之外的人。在这儿，对他们制裁的特点是有系统、有计划地消灭之。种族标准优先于所有其他标准。对列在'政治反对派'或'刑事犯'中的比利时犹太人或法国犹太人，首先考虑的是：他们是犹太人。……处在等级阶梯最下层的，是'175条款'中的同性恋者，虽然他们不构成任何政治上的危险，他们仍然在'下等人'这个类别中，占据着一个次等的地位。"他还提到另一种差别："思想上和政治上的反对者，尽管他们被党卫军残酷迫害，他们仍然是集中营社会的重要成分。人们迫害他们，但也有点怕他们。然而，对那些'不适应社会生活者'和同性恋者这些次等人群，人们从不进行真正的打击，他们是非正常人，是害群之马、是多余的人。对这些人，赐给他们嘲笑、蔑视和死亡就可以了。"[12]

从1933年起，达豪和奥利亚伦堡的集中营接受了大量同性恋者。他们都是些活跃分子，有些人的行为显然是在冒险，有些干脆就是为了欲望和爱情。一些人成了"175条款"的牺牲品。其余的遭受严刑拷打和起诉。十多万同性恋者受到追究，6万人被投入狱中，1万多人送进集中营，其中三分之二的人死在里面。[13] 受同盟国委托负责为纽伦堡审判起草报告的历史学家欧根·科贡查明了其余同性恋者的命运。"关于运送到死亡集中营去的人，其中诺德豪森、纳茨魏尔、格罗斯-雷申集中营接纳的同性恋者所占比例最大。"欧根·科贡接着说："集中营有一种可以理解的倾向，就是把被认为不太重要的人、价值较少或毫无价值的人分开。"[14] 有些同性恋者财产被没收，有时财产数目很大（这些财产，甚至战争结束以后，都没任何人要求追回）。只有这些人，纳粹才认为他们并非完全没有价值。

还有一个关于虐待同性恋者的特别而又致命的罪行。这是一位曾关在萨克森豪森，后来又转移到弗洛森堡的囚犯海因茨·黑格尔证实的。他说："为了减少集中营里被囚人的数量，常常要求每个集中营在不同时间，分批向死亡营送囚犯，每批一百人或一百以上，到那里后进毒气室或注射毒针以结束他们的生命。挑选前去送死者的权力，落到囚犯营秘书处的身上，秘书处的头头由最年长的囚犯担任。当这位头头是一名政治犯的时候，人们总能看见，那些送往死亡营的囚犯队伍，绝大数是由戴粉红色三角的人组成的。"[15] 其余的同性恋者被送到布痕瓦尔德的采石场去劳动。采石场第三十六组的犯人雅罗斯拉夫·巴尔特证实："我们被迫在采石场中，在工头的吼叫声和毒打之下，在党卫军的枪口威胁之下的非人条件下劳动。受伤和死亡事故每天都在发生。此外，监工几乎每天早上都要收到一份带有囚犯编号的名单，名单上的人将被送走，永远不回来。"[16]

至于那些施刑者们，海因里希·希姆莱之后，我们应该记住纳粹分子鲁道夫·赫斯这位先后担任过萨克森豪森和奥斯维辛集中营的头子说的话。[17] 他战后在狱中写了一本回忆录《管理奥斯维辛的日子》。普里莫·莱维于1985年给这本书写的前言中，说此回忆录完全是"一大堆卑鄙无耻的谎言，是令人生厌的官样文章。读这种文章简直是受罪。尽管作者掏空心思地想为自己辩护，但一点也遮掩不住他的本来面目：一个愚蠢的恶棍，废话连篇、粗鲁下流、傲慢无礼。他的书里全是谎言。"[18] 赫斯曾因政治谋杀判过刑，纳粹使他东山再起，他沿着他们的阶梯一级一级向上爬。最后，他当着希姆莱的面启动了第一批集体杀人的毒气室。普里莫·莱维补充道："赫斯带着一种职业的满足感，描绘各种不同类别的囚犯。在政治犯和一般维权分子中，他偏向政治犯；在茨冈人和同性恋者中，他较喜欢茨冈人。至于战争中的俘虏，他认为只是一些牲口。他最不喜欢的是犹太人。"

谈到奥斯维辛集中营的同性恋者时，鲁多夫·赫斯十分冷谈："同性恋者应该白天、黑夜不停地干活。他们很少有能活着出去的。当有些同性恋者表现出坚强意志，放弃他们从前的恶癖并显示出有能力承受最艰苦劳动时，人们可以看到，其他的人却正在慢慢衰退下去……人们也不难想象，每当疾病或死亡夺走两个同性恋朋友中的一个的时候，另外一个的必然出路多数是选择自杀。我们看到很多情况是两朋友互相杀死对方。"[19] 他很有见地地继续说道："这些同性恋者，远离其他人，在采石场中砸石头。这个目的在于把他们改造成正常人的苦役，对于其他不同类别的同性恋者，不起作用。"

杰勒德·科斯科维奇认为："在集中营里，所有被囚者的生活状况都非常困难，但大部分时间，大多数集中营里，男同性恋者遭受的苦难最为可怕。与犹太人和茨冈人相反，同性恋囚犯从来没有被当成有步骤消灭的对象，比如送往真正的死亡工厂。然而，他们在集中营总体存活的百分比，远远低于上述两个种族团体之外的其他种类的犯人。"[20] 根据劳特曼的统计，有 60% 的同性恋犯人死在集中营，其中四分之三是在他们入营后第一年中死去的。[21]

被关押在距柏林不远的萨克森豪森集中营的同性恋囚犯海因茨·黑格尔，对集中营粉红色三角的消失感到震惊："与我睡在同一室的，有 180 名同性恋者，各种职业都有。有干粗活的苦力，有办公室职员，有工厂工人、手工业者、音乐家、演员、教授，有一个神职人员，甚至还有一位贵族，他从前是个大财主。他们在被捕前都是有用的人，有些还曾在他们所在城市中拥有重要地位。……现在他们被人扔进这个屈辱和苦难的大熔炉里，与集中营同性恋者关在一起，注定被苦役、饥饿和酷刑折磨而死。"[22] 对同性恋或被指控为同性恋者的大清洗事实上把许多完全不相干的人集中在一起，他们之间不可能有丝毫凝聚力。多么大的年龄辈分差异，多么大的经历差异，多么不同的社会阶层啊！但他们都有相同的命运，受相同的罪，遇到同样的迫害，理应大家互相商量对付，甚至集体行动以自卫。但同性恋者完全缺乏这种团结一致的想法，这种情况在波兰人家庭、茨冈人和犹太人家庭中表现得最明显。共产党人和西班牙内战中幸存的共产主义分子也是如此。

这种消极因素不仅仅存在于同性恋者之中,正如沃尔夫冈·索夫斯基所说:"在'不适应社会生活者'这一分类的人群中,其偶然性成分远远超过犹太人这一群体。他们唯一的共同特征就是像犹太人一样,也被党卫军打上了记号。在他们中间,有左派和右派人士,有宗教信徒和无神论者,有商人和工人,有罪犯和守法公民,有比利时人、希腊人、波兰人、俄罗斯人以及意大利人。他们之间既不以宗教活动联系在一起,也没有共同的政治信仰,社会地位和民族根源也都不一样。种族主义标志也分得不那么细,展现在面前的死亡危险阻碍了他们团结一致、共同抗争的觉悟。"[23]

欧根·科贡于1938年被捕,在布痕瓦尔德集中营躲了7年,于1945年4月16日获释。他指出过在一次集体罪行发生时,面对一批又一批的屠杀,所有人都无能为力的情况:"如果在屠杀刚开始时,有人及时起来反抗这种专制独裁的话,专制独裁制的内部是很难逃脱集体犯罪责任的。"[24]但这对于那些被囚在既闭塞又荒唐的集中营里的人质来说,这种要求可能太理想化了。正如汉娜·阿伦特所说:"从外表上看,受害者和刽子手个个都是疯子,而对观察者来说,集中营里的生活酷似疯人院的生活。事实上,含义一样,人们习惯于从词的实用上思考而已,善和恶是一个意思。一些词的真正含义被一个世界的疯狂行为彻底掩盖,在这个世界里,受惩罚的是无辜者而不是罪犯,劳动不是为生产,犯罪杀人也不是为自己获得利益。"[25]

关于布痕瓦尔德集中营,雅罗斯拉夫·巴尔特认为那真是可怕的人间地狱:"有一项运动颇受工头们的喜爱。那就是当囚犯们推着翻斗车在干活时,工头们常常耍和折磨我们,在半小时内,我们必须把车子推到500米的高处,然后让其向下滑落,我们还必须随时把车子控制住,因为有加速度的关系,车速非常快。当一辆小车翻倒时,紧随其后的小车就会撞到前面囚犯的身上,使他们严重受伤。伤者送到医疗所时，多数都是腿骨骨折。一旦送到那儿，他们就完了：一个党卫军的医生会给他打一管要他命的毒针。"[26]正如杰勒德·科斯科维奇所说："送到苦役劳动营中去干最艰苦、最危险的活的人，男同性恋者所占比例明显要大得多。派他们去的地方有：达豪的采石场和压路机队，萨克森豪森的黏土挖掘场、多拉的挖隧道工程、布痕瓦尔德的采石场。还有些被编到一些突击队，专门去搜索那些空袭投下但未引爆的炸弹。被派到这些地方去执行这些任务的人，他们生存的希望远远小于所有其他囚犯。"[27]

"疯狂"医生

纳粹的医生也很积极，他们在被囚人员身上搞一些科学研究和行为医学的试验。正如普里莫·莱维所说："把几千人圈在四周有铁丝网的营房中，不分年龄、社会地位、家庭出身、语言、文化和风俗习惯，每个人的生活模式都是统一的、受监视的，每个人的最低生活需要都得不到满足。你很可能被编到最倒霉的队伍，比如试验营中，以便确定，在为生存而斗争的时候，哪些人更具本能条件，哪些人有更多的生活经验。"[28]

戈林和他的家庭借助希姆莱的关系，占据了科学研究领域，这一领域原先在心理分析方面受"犹太思想影响"很大。在弗洛伊德被宣布为不受欢迎的人，丧失公民资格，并被迫离开德国远赴英国避难之后，戈林元帅的表弟毫无争议地被任命为柏林精神分析协会的头头，协会很快变成了戈林的研究中心，其研究目标非常可疑。罗兰·雅卡尔1987年在一篇文章中写道："戈林研究中心为德国的战争工作，其任务是'治疗'同性恋，'治疗'不育的心理根源；同劳动部门合作，预测工人阶级的反叛倾向；同战争部合作，研究心理战术以便充分利用敌人的弱点。"[29]这个不高明的策略为阿尔萨斯入侵提供了反犹主义论据。历史学家丽达·塔尔曼认为:"要让法国人懂得排斥阿尔萨斯犹太人,唯一的办法是使他们觉得自身的优越。"[30]这一论点今天还在重复使用,比如法国极右分子对待阿拉伯移民,就是如此。

在所谓"治疗"方面,同性恋是被安排在最危险试验的第一线的。因为人们是在杀害他们之前,先为他们"治疗"的。皮埃尔·塞尔在回忆阿尔萨斯的希尔梅克集中营的情况时说道:"每当高音喇叭里叫到我的名字时,我都非常害怕。因为这很可能是要在我身上进行极为残暴的试验。大多数时候是在我乳房上打很多针。我只记得四周白色的墙壁,很多的白大褂以及护士们的笑声。我们有六个人,裸露着上半身,面对墙站成一排。注射时,他们喜欢将针管朝我们扔过来,就像游乐场中孩子们游戏投掷飞镖那样。有一天,我旁边一个不幸的难友突然倒下,失去了知觉,针头击中了他的心脏。后来我们再也没见到他。"[31]

欧根·科贡1946年1月7日在纽伦堡法庭陈述时说:"很多试验都是注射药物针剂,在同性恋者身上做试验时,方式五花八门。多数情况下,是将一些合成的腺液转移到他们体内。我亲眼看见他们中的两人在这样的试验中死亡。"[32]

科贡谈到一位名叫卡尔·维尔奈的医生,他在布痕瓦尔德集中营工作,他对给同性恋者做腺体移植和阉割手术非常反感。同样在纽伦堡法庭被起诉的另一名医生热巴尔宣称:"希姆莱是一个大笔一挥就可以剥夺几千条生命的人……他对我说,这些医学试验是元首的明确指示,元首的意愿就是国家法律。我执行命令,我必须忠于党卫军的誓言,忠于希波克拉底誓言。"①

---

① Sement d'Hippocrate. 希波克拉底是希腊医生,被公认为西医鼻祖,生卒日期约在公元前460—前377年之间。——译者注

海因茨·黑格尔认为:"一个同性恋者一旦进入医院,很少有机会活着出来。事实上,在医院里,戴粉红色三角标志的囚犯是被当成医学研究和试验对象的,他们大多数的最后归宿都是死亡。"布痕瓦尔德集中营档案中,有一份报告提到:"1942年1月4日,有人送一个青年到医药实验室来,那里正在进行荨麻疹发烧试验。人们首先选一个年轻同性恋者作为人体试验对象。这位青年抗住了疾病。但不久之后,发现他心脏严重受损。"这份报告补充道:"在此期间,因触犯'175条款'获罪的新来的同性恋者,迅即押到营中的军事掩体中被枪毙了。"[33]

1943年,海因里希·希姆莱向集中营发出通知:集中营里的同性恋者,凡是愿意接受阉割手术者,可以回家。[34]我们不知道有多少人接受了此次阉割。但我们知道有67个合法的生物学中心为一些监狱和集中营提供了服务。[35]前面提到过的弗里德里克·保罗·冯·格罗斯汉姆,他也由于触犯"175条款",被关押和刑讯达十个月之久,最终被判九个月监禁后被释放。然而,盖世太保在1938年又把他抓起来。他们让他在阉割和进萨克森豪森两者中作出选择。他选择阉割。1939年年初,他在一家医院里做了手术。他说:"这种惨无人道的措施,是纳粹分子设计出来的一种预防和治疗方法,目的是向同性恋作斗争。"[36]

我们不想过分强调纳粹是这种方法的创造者,英国历史学家杰弗里·威克斯帮我们回忆起,早在1898年,瑞士、丹麦甚至美国都有专做阉割手术的医疗援助机构,其目的就是"解决"同性恋问题。脑切除手术可能同样要费较长时间才能做出法律规定。在德国刑法条文中,当时除"175条款"外,事实上没有其他规定。有一个"183条款",根据此条款,可以合法授权或建议对"在公众场所进行猥亵行为,包括同性恋行为"的人,施行阉割惩罚。这一后来被"223条款"所取代的条款,理所当然地以这种惩罚震慑了那些"对 14 岁以下儿童进行鸡奸行为的人"。此外,从 1935 年 6 月 26 日起,给同性恋者做阉割手术有时在一些监狱中实施,以此作为释放同性恋犯人的条件。

在集中营里,海因里希·希姆莱的建议宣布后,大批同性恋犯人主动请求手术。不过,手术做过之后,他们就被送往俄国前线战场上去了。

集中营里的"性生活"

对同性恋行为的谴责和禁止,哪怕在集中营内部也是明白无误的。同性恋者根本就是一些社会渣滓。人人都习以为常地对他们表示仇恨,丝毫不觉得有何不妥。对此,有一个德国人可以作证。此人 1938 年 3 月 20 日被捕,原因是非法赴布拉格去会朋友。他被迫在认罪书上签字,在监狱中关了三年半以后,于 1941 年送往布痕瓦尔德集中营。他回忆道:"我到达那里后第一个印象是:到处都是死尸,就像人们扔在门外的破口袋。另外,当天晚上,一个同性恋青年上吊了,身体在横梁上晃来晃去,所有人都照常吃饭睡觉,好像什么事都没发生似的。"[37]

大家都生活在集中营里,人人都想要活着出去。这种明显的蔑视,显示着向同性恋行为做斗争。被囚犯人是绝对禁止同女人来往的。乡村妓院是给前方打仗的战士留着的。此外,有些同性恋者对同女人发生性关系非常反感,这也是对他们是否"治愈"的考验。晚上从女犯人营房中发出的叫喊声,那是担任监工的犯人头头和党卫队队员在奸污她们。

男犯人们在非常拥挤的空间里共处,这表明潜在的同性恋威胁。随着粉红色三角在营房中出现,这种威胁更加严重起来。也使奥斯维辛集中营的最高长官鲁多夫·赫斯忧心忡忡。他认为,要想知道集中营里同性恋者集中住在一起好呢，还是把他分散在不同营里更为妥当，是一个很困难的问题。因为既要惩罚任何一点性欲的表现，又要避免隐蔽的互相关系的发生。赫斯束手无策："同性恋者的到来，给管理工作带来严重问题，最好让他们分散在各个不同的营区。但所有营区的报告表明，同性恋关系在囚犯之间早已建立起来。我们采取严惩手段，但收效甚微。恶习在营中迅速蔓延开来。"[38] 每个集中营都想用自己的方式解决这一难题。同性恋者的集中管理，需要特殊监督方法。海因茨·黑格尔回忆道："弗洛森堡之后是萨克森豪森。那里的同性恋营区有大约 200 名囚犯，灯火通宵燃烧着，我们必须把双手明显地放在被子上面。几乎每天晚上都有数次检查。双手放在被子下面的人被抓住后，要脱光衣服由党卫队队员在他身上泼几桶水。这种处罚的结果，至少让当事人染上肺炎。这一办法在所有同性恋营房中是严格执行的。"[39]

这在事实上提出了一个集中营里的性生活问题，问题有时候集中在对性欲的分析和解释方面。应该对性欲这一概念下一个明确的定义。因为客观上存在的性要求，它不可能在四周围着铁丝网、在巨大压力和被奴役的环境下产生。因而人们猜测，一种潜在的特殊性关系可能在某些被囚人员中流行。人们更猜测，集中营的统治者不会容许任何的肉欲享受在这严密控制的环境中发生。因此这远非真正的性生活，远非双方分享快乐，而是一种完全的屈就和顺从。先关在斯特鲁多弗后又转移至达豪集中营的抵抗运动战士艾梅·斯皮茨断言："集中营各管区的头头们以及从囚犯中选拔出来的监工们，在被囚期间，几乎都成了同性恋者。狱中幽闭的生活常常引发一些逢场作戏的同性恋行为，他们在各个不同国家的年轻囚犯中挑选合适的人选。在斯特鲁多弗集中营，一个当厨子的监工选了两个 15 岁的俄国男孩为他服务，他私下给他们食品。晚上，在营区的棚屋里，他们必须满足师傅的肉欲。至于那位当火夫的监工，他有一位比利时男孩陪伴。星期天，我们看见他不停地亲吻那个男孩的嘴唇。"[40]

集中营里那些被党卫军从囚犯中挑选出来干杂活或监工的卡波（kapo）们，几乎个个都是粉红色三角的佩戴者，他们对手下犯人简直有生杀大权，他们是囚区中的绝对权威，他们淫乱无度，相互间明争暗斗。艾梅·斯皮茨补充道："有两个卡波争抢一个上莱茵省的阿尔萨斯青年，青年每星期日从一个卡波那里接受一盆菜汤，从另一个卡波那里接受一支香烟。两个卡波争风吃醋。一天晚上，他被送到医疗所去'消毒'。第二天，人们发现他死了。原来有人给他的血管里注射了一针汽油。他只有19岁。"

另一方面，为了争取活下来，什么样的策略都得使用，但首先要考虑对自己有无危险，其次要考虑是否牵连另一方给别人带来灾祸。海因茨·黑格尔多次勇敢地坦陈这一微妙的问题。他以自己的方式做出选择，为的是在这样一个既封闭又野蛮的环境中保护自己："我除了寻求一位头头或一个卡波的保护外，别无他法。他把其他前来要求我提供性服务的人拒之门外。他保障我更多的食品和保护我的岗位。作为回报，我必须成为他的'朋友'，在他有性要求时，上他的床。"[41]

从上面例子可以看出，默契是明确的，它不会引起任何不愉快的争议。有一个荷兰的同性恋者的例子，同上面提到的情况差不多，他在一次电视新闻报道中说："有一位党卫军的医生很喜欢男孩子。他经常把我叫去。有时候他同一个同事一起来，同事也是批准可以干这事的人。好几次，他用两只手对付我，这实在太难受了。至于那位缝衣车间的卡波，他有一个波兰男孩为伴。那位男孩消失后，我被迫去陪这位卡波。我正是亏了他才得以生还。应该接受现实。应该承认，人人都想活下来，哪怕是通过我这样的手段。"[42]

皮埃尔·塞尔根据自己的体会认为，除了在一些卡波的躯体上做那种事之外，希尔梅克集中营里那些来来往往的幽灵之间，不可能存在任何性的欲望。对他们来说，在这些精疲力竭、骨瘦如柴、如行尸走肉一般的人之间产生肉欲感觉是不可想象的。当然，有时也能看到某种隐蔽的感情交流，甚至某种人间温情最后闪现。皮埃尔·塞尔写道："一旦置身于集中营里最年轻的群体之中，我觉得我不会再是他们注意的焦点了。因此，处在两个干杂活的特殊犯人之间，我尽量不同任何人说话，把自己幽闭在失望和孤独之中。我们都必须这样孤独地待在所有人中间，我们都变成了自己的摇摇晃晃的影子……我又回到了可以客观观察的状态，我发现了一些情感相投、相互关怀的情况。尽管是非常罕见的。我记得有两个捷克人，他们无疑从前是一对，他俩有时面向着营区屋子的窗户，相互交谈几句。他们背对着其他人，可以从玻璃窗的反射中，看见是否有人发现了他们。环境的复杂和告密者盛行，使人很少有机会表现任何一点人的真情。"[43]

当这些有着卖淫嫌疑的事实，这些潜在的欲望被人提出来时，历史学家和集中营的前囚犯们很自然地把它们同粉红色三角佩戴者的命运，以及他们同"性变态"的卡波们的肮脏关系混为一谈。那时，所有长相漂亮的年轻男人，都可能在铁丝网围着的区域之内，受到卡波们的迫害，无论他是不是同性恋。

克里斯蒂安·贝尔纳达克写过多部有关集中营的书，但很少描述同性恋者的抓捕情况和他们的特殊命运。他谈到各营区中的性关系，重点不是同性恋囚犯的命运，而是引起这个问题的卡波们的同性恋行为。关于林茨集中营，他写道："各分队的头头们除粗野和愚蠢地对待囚犯外，还有鸡奸这一匪夷所思的嗜好。年轻人都接受他们的小恩小惠，开始时是多给一碗菜汤，或者减免他们的苦役，那些流氓露出无耻真面目并遭到反抗后，态度就会一百八十度大转弯,那些曾经拒绝过恩惠的年轻人日子就不好过了。有些犯人献身为了活命,为了得到适当的好处和利益。也有些是真正的卖淫,但他们对要求他们干的事的方式和动作非常生疏。这种情况多发生在俄国青年和波兰青年身上,他们在他们的主人面前表现得特别乖巧柔媚,因此很容易得到一些特殊赠品和特别关照。"[44]

从一些证人比如历史学家的著作中,人们可以看到大量关于同性恋现象的描写,在提及男人们为活下来所使用的策略时,可以说是集中营里最丑陋的一页。

曾经写过一本关于波兰多拉集中营的书的著名作家伊夫·贝翁,曾经以十分痛苦的心情和同情的笔调,描写一个被囚者从享有特权到遭到抛弃的凄凉感人故事:"卡尔初来时十分抢眼。他穿一件独特的露出肚脐的衬衣,先在门口停了几秒钟,环视一下大屋子,然后扭着腰,摇摇摆摆地走向早就给他准备好的床前。就缺主持人宣布节目开始了,否则他的亮相将是非常完美的,他以一个优美的姿势揭开被子,而后躺在上面,开怀大笑,卡尔是德国为数众多的鸡奸者之一,他被当局抓捕送进集中营并给他带上粉红色三角标记证明他获罪的原因,……可怜的卡尔,他原是柏林歌剧院的合唱队演员,现在沦落在四周围着电网的阴暗环境之中,一个前途无量、有着美好职业的青年遭到毁灭性打击,悲惨命运在等待他。他虽然已经30岁,但仍然风度翩翩,蓝色眼睛放射出迷人的光彩。但是,多拉集中营对日益年老色衰的同性恋者并不那么宽容。头几年,他晚上陪伴卡波和各分队的头头们睡觉,满足他们的欲望。但岁月在流逝,多拉也莫能例外。俄国人的到来意味着他的好日子完蛋了。数百个肌肤又白又嫩的斯拉夫青春少年的到来,使集中营各色头头们垂涎欲滴。这样,卡尔被编入集中营的死亡分队之中,他走进一个从前从未想到过的不同环境。"[45]

另一段痛苦的回忆,是夏尔·贝内在他的著作《纳粹魔爪下的阿尔萨斯》中，以一种讽刺的笔调写的。他这本书是献给抵抗运动战士艾梅·斯皮茨的（他当时还不知道斯皮茨是同性恋者）。他谈到在纳茨维尔-斯特鲁多弗集中营的情景，那里也有一些佩戴粉红色标志的德国人："头几个月看到的情况很不完全，没有什么有趣的情节留在记忆中，这时期幸存下来的囚犯也为数不多。有两个同性恋者（带粉红色三角），其中一人乳房很大如同女人一般，他曾经伪装成女人在柏林街头游荡。这两个'粉红色'享受着数名卡波对他俩的特别恩惠，这些从囚犯中提升的卡波有时比党卫队员还要坏。两位'夫人'在他们朋友们前来挑选时，时有争风吃醋的事情发生，这常常引起可怕的斗殴，甚至头破血流，这种'卖淫'交易中的好戏，引得党卫军队员们开怀大笑。"[46]

最有讽刺性的文章，是豪尔赫·森普鲁姆于50年之后的2001年，在其最后一部作品《死有余辜》中写的。在众多对布痕瓦尔德集中营的回忆中，他特别描写了一个粉红色三角的故事，那人在其卡波的职务被解除之后，竟敢于继续去偷窥集中营的厕所。那里的气味虽然臭但使他很着迷："他沿着大便槽下面的通道走（集中营的茅房与我现在城市所见厕所大不相同，茅坑底下一层有供掏粪工人进出的通道，透过粪坑孔向上看得见入厕者的所有动作，自己不会被发现），观察那些脱得半裸的身体、那些大腿、屁股、露在外边的生殖器……他在厕所中也发现了另外几十个集中营转来的新人，以及刚从外面世界抓进来的、以前过着完全不同生活的囚犯，这批人总体上说，身体上还保留着青春气息。对于那些喜爱男性肉体的人来说，是非常性感、非常有刺激性的。毫无疑问，他想在这批最年轻的人中，寻找一个猎物，或者一个心甘情愿的献身者、一个性伙伴。这并非太难办的事情：一个欲望的眼光、一次心照不宣的暗示、一个温柔的动作、一句甜蜜的话语或一件伤心事的相互倾诉，就可以办到。"[47]

什么是心甘情愿的献身者？保留原先的自由欲望观念仅仅是环境起了变化，而性和欲望的观念一点也没变。豪尔赫·森普鲁姆描写的这位红三角甚至敢于同集中营里资格最老的犯人头目对抗，那人叫沃尔夫，是个佩戴绿色三角的刑事犯，他很想贬低带红三角的政治犯的影响力。当然，他同那个红三角一样，也是同性恋。哪怕形势到了这种地步，同性恋也没有互相勾结起来，达成超越其他分歧的默契。豪尔赫·森普鲁姆这一政治判断是合情合理的："沃尔夫是尽人皆知的同性恋者，他完全听命于他的年轻情人——一个参加极右团体的波兰排外分子和反犹主义者。因此，在这场斗争中，沃尔夫以及他的追随者和年轻的性伙伴们公开宣布反对红三角，要把他们通通驱逐出所有重要岗位。这位红三角政治犯表现得非常勇敢，不顾一切地反对沃尔夫集团，保护他的政治盟友，并因此失去了一切提升到一个权力更高的位置或保留这个位置的可能性。他忠于他的思想意识，远胜于他的情欲。"

一个艰难的任务

在1937年2月18日的讲话中，海因里希·希姆莱同他亲爱的同事鲁多夫·赫斯一样，对于男人生活在一起可能产生同性恋的问题感到忧虑，认为这对德国的形象和出生率都危害很大。兵营中年轻人性行为很活跃，同性恋在非常危险地继续扩散。但海因里希·希姆莱并非只是一个没有脑子的粗人，不像某些人那样只知道讽刺所有的纳粹分子。他很聪明，认为靠屠杀同性恋者来消灭同性恋是远远不够的。妇女解放运动的出现，使形势进一步恶化："我们是一个男人的国家。不管这个制度有多少错误，我们还是要坚决同它连在一起。因为它的体制是最好的。我痛心地看到一些妇女协会和妇女团体，它们专干一些毁坏妇女魅力、尊严和才干的事情。

女人的男性化倾向十分危险，长此以往，性别的差异将会消失。几个世纪甚至几千年来，日耳曼人特别是德国人都是由男人统治的。但这个男人的国家，因同性恋问题正在走向自我毁灭。"

纳粹实行的最重要措施之一，就是除家庭和学校教育外对青年实行社会化管理。希特勒主义青年组织是青年人唯一的拯救者。1934年4月20日，90万青年参加了希特勒青年团。将青年运动组织通过一定的仪式，如此大规模地动员起来，除了对他们进行自由、民主和友爱的教育之外，还有另外的目的。参加组织的青年，每星期日早晨都要穿着制服或赤裸上身，列队进行训练。在这里，如果存在宗教，要遭到嘲笑；家庭关系如果妨碍宣传，也要受谴责。对此，纳粹强调代与代之间的不同，而他们始终是赞扬青年人创造精神的。礼拜日佩戴着纳粹的卐标记郊游，同志式的关系和森林的篝火诱惑着他们。他们逐渐地学会了等级观念，克制感情以及对他人的冷峻淡漠。他们认为：这些其他人与我是不平等的，他们是我的上级，或者是我的下级。这一切都是固定的，不容有任何例外。一切命令都必须执行。[48]

这种狂热的聚集青年人成为团体的措施，原意是保护雅利安青年，使他们有更多的男子汉气概，但这却威胁着上帝子民的繁衍。因此，现在需要鼓励他们去同异性约会。希姆莱说："问题是我们的青年参加了一个已经非常男性化的运动。生活在一起的都是一群一群的男人，没有可能遇到年轻姑娘。我认为，说我们走的是同性恋道路，一点也不应觉得奇怪。"他提醒在座的党卫军高官们："我请你们注意，在夏天的节日里，要你们的男人们去同女孩子跳舞。我也认为有必要让你们15岁到16岁的青年去同女孩子约会。假如一个男孩子有青春期爱情或露水似的爱情，他就得救了，他就远离了危险。我再明确地重复一遍，他们就再也不会去与他的同志们一起搞集体手淫了，也不会再去同男人或年轻男孩发生性交性质的友谊了。"

艰难的任务。一方面,维持着妇女作为德国生儿育女的肚子,不触动父权制;另一方面,拼命地歪曲发生在青年男人们日常生活之中的、美妙而又热烈的特殊友谊。问题的困难是,仅凭思想禁令很难挽救日益衰微的异性恋。还存在另外一些措施,如一些妇女奉帝国之命,在可怕的"造婴厂"中,等待怀孕,这些制造婴儿的工厂里,关押着很多"雅利安"种波兰女人。那儿也为强壮且好色的党卫军保留着泄欲的场所,在女人易受孕期间他们光顾那里。[49]但在此期间,也有些忠于希特勒的男人仍旧顽固地在一起生活。这些青年尽管加入到团队之中,仍然喜欢冒着风险,过男性之间的友谊和爱情生活。因此,应该使德国年轻人怀中都抱着女孩子,希望他们这种临时爱情结出果实。这是思想非常肮脏的异性相爱。这样的性关系仅仅是为帝国服务的一种工具而已。

美国历史学家理查特·普兰特确信,希姆莱对同性恋问题的关注,远胜于纳粹的其他问题:"当希特勒意欲征服欧洲并同时'解决'犹太人问题时,希姆莱萦绕在心头的却是优生学幽灵和德国人的纯化问题。他想送给世界一个新的高贵品种,一个高级种族。"[50]理查特·普兰特认为,希姆莱的同性恋情结源于他有一个信念,他认为同性恋者具有某些优良的、但也是令人担忧的品质。比如男人间相互认知、相互了解的品质。同性恋行为应该全面追查,从修道院到青年旅馆,从集中营到私家花园和公园,直到纳粹组织内部的人。

希姆莱痛恨同性恋,对他家庭内部的人也毫不容情。一个专给希特勒写传记的作家约翰·托兰回忆道:"希姆莱有时很难拒绝别人对他的善意帮助,如果这种帮助合情合理并且以圆滑巧妙的手腕向他提出。……但他的荣誉感使他禁止别人对他的亲属太宽容。当他的侄子,一个党卫军的军官被控搞同性恋时,他立马签署一道命令，将其遣送惩戒营。这个年轻人在关押期间积习不改，重犯同性恋老毛病。他叔叔下令枪毙他。一位党卫军的法官罗尔夫·韦塞尔主张赦免，遭到希姆莱的拒绝，他说：'我不愿意人们说我对自己的侄子处理宽大。'此事报到希特勒那里，在元首的干预下，最后撤销了希姆莱下的死刑命令。"[51]

应该把这种行为的危害性告知老百姓。其实早在1928年5月14日，即"血腥之夜"发生前6年，在党卫军的报纸上就明确地提出警告："无论何人，只要他搞同性恋，或者想搞同性恋，都是我们的敌人。"[52]可惜这一警告没能广泛宣传。

希姆莱在他讲话的最后，警告他手下的军官们："时至今日，在我们党卫军队伍中，每个月都有一件同性恋事件发生。现在我郑重宣布如下决定：无论在何种情况下，这种人要正式降级，清除出党卫军队伍并移送法庭审理。他们还将根据我的命令关进集中营，如果有人企图逃跑，杀无赦。我希望这样能够把这种人从党卫军中彻底清除，一个也不留。"[53]卡波们的特权在这次清理中一点也未触动，这是给这些牢房中选出来的犯人头头网开一面，他们不在清洗之列，他们不是雅利安人。

其他民族的同性恋一点也不使希姆莱操心。但如果这种瘟疫能够成为敌人堕落衰败的因素的话，为什么不利用呢？理查特·普兰特提到，希姆莱同他的医生的一次谈话时曾说过："同性恋者是他们民族的叛徒，应该把他们消灭。"理查特·普兰特补充道："根据希姆莱的设想，被征服民族的同性恋会加速他们的衰落以至最后消亡，这是第三帝国迫害政策的重要成果。德国人中，同性恋应该毫不容情地杜绝，以保障高贵种族的纯洁性。至于被帝国征服的低等民族的同性恋，则应予以宽容，这是磨损他们'锐气'的策略。……为此，非德意志人的同性恋者，不应受到德国同性恋者一样的惩罚。"[54]

海因里希·希姆莱以明白无误的一句话,结束他1937年的这次讲话:"我的目的是保护我们一贯追求的德国人的高贵血统和人种纯洁的事业。"德国同性恋者的命运,以及归属于第三帝国的国家和地区的同性恋的命运已经注定了。宣传演说结束了,他们的迫害是有理由的。一句话:"逃跑者,杀无赦。"[55]

欧洲其他地区的情况

在第三帝国境内幸存下来的同性恋者,并非欧洲专制制度统治下唯一挣扎在生死线上的同性恋者。不这样看的话,我们的视野就太狭小了。但怎样才能在谈论佛朗哥的西班牙、萨拉扎尔的葡萄牙和墨索里尼的意大利时,像现在谈论霍尔蒂的匈牙利、安东内斯库及后来的齐奥塞斯库的罗马尼亚、铁托及后来的米洛舍维奇的南斯拉夫时一样清楚呢?对我们来说,不可逾越的障碍是想得到档案材料和证据非常困难。这方面的线索很难收集,时间地点也很难界定。但50年之后,好机会终于到来。人们终于确定了一个关于特殊迫害的范围。我们应该记住这些迫害,恢复被遗忘历史的本来面目。

然而,我们并非不了解萨拉扎尔的天主教保守派的独裁统治,它是不会对葡萄牙的同性恋手下留情的。我们也知道墨索里尼统治下的意大利同性恋者的命运,在连续数年中,他们都被流放到对健康非常有害的孤岛之上,比如圣多米诺·特米尼岛。令人头痛的同性恋者或告密的牺牲者落入法西斯法律打击范围之内,它揭示出一桩以他们伟大德国兄弟为榜样的"反种族罪行",就像著名影片《埃托雷·斯科拉不寻常的一天》中所表现的情景。[56]

至于佛朗哥政变,他在对共和党人进行屠杀并于1936年8月20日把满身是枪眼的费德里科·加西亚洛尔卡的尸体抛弃在比斯纳尔和格林纳达之间的山路上后，立即将同性恋者投入监狱，像他对待其他犯人一样。[57]如同马德里监狱主任医生莫尼斯做脑叶切除术那样，很多同性恋者必须由医生做脑切除手术，以换取他们的自由[58]，这些医生是根据从纳粹的"疯狂"医生那里学来的技术操作的。这种用脑叶切除术治疗癫痫或"性倒错"的办法，直到60年代欧洲和美国都在使用。它还配合有大量可怕的"厌恶疗法"技术，做法同电刑差不多，在生殖器上通电。不幸的是，甚至在希特勒之后，我们的西方社会仍未能认识到：同性恋是不能"治愈"的。

尽管如此，在待遇方面还是有很明显区别的，法学家弗洛拉·勒鲁瓦-福尔若指出："在希特勒的意识形态中，拉丁人和斯拉夫人一样都是下等人。因此，欧洲和南美洲拉丁语系的法西斯国家对这些种族观念不太信任，也不认为同性恋构成什么种族危险。"[59]正因为如此，墨索里尼在1938年10月，在纳粹的逼迫之下，颁布了若干条反同性恋法令，但把同性恋者纳入政治犯的范畴。我们还要指出，欧洲南部地区有四分之三是农业人口，那儿不存在大的中心城市，也没有那么多的邪恶欲望和夜间的"荒淫"生活。在这方面，他们格外宽容。其后果是大量富有的同性恋者，有男人有女人，有英国人有德国人，他们数十年来，不断向意大利逃亡。卡普里岛或西西里的陶尔米纳岛都是他们钟情的目的地。

俄国革命事实上是以法国大革命以及其后的巴黎公社作为参照样板的。不错，波拿巴的司法部长康巴塞雷斯确曾将鸡奸作为非刑事罪写进拿破仑法典之中。然而，正如历史学家米歇尔·西巴里所言，这并未使同性恋在第一帝国的统治下的命运得到多少改善。[60]况且康巴塞雷斯并不是那个时代绝无仅有的搞这种大胆时髦尝试的人。让-路易·博里的最后一部著作，就是献给康巴塞雷斯的。[61]

有一历史事实现已被证实，对此俄国革命者可能并不知情，但他们未见得对其不感兴趣。此事是 1980 年以来皮埃尔·哈恩在法国国家档案馆的绝密室中发现的，那就是 1792 年杜伊列斯公园中同性恋者聚会的资料。这些资料是写在一本小册子中的，同性恋者通过表决，把他们的请愿材料提交给制宪会议。提交之前，还曾在巴黎大街小巷和各个公园中张贴，广为宣传。在这些同性恋"革命者"的请愿中，鸡奸免于起诉的要求被放在重要地位。[62]巴黎同性恋者除了抗议对他们的刑事惩罚外，还要求男人与男人之间有公开拥抱亲吻的权利，"即使在卢森堡公园的小道上"也不例外。警察对他们的行为不进行干涉和骚扰。他们还要求对涉及肛门的一种疾病特别关注，毫无疑问，这是针对当时对鸡奸者一种非常轻蔑的医治而言的。当人们从王国向共和政体过渡时，也向制宪会议表达了他们的要求：从法律上解决一直存在的对同性恋敲诈勒索的威胁。令人难以置信的是，这种富有战斗性的方针，酷似一个世纪之后莱茵河彼岸希斯菲尔德所进行的工作。[63]

当 *Plexus* 杂志的皮埃尔·哈恩于 1969 年 7 月同达尼埃尔·介朗谈话时，介朗特别指出："在俄国革命的初期，社会结构刚刚形成，它在很大程度上是建立在极端自由主义和无政府主义的基础之上的，人们有很高的集体主义热情，男人和女人都参加到社会主义建设的巨大工程之中，人们的性关系和性生活未受到任何压制。这时人们的关系是建立在思想交流、感情一致和性吸引基础之上的，同性恋此时也不受任何约束。"[64]

在圣彼得堡，一批专为理想和主义斗争的煽动者提出建立一个理想社会的设想，其中亚历山德拉·科隆泰最为积极，他说："以自由、民主和博爱的名义，我号召你们，男、女工人们，农夫和农妇们，你们要以自己的良知勇敢地进行人道社会的建设事业……社会应该学会接纳一切形式的性关系，哪怕这种关系是我们很少见到的。"[65]有一个不知名的革命艺术团体表示："随着革命的不断深化，革命会触及人们的生活方式。这是我们新的战线。艺术，它是我们在这个战线上的武器。"列昂·托洛斯基说，每天的日常生活都包含着政治，因此在生活中，随时都要想到正在进行着的革命。列宁的伴侣克鲁普斯卡娅也就此题目写过专著。

一种社会关系试图使一个古老的、建立在家长制基础上的、有着顺从和宗教信仰传统的人际关系结构解体。在这个社会中，人们不要上帝，国家没有首脑，男人、女人，异性爱、同性恋的角色都要重新定位。自由是真理。从旧制度的避难所解放出来的精神病患者愿意共同生活在圣彼得堡的某些高楼大厦之中，就像阿拉托尔·科普在他的《改变生活，改变城市》[66]一书中所写的那样。俄国的大城市因此向前卫文化敞开了大门，从前从未见过的报刊重新大量出现，儿童团体、妇女组织和同性恋者也相继涌现出来。然而，正如阿拉托尔·科普所补充指出的："家庭革命领域中生活模式重建的斗争史，在面临困难和危险时，出现了犹豫不决裹足不前的现象。人们担心会破坏古老的社会结构。在一些领导人的眼里，这些结构总还可以作为低矮的围墙，挡住那些预料不到的事情发生。"[67]

一种欧洲式的回归自然的思想意识以及一种渴望远离1914—1918年时期的喧闹和屠杀的想法，这时也波及圣彼得堡。在这20世纪初期"活跃"起来的欧洲，很希望从社会和文化方面推倒旧文化，要求现代化。他们很少通过听取人民的要求，更多的是依赖文化界的影响，因为欧洲的大城市中，自由领域扩展很快。

从1917年到1923年，自由发展到极端。一些革命的游行活动开始举行，男男女女的人们像亚当和夏娃般裸露着成群结队通过大街小巷，向人们显示他们朴素真实的身体。一个世纪以来就已存在的裸体主义就这样重新出现，莫斯科满街都有，彼得格勒、敖德萨和萨拉托夫等城市也时有发生。阿兰·圣齐奥评论道："游行剥掉了旧制度的一切外壳：穷人的破衣烂衫、富人的堂皇外表，他们还抛弃了东正教的神甫、沉重的劳役、传统的家庭以及妇女的家务劳动。"

1933年，同性恋再次变成一种罪行。两年之后，堕胎重新被禁，家庭又恢复了。同性恋罪要付出5年监禁的代价。[68]由于自从1929年6月27日法令颁布以来，凡判3年以上徒刑的犯人都要自动地移送到劳动营。之后，"堕落"同性恋者又与其他的受害者关在了一起。他们在那儿又找到了离经叛道的艺术家和他们的朋友们、极端放荡的妇女或猥亵下流的艺术家，更不用说还有那些在文化上非常挑剔的、受到"腐朽"的西方资产阶级国家影响的一代青年了。同一种传统思想不同的是，30年代的这些运动，绝大多数是针对这样一些男人和女人：他们的文化理念和生活方式都是同"新社会"格格不入的。政治在这里是很次要的。正像尼古拉·沃斯所记录的：1936年到1939年间"反革命分子"在被囚者中只占28%。[69]其余的人都是一些对新的劳动条件和行动受到监控而对社会感到不满的普通公民。

无论东方还是西方，情况都很不妙。雅克·富尔坦写道："在法西斯主义的威胁之下，斯大林主义的反应以及被危机和战乱动摇的所谓民主国家思想的僵化，使同性恋问题被延后了整整30年。对整个一代人来说，从前可怜的一点点经验已经消失了，差不多全忘却了。"[70]

苏联流放的同性恋者的人数至今难以统计。俄罗斯联邦的刑罚法典第一百二十一条第一款，直到1993年5月，才在戈尔巴乔夫和叶利钦的相继努力和众多的国际同性恋和非同性恋机构的支持下，进行了修改。

俄国和苏联时期有关此问题的档案仍然难以看到，尽管俄国同性恋运动最近企图有所行动，但我们要说，想想柴可夫斯基、想想爱森斯坦或那些为身体解放引起的骚乱吧。大量俄国大革命的信息，气氛酷似我们的1968年五月事件。因为，在半个多世纪之后人们还能记得，达尼埃尔·介朗1972年在法国同性恋组织同性恋革命行动阵线一次大会上发言，要求脱掉外衣，以减少衣服的社会意义，因为在它华丽外表之下，掩盖着身体的真正本质。

至于20世纪初欧洲东部的那些裸体游行的男人和女人，他们的脚步会把他们引向西伯利亚的劳动营。

注释

［1］尼古拉·沃斯引自《动乱年代，从慕尼黑到布拉格》，巴黎Flammarion出版社1995年出版。对于了解这一时期的欧洲历史，这部由Pierre Azéma和Francois Bédarida编辑出版的长达1 000多页的集体著作，给了我很大的启发和帮助。

［2］弗朗索瓦·贝达里达：《历史和种族灭绝》（*Histoire et génocide*），巴黎Nathan出版社1993年出版，第19页。

［3］让·维格勒，Dijon文学院全国科学研中心（CNRS）的学者，《关于历史和回忆》是他1999年4月提交的研究成果，第17页。

［4］普里莫·莱维 *Si c'est un homme*，巴黎Robert Laffont出版社1999年出版，第69页。

［5］《同普里莫·莱维的谈话》，1966年1月4日在 *L'Unità* 上发表，后来巴黎10/18出版社于1998年将其收入《会谈与谈话》（*Conversations et entretiens*）一书中，第112页。

［6］沃尔夫冈·索夫斯基：《恐怖组织》（*L'Organisation de La terreur*），巴黎Calmann-Lévy出版社1996年出版，第151页。

［7］集中营被囚者团体的最细致图画是达豪集中营的那一幅。时间是1942年。该画现在华盛顿"大屠杀"纪念馆展出。人们可以在展厅中找到粉红色三角的展柜，还贴着标签，注明他们是惯犯，是企图逃跑者。有的标签写着犹太人或政治犯。达豪集中营的展出牌资料，在塔马尼最新著作 *Mauvais* *genre？*中重新出现，同前书，第 157 页。

［8］沃尔夫冈·索夫斯基：《恐怖组织》，第 147 页。

［9］关于这次给犯人编号和佩戴标志以及那些帮助为此次行动辩护的人，最近揭出一件美国 IBM 公司在战争期间同盖世太保合作的事实。当时一位美国工程师建议对集中营进行人口管理，方法是给他们每个人都做一张有孔的卡片，卡片注明他们的体貌特征以及"同性恋者"字样。

［10］劳特曼：《粉红色三角》，第 148 页。杰拉勒·科斯科维奇指出："自从集中营建立以来，所有男性同性恋者都必须在他们的囚服上佩戴易于区分的标志，或是一副印有一个大写'A'字的黄色带子，A 字很可能来源于'Arschficker'一词，或是在衣服上印一些大大的黑点，要么就印上'175'这个数字，此数字是德国刑法中一条令人生畏的条款，随着时间的推移，粉红色三角最终被人们接受了。"

［11］海因茨·黑格尔，《佩戴粉红色三角的人们》，第 87 页。

［12］沃尔夫冈·索夫斯基，《恐怖组织》，第 159 页。也可参阅 Raul Hilberg 的最新著作《大屠杀：历史的根源》，第 105 页。

［13］"粉红色三角联盟"的国际诏告，即 2001 年 1 月的报告。

［14］欧根·科贡 1947 年在纽伦堡法庭上的证词。奇怪的是解放以后这么多的同性恋证言，在那之后的数十年间，没有在历史学家中引起注意。

［15］海因茨·黑格尔：《佩戴粉红色三角的人们》，第 76 页。

［16］见《我们都佩戴着一个大大的"A"字》，同前书，第 76 页。

［17］Raul Hilberg："鲁多夫·赫斯在一所波兰监狱里写了一本回忆录，再现了一个幸存者活生生的形象……赫斯描述他不自由的童年。父亲一直逼迫他去当一名牧师，他父亲死后，他从宗教的束缚中解放出来。"《大屠杀：历史的根源》，同前书。

［18］普里莫·莱维为《奥斯维辛指挥官鲁多夫·赫斯回忆录》法文译本写的前言，Robert Laffont 出版社出版，第 267 页。

［19］鲁多夫·赫斯：《奥斯维辛指挥官的谈话》（*Le Commandant d'Auschwitz Parle*），巴黎 Maspéro 出版社 1989 年出版。

［20］杰勒德·科斯科维奇，同前书，第 12 页。

[21] 在这方面，政治犯占 41%，耶和华证人会（Témoins de Téhovah）占 35%（根据 P. Lautman 的统计），同前书，第 147～148 页。

[22] 海因茨·黑格尔，同前书，第 74 页。

[23] 沃尔夫冈·索夫斯基，同前书，第 84 页。

[24] 引自《我，皮埃尔·塞尔，同性恋流放者》，同前书，第 188 页。

[25] 汉娜·阿伦特：《奥斯维辛和耶路撒冷》，巴黎 Pocket-Tierce 出版社 1997 年出版，第 213 页。

[26] 雅罗斯拉夫·巴尔特，同前书，第 213 页。

[27] 杰勒德·科斯科维奇，同前书，第 13 页。

[28] 普里莫·莱维：*Si c'est un homme*，Robert Laffont 出版社出版，第 116 页。

[29] 罗兰·雅卡尔，载《世界报》1987 年 5 月 3 日。

[30] 里塔·塔尔曼，《顺从，法国沦陷时期的思想意识和安全策略》，巴黎 Fayard 出版社 1991 年出版，第 146 页。

[31] 皮埃尔·塞尔，同前书，第 56 页。

[32] 引自《我，皮埃尔·塞尔，同性恋流放者》，同前书，第 181 页。此次在一个废墟城市举行的纽伦堡国际审判，始于 1945 年 11 月 20 日，历时一年以上，参阅美国记者 William L. Shirer 所著《噩梦年代，1934 至 1945》，巴黎 Plon 出版社 1990 年出版，第 440～449 页。

[33] Buchenwaldarchiv Sign. 31/27。转引自 *Homosexuelle Häftlinge im Konzentrationslager Buchenwald* 集中营一书，National Mahn and Gedenk-stätte Buchenwald 出版社 1987 年出版。

[34] 1934 至 1945 年间，绝育手术大量使用，以防止"遗传性疾病"和"危险的复发病症"，有 200 000 名男人和 20 000 名妇女成为此措施的牺牲品。

[35] 参见 *Hidden Holocaust*...，同前书，第 253～256 页。

[36] 弗里德里克·保罗·格斯汉姆证词，引自 Lutz Van Dijk 著《同性恋者的流放》，同前书。

[37] 证词摘自电视新闻报道"第三帝国统治下的同性"，同前书。

[38] 鲁多夫·赫斯：《奥斯维辛指挥官的谈话》，同前书，第 94 页。

［39］海因茨·黑格尔，同前书，第 64 页。

［40］艾梅·斯皮茨引自 1980 年 1 月 David 和 Jonathan 的联合报告。

［41］海因茨·黑格尔，同前书，第 114 页。

［42］证词引自《我们都佩戴着一个大大的"A"字》，同前书。

［43］皮埃尔·塞尔，同前书，第 79 页。

［44］克里斯蒂安·贝尔纳达克：《没有尽头的日子》，巴黎 Plon-Perrin 出版社 1976 年出版。

［45］伊夫·贝翁：*La Planète Dora*，巴黎 Seuil 出版社 1974 年出版，第 123～124 页。

［46］夏尔·贝内：《纳粹魔爪下的阿尔萨斯，纳粹警察组织、监狱和集中营》卷五，献给艾梅·斯皮茨。法国孚日 Fetzer 出版社 1980 年出版。

［47］豪尔赫·桑普鲁姆：《死有余辜》，巴黎 Gallimard 出版社 2001 年出版，第 57～59 页。

［48］希特勒青年团组织里青年运动的负责人，很多都被送上了法庭。因此根据"175 条款"，Robert Oelbermann 于 1936 年 9 月被判 21 个月强迫劳动。他在蹲了 18 个月监狱后，被送往萨克森豪森集中营。并于 1941 年在那里死去。

［49］参见皮埃尔·塞尔上述著作，第 79～83 页。

［50］里夏尔·普朗：《粉红色三角》，同前书，第 87 页。也可参看《纳粹制度对少数派的迫害》，Lloyd Eden Keays 的讲演稿，同前书。

［51］约翰·托兰：《阿道夫·希特勒》，纽约 Balantine Books 出版社 1970 年出版，第 1048 页，由弗兰克·托尼翻译。

［52］引自《我，皮埃尔·塞尔……》一书的有关历史说明，同前书，第 174 页。

［53］引自海因里希·希姆莱 1937 年 3 月 18 日对 SS 高级官员的讲话。

［54］里夏尔·普朗：《粉红色三角》，同前书，第 99 页。

［55］在希姆莱的社会仇恨名单中，排犹主义始终是最根本的。在他登峰造极的作品中，他最后一次表示："根据上述情况，我要奉劝我们国家的领导者以及他们的下属们，要严格遵守种族法，毫不容情地反对全体人民的害群

之马：'国际犹太分子'。"引自 Charles Bloch：《第三帝国和世界》（收入由 Jean-Baptiste Duroselle 主编的"我们的世纪"丛书中），巴黎民族印刷厂 1986 年印行，第 502 页。希特勒的遗嘱证明了他是在柏林自杀的，他也并不温和些："我不想落入敌人的手中，他们需要一个由犹太人进行表演的新场面，以取悦那些狂热的群众。"（W. L. Shirer 转引，同前书，第 440 页）。

[56] 参考一位意大利同性恋受害者的一份证词，他是被流放到一个岛上的，证词于 1985 年 4 月发表在 *Gai Pied* 上。但此杂志很少提到在墨索里尼法西斯统治下意大利同性恋者的情况。也可参阅 Bent de Martin Sherman 写的、由 Giovanni Dall'Orto 翻译的意大利文前言（都灵 Gruppo Abele 出版社 1984 年出版），以及意大利同性恋月刊 *Babilcqnia* 1986 年 4 月就此问题发表的文章。

[57] 关于加西亚·洛尔卡之死，一位阿根廷新闻记者一年之后曾问过 Gaudillo："你是否杀害了一些世界知名的西班牙作家？"这位独裁者回答："外国对这位格林纳达的作家谈得很多，谈得多是因为左派分子要利用这个名字，作为他们宣传的一面旗帜。真实的情况是，革命刚开始，这位作家就已死于暴乱之中。" Marcelle Auclair 引自 Lorca 的传记，此传记 1968 年由 Seuil 出版社出版，第 448 页。关于加西亚·洛尔卡同 Salvador Dalí 的关系，可参考 Ian Gibson 最新的研究文章《Lorca-Dali，一个不可能的爱情》，蒙特利尔 Stanké 出版社 2001 年出版，由 Valérie Leteinturier 译成西班牙文。

[58] 莫尼斯医生最后被一个他的患者杀死，他为这位患者做过脑叶切除手术，毫无疑问这位患者是在清醒的情况下被切除的。我认为，这位不知姓名的患者是一位英雄。

[59] 弗洛拉·勒鲁·福尔若：《欧洲同性恋司法史》同前书，第 81 页。

[60] 参阅集体著作《现代法国的同性恋》中米夏埃尔·西巴里有关拿破仑时代法国同性恋命运的文章，牛津大学出版社 1996 年出版，第 80～101 页。

[61] 让-路易·博里：《康巴塞雷斯和五个见风使舵的人》，巴黎 Ramsay 出版社 1979 年出版。

[62] 参阅 *Les enfants de Sodome à l'Assemblée nationale*，它 1972 年被历史学家 Roger Kempf 证实为革命宣传小册子。此小册子被皮埃尔·哈恩发现

后，于 1980 年 6 月由 *Gai Pied* 报发表，1991 年，由里尔的 Gay Kitsch Kamp 出版社重新出版。我们不知这份革命性奠基宣言在制宪会议中的遭遇。但惩治骚扰者的权利，容许变性身份改变的权利以及参与立法和参加国家军队的权利的要求是在这份革命小册子中被提出来的。人们可以认为，康巴塞雷斯，作为一个经常被人提起的同性恋者，他完全知道这些要求的某些内容，并以此去说服皇帝。

[63] 根据人人平等这一法律原则，我们可以看到一个根本性的历史转变。雅克·富尔坦对此写道："你们有何权力骚扰我们？你们根据什么蔑视我们、责备我们、排斥我们？我们的所作所为难道很差，以至使你们以异样的眼光看我们，难道我们非要同你们一样才行吗？我们的行为并不是要引起别人犯罪，我们的行为只涉及我们自己以及那些同我们思想一样的男人和女人。人们只要稍有良心的话，就会同意，没有任何人把'癖好'强加给我们，我们是自己愿意的。"(*L'Adieu aux normes*，巴黎 Textuel 出版社 2000 年 4 月出版，第 87 页)

[64] 达尼埃尔·介朗，*Plexus* 杂志，1969 年 7 月；后来又收在他的作品集《同性恋和革命》一书中，此书 1983 年由巴黎 Cahiers du vent du chemin 出版社出版。

[65] 阿兰·圣齐奥，1980 年 7 月 5 日 *Masques* 杂志。

[66] 阿纳托尔·科普：《从新生活到城市问题——俄罗斯 1917 到 1932》，巴黎 10/18 出版社 1975 年出版。

[67] 参阅 *Masques* 杂志，同前书，第 24 页以及其后的篇章。

[68] 1933 年 12 月 17 日公布的苏联法律，规定对同性恋处 3 年到 8 年的监禁。

[69] 尼古拉·沃斯：《动乱年代》，同前书。

[70] 雅克·富尔坦：*L'Adieu aux normes*，同前书，第 3 页。

第三章

无忧的巴黎

巴黎的医生和警察
巴黎的夜生活和沙龙
被占领的法兰西,被监控的巴黎
达尔朗和他的土伦水兵
面对神秘凶手的达尔朗
所有人都解放了吗?
历史的不可思议的沉默

第三章　无忧的巴黎

> 我想，使同性恋感到困惑的，是生活方式而非性行为本身。想象一个既不符合法律，又不符合自然的性行为，它并未使人们感到不安。但这些人开始相爱了，这才是问题的关键。
>
> ——米歇尔·福柯

30年代初，马格努斯·希斯菲尔德进行了一次重要的世界旅行。这并非他的第一次环游世界。他要坚持不懈地宣传他的思想，要研究目前流行的性观念，希望找到支持者。他到过纽约、旧金山，以后还到过亚洲、非洲、马格里布，再后来到了巴黎。在旅途中，他得知他的研究中心遇到了麻烦，他本人也被德国驱逐并取消国籍，希特勒说他是"最卑鄙的犹太思想的化身"[1]。

希斯菲尔德最先想把纽约作为他的流亡地。他在那里有熟人，在那里发表过演说。特别是，那里以其他前卫的大都市为榜样，同性恋生活非常开放。历史学家、一本纽约同性恋著作的作者乔治·昌西写道："在1890年到1940年的半个世纪中，同性恋的男性已不少见，社会对此十分宽容，形式也在不断变化，终于在纽约形成他们自己的世界。各街区都有他们特有的活动场所，舞厅和晚会中他们的生活方式得到大大的传播，约会地点也很多，从专门饮料店到豪华的大饭店。这个社会的成员创造了一种与众不同的文化，他们有自己的语言和服饰，有自己的传统习惯和传说故事，也有自己的男、女英雄人物。"[2]

　　德国人马格努斯·希斯菲尔德最后还是钟情于巴黎。[3]他不想同他的出生地德国离得太远，祖国正处在灾难之中。[4]再说他还计划在这里恢复他柏林的研究中心。他遇到了纪德、科克托，但都没有用。只有阿尔萨斯的埃德蒙·察梅尔博士的友谊给了他实质性的帮助，但他的计划只存在了几个月。希斯菲尔德事实上开了一所"性科学研究中心"，地点在埃菲尔铁塔脚下的夏尔·弗洛盖大街24号。他自己住在与中心相邻的一层，作为提供性问题咨询的场所，接待来访者，既为了自己生活，也为了研究中心的财政收入。[5]

　　这是一次刻骨铭心的失败。但博士在巴黎不是一个没有名气的人。甚至早在希特勒上台之前，民众报刊就用整版整版的篇幅介绍他的著作和他柏林的研究中心。比如在 *Voila* 报上，就有一个名叫安德烈·伯克莱（André Beucler）的人，以幽默的笔调描绘过他的研究中心："那儿紧挨着蒂尔加藤，是商贸中心、休闲男人聚会之地和真正吸引柏林人的场所，时至今日，外国人没有不知道这个地方的。那里也是青年人约会和进行神秘交易的场所。在这个历史名城的心脏地带，在这常有巡逻兵检查风化的、被森林覆盖的公园附近，建起的这样一座从未有过的机构，理所当然被人们无数次谈论。严格地说，它是世界上独一无二的。这就是13年前，马格努斯·希斯菲尔德博士创建的'性科学研究中心'。"[6]

　　希斯菲尔德流亡后，这家杂志把他和他在亚洲时认识的旅伴李欣同（Li Shin Tong）两人的照片登上了封面，同时在该期杂志中用两页的篇幅，刊登了对他的访谈。在他的一张肖像照片下面，他们写道："马格努斯·希斯菲尔德教授现在在巴黎，他是一位流亡者……在众多自愿或不太自愿的被德国驱逐出境的人士之中，这位柏林性科学研究中心的创始人是最著名人物之一。他的有14 000卷藏书的图书室以及他的半身塑像均在5月10日柏林那场大火中被毁。"在这次访谈中,马格努斯·希斯菲尔德宣称,此时他在巴黎的研究中心刚成立两个月,他说:"当希特勒查封研究中心时,我不在德国。我正在世界各地访问。我作了 178 场讲演,拍了 1 300 张照片。可惜,这些资料大部分都寄回德国了,当然也被纳粹分子焚毁了。……现在,在希特勒统治下,我的作品在劫难逃……最近 50 年间,英国的王尔德事件以及德国的奥伊伦堡王子事件引起了很大轰动。但当时审讯他们的法庭和发表意见的公共舆论都缺乏对同性恋的认识。幸好有法国这样的环境,这完全得益于拿破仑法典的英明,它完全不同于英国和德国法律,不想去审查和惩罚那些男人的私生活。"[7]

近几年来,希斯菲尔德似乎又恢复了他的信心。当 1927 年纳粹主义嚣张时,他已经用愤怒和讽刺的口气说话了。他说:"有人说同性恋已经成为秘密社会的一个种类,说他们有自己的秘密标志和一套互相保护的规矩,这不是真的。除几个较小的团体以外,同性恋者几乎完全缺乏团结一致的感情。事实上,很难找到另外一个人类的阶层,它在维护自身的基本权利方面,在组织上显得如此之无能。"[8]对此说法,人们将在几年之后,从拘留营和集中营所看到的事实中,得到证实。

毫无疑问,希斯菲尔德由于在旅行中得了糖尿病和疟疾,所以离开多雾的巴黎迁移到阳光灿烂的尼斯(Nice)。他为他的研究中心规划再次进行广泛接触,希望很快就能建立起来。为此,他起码从个人随身的行李中,汇集了他最后旅行的残存记忆。他过世于 1935 年 5 月 15 日,享年 75 岁,此时离他柏林的创业被毁恰好两年。临终时只有他两位忠实朋友卡尔·吉泽和李欣同。他长眠在尼斯面向大海的公墓之中,离埋葬朱塞佩·威尔第(Giuseppe Verdi)的地方不太远。[9]

30 年前,英国的奥斯卡·王尔德在维多利亚统治的国家服了两年苦役之后，来到巴黎避难。他已被英国社会所抛弃。他的年轻朋友，阿尔弗雷德·道格拉斯爵士曾非常危险地鼓励他提出控诉。王尔德不是不知道，当时的宽容程度是除文化方面意见外不允许发表任何言论。这种现状使得关于歧视的陈述一再推迟，这方面的界限是非常致命的。王尔德冒犯了他们，他们以社会纪律的名义报复，正如罗伯特·巴丹泰（Robert Badinter）在他专为王尔德创作的剧本中所描写的。艺术家在牢房中的编号是"C33"。[10]

历史学家弗洛朗斯·塔马尼（Florence Tamagne）以他的方式描绘了发生在20世纪初期的这一事件："英国的独特性不允许有更大的宽容。伪善以一本正经的面目出现，心理的研究证明，面对同性恋问题，社会正处在一个长期精神分裂的状态。青少年的传奇小说是受赞扬的，但性教育的书谴责浪漫的友情，使青年人感到害怕……大学实行同性恋崇拜，但反对者将其视为一种堕落。更有甚者，人们看到一种二分法：思想和行动之间，实践和道德之间的二分法。英国想不惜一切代价忘掉他的同性恋传统，并且，当它再出现时，要更为严厉地揭露之。"[11]

尽管王尔德进行申诉，还是最终获罪。男妓们的证词在1895年4月26日和5月22日的审讯中被大量利用。在雷丁监狱中度过两年强迫劳动日子之后，他感到绝望，精神完全垮了。他宁可逃离他的国家和国家的暴政。奥斯卡·王尔德1900年死在美术街一家名叫圣日耳曼的极为普通的旅馆里。离那儿100米远的地方，在60年代，1968年五月事件之后，出现了法国同性恋运动。他埋在拉雪兹神甫公墓中，那儿也长眠着他最好的朋友罗尼·罗斯。那里一下子变成了欧洲同性恋觉醒的纪念之地。[12]

这位艺术家的死亡使欧洲文化界十分愤怒。然而这一损失并未使这个沉闷的时代变得好些。重大案件依然层出不穷。[13]1900年10月，比利时作家乔治·费克乌德由于写了同性恋的书《埃斯卡尔-

维果尔》被布鲁日法庭起诉。[14] 1902 年 11 月，克虏伯丑闻留下强烈印象，人们指责这位钢铁大亨为帝国生产武器。社会民主党的机关报《福瓦尔茨报》公布了这位实业家在卡普里岛期间同年轻美男子抱在一起的照片。这家政党报纸评论道："政府有责任进行司法追究。"虽然阿尔弗雷德·克虏伯准备对这家报纸起诉，但他还是在几天之后自杀身亡。在 1908 年 1 月 21 日的《费加罗报》上，人们可以看到有关这方面的大量"德国丑闻"："哈赫诺伯爵鸡奸罪不成立，宣布无罪释放。利马尔伯爵被判一年零三个月监禁。埃德加·冯·韦德尔伯爵，他因举行的晚会邀请了奥伊伦堡王子参加，被解除一切职务。韦德尔伯爵曾经是菲特烈皇帝陛下的侍卫长，他仓皇逃往意大利。"[15]

1903 年，在巴黎，阿代尔瓦尔德-费尔桑男爵因卷入孔多塞中学学生丑闻被捕。此后，1909 年 6 月，还是一起巴黎讼案，旅馆老板皮埃尔·勒纳尔被控谋杀他的员工，他拒绝承认。但在审讯时，他不否认他的同性恋行为。这引发了《马丹报》1909 年的一篇文章："有些恶行，它引起人们对这个国家一切健康的东西也生反感。有些时候，过分地强调伦理道德也会走向反面。"安德烈·纪德在他的日记中写道："勒纳尔的官司使我感到不舒服。"[16]

还有很多大胆行为，被告最后进了监狱，人们已难寻到他们的踪迹了。

巴黎的医生和警察

在奥斯卡·王尔德和马格努斯·希斯菲尔德两个流亡者之间，巴黎经过了三分之一个世纪的紧张生活。从 20 世纪初开始，这个吸引着一掷千金者和快乐享受的城市欢迎大量过双重生活的人的到来。此外，与柏林和伦敦不同，与圣彼得堡和纽约也不同的是，法国从1791年起就不禁止同性恋了。这个同性恋者不受谴责的现实也有着很大的透明度。历史学家皮埃尔·哈恩注意到这一现象。他在一部关于男人本性的作品中,通过一个他早在大革命前夜就认识的一个名叫穆夫勒·当热维尔的贵族,作了这样的描写:"这种缺点从前人们称之为高尚的缺点,因为它只发生在贵族、有知识的人和美男子这些人的身上,它已变得非常的时尚,以至国家法律都难以控制,上至王公大人,下至仆役和普通百姓,无不深受其害。"[17]警察局和医学部门也只能采取措施对其进行监督、惩处、观察和引导。

同拉芒什海峡彼岸①一样,19世纪后半叶,法国资产阶级和他们的医学知识面对性问题的混乱状况感到迷茫。正如让-保罗·阿隆在1979年的一次谈话中所说:"一切都发生在1850年到1880年之间。比如,那时手淫成了一个重要问题。医学言论要避免华丽外表,避免用大家都不懂的词汇。那些假科学词汇,那些谈同性恋、谈肉欲时的华而不实和自我炫耀激起了大众的愤怒。"[18]以谨慎为原则的英国各中学的反应是,某些男性住校生的床上安装了一些皮带,用以固定学生手腕,以防他们在熄灯以后手淫,也提防他们从一个床铺蹿到另一个床铺。[19]同样可怕的是,人们开始同自己做爱,用自己的生殖器达到性欲享受的目的。这样一来,同某一个与自己同性别的人发生性行为似乎成了顺理成章的事情。这种事情有很大的偶然性,常常发生在自己同寝室的邻床同伴之间。这样看来,海因里希·希姆莱的担心绝对是有很深根源的。

对同性恋的观察和评论贯穿整个19世纪。同性恋问题引起医生们的极大兴趣,尽管他们口头上说:提到这事就恶心。历史学家克里斯蒂安·博内洛写道:"这种治疗手段表明,它更多是在精神

---

① 指英国。——译者注

方面而非单纯的医药治疗。性欲麻醉和道德教育是医生们的主要方案，目的是保护被这一大灾难威胁着的社会。到 19 世纪末，已不再强调把同性恋者重新引向异性恋，而是规劝他们洁身自爱，规劝他们在忘我的工作劳动中得到升华。对医生来说，这是防止社会堕落的最有效手段。与此同时，人们也使用自然药物、外科手术、催眠术。到 19 世纪结束时，人们沾沾自喜，认为已收到理想的效果。"[20] 另外，同性恋在社会机体中流通，使人们的注意力都集中在同性恋者身上。正如雅克·富尔坦所说："文化的禁锢和男人之间的情爱遭到压制，造就了同性恋者，使他们成为男人之间性行为的推销者，他们以前同社会上其他人搞，现在只同他们自己的人搞。"[21]

巴黎医院的医生塔迪厄博士是写巴黎同性恋报告的一个啰唆的作者。他事实上只观察过两种类型的同性恋者：一种是他认为一眼就看得出来的，另一类是被抓来的。他觉得这工作既诱人又恶心。他提出一个有效的形态心理学表述方法，此想法来自于那些窥阴癖分子："判断性倒错者最有力的证据是看他的直肠开口处是否呈漏斗状。在我观察的 170 人中，有 64 人有直肠扩张现象。它引起直肠下垂和大便失禁。我观察了 42 例这种人，他们的这些部位处在非常肮脏的状态下，其外观之可怕使我想到它们可能遭受过最猛烈的撞击。"[22] 这种"违反自然"的观察同样也引起了一些不安和忧虑，正如让-保罗·阿隆所指出的："这些医生，本来是耐心细致、受人尊敬的男子汉，从此失去了他们作为指导者的影响力。但这些喜欢与同样性别的人性交者，他们的世界代表着一个激烈竞争和极具爆炸性的人群。对于资产阶级，这也是引起焦虑和恐慌的因素：同性恋要引起社会混乱和阶级调和。"[23]

这一时期另一有特点的事件、另一个大胆的表现，是某些同性恋者开始说话，开始敢于证实他们的感受和痛苦了。但这常常不产生任何影响。著名作家埃米尔·左拉1895年收到一份邮件,是一个"性异常者"自愿寄来的一份长长的证词,目的是为作家的小说人物创作提供更丰富的素材,但左拉并未采用。他将这份东西转给他的朋友洛普博士,供其作医学研究之用。洛普公布了这份感人至深的忏悔。[24] 医学研究领域对他们的新收获欣喜若狂,这是大受欢迎的新知识。正如历史学家克里斯蒂安·博内洛所写的:"医生不能对一个本应送给专家的报告保守秘密。如果说他不能揭露这种性异常研究所呈现出的恐怖现象的话,他至少应该自己警惕、预先防范,并在同堕落做斗争中获得支持。'性倒错'提出的问题成了议论和思考的中心,它像一股洪流一般,推动了某些方面的快速改革。它所引起的恐惧心理,促使监狱很快设立单人牢房,促使中学加速了男女合校的进程。"[25]

都市里有些事不易了解,有些事一目了然。爱情也一样,有的偷偷摸摸,有的大肆张扬。塔迪厄博士将正在巴黎流行的同性恋定位为随处可见、不知羞耻。他有一段饶有趣味的描写,他的文章表现男妓多于表现同性恋者:"头鬓卷曲、脸上抹过粉,脖子露在外面,衣服紧紧裹住身子以凸显体形,手指、耳朵和胸口上都戴着珠宝首饰,整个身体散发出一股刺鼻的香水味。手上拿着手帕、鲜花或针线活,这就是那些鸡奸者令人厌恶的形象。我无数次观察到很有特点的现象:即这种假装高雅、注重个人外表的人,与那些肮脏丑陋自我满足的人,两者之间互不相容互不买账的现象。"[26]

巴黎到处都有花钱的地方,银行贴着广告宣扬它的优厚利息,人群密集的地方,开有很多贴现兑换柜台。在这富人的安乐窝里,白天挣的钱只能助长夜生活。男人与男人之间在博洛涅森林或蒸汽浴室里的约会并不少见。然后他们便会去杂耍音乐厅的休息室或二层的啤酒店。巴黎最贫穷的地区,分布着上千个公共厕所,以供那些有临时需要的人使用。巴黎林荫大道公厕最多。疯狂年代也伴随着怪事：有卑鄙的谋杀，也有称作"粉红色芭蕾"的老头同少女性交，以及称作"蓝色芭蕾"的老妇同少年男子性交。巴黎这些引人兴奋和刺激的场所常常是夜间犯罪、进行阴谋活动和搞敲诈勒索的见证。对那些小报记者和巴黎人民来说，博马舍大街也叫"罪恶大街"。[27]

巴黎的夜生活和沙龙

弗洛朗斯·塔马尼认为两次世界大战之间的巴黎状况，同伦敦和柏林差不多："人们注意到，在 20 年代，道德解放和风俗习惯方面的自由随处可见，这同社会环境的日渐宽容是一致的。其表现特征是，在这三个有关的国家中，同性恋活动场所猛增。这时，同性恋已拥有专门的幽会地点：酒吧、俱乐部、舞厅。"[28]在疯狂年代，一到晚上巴黎的人们就心跳不安、蠢蠢欲动。20 年代初，大量欧洲的女同性恋者聚集在法国首都，她们是从海峡彼岸维多利亚严格制度下逃出来的。还有从德国来的，她们受不了柏林"女子男性化"的沉重压力。

但是，这种优雅的、文明的同性恋的出现，并未平息人们固有的愤怒。一个名不见经传的叫弗朗索瓦·波尔舍的人，于 1927 年以《不敢说出口的爱情》为标题，发表了一篇措辞强烈的攻击性文章："从那时起，同性恋的第一阶段，是一些有着某些共同习惯和爱好的人的个人的聚会；但到第二阶段，就涉及了世界观：包括哲学、伦理学甚至政治观点；后来更加上了其他因素如共济会员、报纸杂志、沙龙、展览会、宣传战、阴谋诡计、秘密串联、庇护和友谊。"[29]

1934 年，企图加速历史进程的极右派发动骚乱以后，所有大规模民间聚会，无论白天还是黑夜，都以妨碍公共秩序为由，被全部禁止。在首都众多大型夜间盛会中，科尼亚克街上的魔幻城舞厅，无疑是两次世界大战之间巴黎夜总会中最著名的一个，它此次首当其冲，成了政府这道法令的牺牲品。这个供娱乐表演的巨大建筑不久后被拆毁，在原址上建起了德国电视台的办公大楼和发射台。这地方在后来的 30 年中，为法国电视台所用。从前的记忆已经被淡忘。

有一个场面留了下来：在 30 年代，数百个看热闹的人等待着一睹那些走进魔幻城舞厅的名流们的风采，他们都是歌厅的大牌明星，如米斯坦盖和莫利斯·舍瓦利耶等。通常是一个古典风格的合唱队等候在一个巨大楼梯的底层，那儿马上会有上千个乔装成异性的人通过。1931 年，一个名叫让·洛朗的新闻记者是这样描绘晚会的开始的："从十点钟开始，着古典装的合唱队已经就位了。来的人隔离在过道里。他们以怀疑的眼光瞧着合唱队，而合唱队员们朝那些向他们投来飞吻的同性恋人群报以宽容的微笑。合唱队员们知道，明天将一切照旧进行，而这群今天受到赞赏满身装饰羽毛和珠宝的乔装漂亮男孩，随后就会被一群庸俗、残暴和下流的人跟踪、纠缠和侮辱。"[30]

同 20 年代混乱的乌云被逐渐忘却一样，人们也慢慢地把蒙马特和蒙帕纳斯那些夜生活场所如"斯芬克斯"、"莫诺克勒"和"福地"等著名的女同性恋者聚会场所逐渐淡忘了。瓦格朗舞厅和圣日内维埃山乡村舞厅也停业了。根据吉勒斯·巴伯代特的描述，那里是"众多男同性恋者和女同性恋者经常出入的舞场。拉普街巴士底狱附近，是开设乡村酒店的圣地，那儿以其男孩多而远近闻名"。科莱特的丈夫威利 1927 年证实："最时尚的乡村酒店，目前首推拉普街的那家，那里的小男孩虽然看起来不太干净，但打扮绝对诱人，头戴鸭舌帽，身穿彩虹色鲜艳的衣服。"同性恋者现今的彩虹色旗帜，15 年前就出现了，它是有其根源的。

第三章 无忧的巴黎

塔迪厄的文章发表之后60年，我们看到的同性恋者可能已同男娼混为一谈，区分不出来了。他们没有什么根本上的变化。勒内·克勒韦尔为他们画了一幅生动的肖像："小家伙很快就学会了如何挑选最漂亮的领带。他们舞跳得好，也会唱歌。肺病和可卡因使他们的脸变得很消瘦，但两只手还没有变得更细嫩些。每人有一个相爱的同性伴侣，他们喜欢脱光衣服，全裸着身子挨着睡，什么也不干，就像抱着一个婴儿。"[31]

在1936年的里昂，情况不那么严重和露骨，当然也并非见不到。表现是一样的，目击者常常对他们进行夸张的描绘。因此，大山坡上的"自由酒吧"就成了那个时代人们最爱去的地方，那里有一大群男人假扮的女人。作家马塞尔·格朗谢在他1937年出版的一部著作中，有十分动人的描写："她们全都在那里，个个都非常迷人。头发或棕色或金黄，有的抹过发膏，有的呈波浪形。有的清瘦苗条，有的丰满圆润，弯弯的眉毛、鲜红的嘴唇，眼睫毛是蓝色的，手指甲发出鲜亮的光泽，胸部在过于瘦小的上衣紧裹下，特别突出。她们脸上露出假装的笑容，拿着酒杯的手，故意露出手指上的嵌有玛瑙的戒指。她们相互打打闹闹，交换着一些不着边际的话题。"[32]

在两次世界大战之间，除这些低级下流的场合之外，巴黎还有数十个类似性质的沙龙，其中就有作家达尼埃尔·介朗家的沙龙。介朗的青年时代是在资产阶级圈子里度过的，这个圈子里的人非常怀念1914—1918年的激烈战争。介朗的沙龙接待的艺术家们毫不掩饰他们放荡不羁的自由思想和他们的同性恋观念和行为。经常在那儿出入的有安娜·德诺瓦耶、马塞尔·普鲁斯特、加布里埃尔·富尔、阿尔弗雷德·科尔托和达吕斯·米约等，介朗的父母还认识弗朗西斯·普朗、塞尔日·德加吉列夫和让·科克托等。达尼埃尔·介朗1920年以后，远离舒适的资产阶级生活，自愿去同黎巴嫩的殖民主义者混在一起。在这之后，他写出了他最重要的作品《褐色瘟疫》，对30年代法西斯主义在德国粉墨登场进行了深刻讽刺。沙龙中的谈话，低估了纳粹的威胁，似乎这还是遥远的事，无论巴黎还是柏林都是如此。沙龙中的谈话也低估了历史学家绍尔·弗里德兰德的报告："自从1933年1月30日政府组成之日起，保守派和民族主义派就颇有把握地说，纳粹很快就会成为他们刚刚夺取的权力的囚徒，因为他们在内阁中处于少数，无法使自己的意志得以实行，他们太缺乏经验，没有能力在国家和社会的传统势力面前挑起如此重的担子。然而，只过了几个星期，希特勒就建起了他的绝对权威。"[33]但人们还是喜欢嘲笑他。他们查阅报刊，观看新闻纪录影片，看到希特勒脖子缩在衣领里面，粗鲁、滑稽，像一个没有合身衣服的木偶，又像一个化了装的演员，以上是他出席兴登堡葬礼时的形象。兴登堡终究是他取得权力的关键人物，正是这个权力，很快使欧洲民主陷入恐惧之中。但是，正如历史学家诺贝尔·弗雷分析的那样，这一颇具滑稽色彩的希特勒形象，长期在德国左派和全德日耳曼民族内部通行无阻，甚至在很长一段时期中，影响到达德国国境以外。而与此同时，德国人民终于还是接受了这一现实：他是元首，是他们的救星。[34]

  20世纪初，巴黎的创造性处在历史上的一个大发展阶段。新闻报刊在表现同性恋方面，自《阿卡德莫报》受挫以后，一些报刊曾进行过多次尝试，如1924年的《逆风》报，他们的第一篇社论态度很鲜明："我们将全力以赴保卫同性恋者的权益，既然我们目前是唯一一家公开宣布以此为目标的杂志。我们愿大声为同性相爱者呼吁，他们都是正常和健康的人，他们有同异性爱情一样的道德标准，他们的感情、欲望和激情应得到正常对待。"[35]该杂志的负责人后来进了监狱，罪名是"为厚颜无耻的鸡奸者辩护"[36]。

  另一起文化领域的突出事件，是文人的相互怨恨，安德烈·纪德的《男子汉》是当年对此事件的反应。这是一场短兵相接的论战，在暗中进行了好几年。首先感到不安的是罗歇·马丹迪加尔和弗朗索瓦·莫里亚克，他们责怪纪德辱没了他的文学成就。这又引发了一场无休止的报复。他们这种集体行为方式没有收到应有的效果，纪德回答罗歇·马丹迪加尔："我不能再等待了。我必须服从一种内心的需要，一种胜过一切的、无法抗拒的需要。理解我吧。我需要，需要驱散这片谎言的乌云，我的青年时期、童年时期，都生活在乌云之中。"[37]纪德实际上是一位在蒙彼利埃学校操场上经常受欺侮的孩子，他因有"恶习"被巴黎的阿尔萨斯学校开除。这两位作家在公开信中对纪德的严厉指责，对于评论这一新鲜事物，并未收到良好效果。后来听说，他们两人由于自身的同性恋问题，关系也十分紧张。

这一由纪德引起的历史事件在很大程度上受到奥斯卡·王尔德悲惨命运的影响。纪德在1895年1月见过王尔德，后者在同性恋问题上的自信心征服了他。他因这次文学交锋，这次大胆行为受到知识分子毫不留情的攻击。但纪德知道，王尔德之死使欧洲很多作家感到经常被幽灵缠绕，使他们常常处在尴尬境地。此次公开的文字官司发生在1922年，这一年，马塞尔·布鲁斯特刚刚去世。安德烈·纪德只不过紧紧抓住社会的强烈反应，冒着顶撞那些彬彬有礼的巴黎人的危险，做了该做的事情而已。奇怪的是，他的这场笔墨官司反而进一步保护了他的私生活不受侵犯。同时他认为，光说了还不够，那只不过是一个愿望，应该开启这个社会在这个问题上更全面的视野。《男子汉》中说："在我们的社会中，一切都已命中注定，一种性别对另一性别，所有教育的都是异性恋，一切都依照此原则，一切冲突也由此引起。"[38]

纪德的"挺身而出"，比起柏林的"郊游"策略来，有道理得多。"郊游"策略是由于德国同性恋运动而起的，它并未引起社会的关注。实实在在的文学名气起了镇定作用。从长远看,那些过去的出主意的人将再次调整他们的社会注意方向。这使得形势好像更加宽松自由了。罗歇·马丹迪加尔在他关于纪德的笔记中写道:"任何主要东西都未改变,无论是刑事法规还是我们同时代人的判断。同性恋者可以暂时享受更加不动声色的宽容。但实际上,同性恋者在法律方面,仍然要受同从前一样的谴责。"弗朗索瓦·莫里亚克认为:"由于普鲁斯特和纪德的出现,从前那偷偷摸摸的同性恋者,现在大摇大摆公开露面了。"[39] 至于皮埃尔·德里瓦·拉罗谢勒,他对大战之前这些年的事情的看法是:"可能现在的同性恋不如从前多了,但道德标准却变了,同性恋者意识到自身的存在了。"[40]

但人们不能只满足于文化的进展,也不能只满足于知识封闭领域和巴黎夜生活的大胆表现,以为同性恋从此全面解放了,以为大众中的僵化思想从此让步了,以为首都有影响人士从此真正一致认可了。事实上,一些反对的团体面对这种时髦行为仍然坚决抵制。例如,政治方面的言论依然未变。因此,那位在这方面忠于斯大林言论的共产党作家亨利·巴比塞,他在这些黑暗的年代里,坚持认为:"这种阴阳倒错是社会道德彻底堕落的先兆。"至于以安德烈·布勒东为首的超现实主义者搞的文化革命和政治革命,他们对这方面的道德评判,并不乏严厉和冷酷无情。勒内·克勒韦尔非常激动地写道:"我谴责鸡奸者,反对他们提出的对道德上的错误实行人道的宽容。这种错误会蔓延,会毁坏我们所尊重的一切事业。"[41]

被占领的法兰西,被监控的巴黎

人们也许会感到惊奇,德国对法国的入侵,并未使这个自谓的历史性争论有明显的停顿。这是不以人们的意志为转移的,正如20

第三章 无忧的巴黎

世纪之初，当追忆 1914—1918 年战争时，对第一批集中营的争论一样。

事实是，法国被占领和巴黎处在监控之下以后，首都的文化活动和夜生活似乎并未处处都被纳粹军官们过分地破坏。交响音乐大厅是最荣耀的场所：人们可以在那里听到埃尔贝·冯·卡拉扬、威廉·肯夫、伊丽莎白·施瓦茨可普夫的音乐。与此同时，阿尔弗雷德·科尔托和皮埃尔·富尼耶也增加了他们开音乐会的次数。埃迪斯·皮亚夫和夏尔·特雷内也分别在"波比诺"音乐厅和"未来"音乐厅登台表演。[42]夜总会和小酒馆、出版商和饭店老板、博物馆和法院都正常地进行着他们自身的业务。同性恋的男人和女人，全都沉浸在这集体的无聊生活之中。[43]

同性恋者的地位此时看来值得忧虑：他们不允许参加社会团体，不允许参加情欲范围以外的一切活动。大搜捕的威胁此时也实实在在地压在他们身上，不断地有人审讯他们，这是一种监视措施和报复手段。在巴黎，没有任何一个人对离此地只有几百公里的莱茵河彼岸（德国）持续了 7 年之久的屠杀和迫害有所反应。对于流放和关集中营也没有引起愤怒和抗议。文化界、外交界、新闻界、商界和政界，他们肯定听到了帝国对他们占领国家和地区的同性恋残酷迫害的消息。

这个消息传播来源于一位可以在欧洲大地上自由来往的人士，他对第二次世界大战前的见闻，有动人的描绘，此人就是阿尔萨斯人艾梅·斯皮茨。下面是他于 1980 年的撰文："作为新闻记者，我在 10 年中访问过中部欧洲很多国家：德国、奥地利、捷克斯洛伐克、匈牙利、南斯拉夫、瑞士。我有机会同所有这些国家的同性恋者交谈。因此，在卡尔斯鲁尼和在纽伦堡，同性恋者虽然结成友谊小团体但没有任何组织形式。在柏林，没有专门的性商店，但某些书店出售裸体男人的照片。马格努斯·希斯菲尔德的作品人们竞相购买。在奥地利，我结识了一个杂技团的马术演员，他利用每个休息时间去寻花问柳。在布拉格，我认识一位波西米亚水晶玻璃工厂的代表，后来我每次来到这个国家都会遇见他。那儿，同性恋者在各个咖啡厅和酒吧里相聚。在布达佩斯，我结交了一个年轻的茨冈人，他父亲是杂技团流动动物园的管理员。后来我不得不躲开他，以免波西米亚部族的人来找我的麻烦。在贝尔格莱德，我非常满意遇到一个管理交通的警察，还有幸认识一个法国人，他给我订了一家旅店，在我逗留该地期间，他一连四天到那儿来同我相会。在苏黎世，人们尽情地享受各种娱乐。但对我们这些阿尔萨斯人来说，吸引我们的主要是舞厅，那里的狂欢舞会，那里的咖啡屋都是最佳的幽会场所。"[44]

在被占领的巴黎，在普鲁斯特和纪德的国家，形势十分紧张。让·科克托描写告密者黑幕戏剧的上演遭到附敌主义者的猛烈攻击。让·科克托的伴侣让·马雷在拉辛的悲剧《安托马克》中扮演主角，也受到严厉批评："这是最典型的、人们遇到的最为堕落的非男性化的例子。一个这样的人物向不朽的伟大杰作进行攻击，进行歪曲，这是一种破坏艺术的行为。"[45]法国同性恋的文化判断，是建立在宽容的法律条文之上的，因而也是建立在非"政治"的基础之上的。这事实上大大减轻了人们对同性恋者的担心，认为他们并不是目前有影响力的群体，他们在现实社会中处于弱势。这样的判断保护了大多数法国同性恋者。除了阿尔萨斯人和莫泽尔人之外，他们不会引起占领者的直接注意。剩下的只是对"荒淫"生活的管理问题了。只要把侨民保护在德国卐字的旗帜之下，只要惩治那些过于亲近接触的人就足够了。在巴黎，阿尔萨斯人的悲剧没有引起任何反响。不可否认的事实是，巴黎的同性恋自从1942年受到制裁（一个半世纪以来的第一次）以后，就没有更进一步的行动了。说实在的，我们可以把巴黎的同性恋者的情况，拿来同历史学

第三章　无忧的巴黎

家弗朗索瓦·贝达里达所描绘的关于犹太人面对危险时的"消极"态度相比较。[46]

目前我们手头掌握的巴黎被占领时期同性恋生活情况的证据非常少。1940年6月14日开始的占领,是在巴黎历史上时间最长的占领,它持续了几乎整个战争时期。[47]我们可以猜想,从1940年7月建立的从晚上21点开始的宵禁,使得人们在工作时间之后的约会,成了几乎不可能的事情。再加上巴黎的作息时间制度按照柏林的作息时间改变,即时钟提前两小时。这样一来,巴黎人所要忍受的折磨,就更加难以想象了。巴黎广播电台收听节目是非常成功的,他们在两个宣传节目之间,插播法国歌曲。这一成功的安排太重要了。人们可以在节目中听到皮亚夫、蒙唐、阿兹纳武尔或克雷科的演唱。如果说他们仍然可以在巴黎僻静的街道上露面的话,则长时间的在外逗留就显得不够谨慎了,有警察监视——市政警察、司法警察、情报机构——这些人在这夜深人静的时候,绝没有睡大觉。无数的密探和线人也虎视眈眈地躲在黑暗的角落里。盯梢者、追捕者在这些地方获得丰硕成果:收监关押的囚犯从战前的18 000人增至占领时期的55 000人。宵禁最终推迟到晚上23点。但对犹太人还是规定在20点。对他们来说,听广播和骑脚踏车的权利是早就取消了的。如同注入了清新空气一般,小酒馆、剧院和电影院都获得很大成功。巴黎的生活很快恢复正常,当寒冬来临的时候,这些地方反而热气腾腾。同1940年一样,当燃料和食品都匮乏的时候,对于巴黎的穷人来说,无异于雪上加霜。德国人一方面毫无幽默感地、生硬地禁止大街上的民间演出的活动,一方面又大量放映他们出品的大众化影片,如《犹太人》等。另外,1941年9月,在柏尔利兹宫举办了气势恢弘的反犹展览会《犹太人和法国》。1940年10月,在格朗宫举办了关于共济会的大型展览。[48]

巴黎在被占领时期,同性恋在人们的视线里并未消失。某些隐秘的、完全屈从于当前压力的夜总会歌厅并未完全停业。另有一些转为地下经营。当然，有一些法国同性恋者同德国士兵之间的约会，他们或在土耳其浴的澡堂，或在林荫大街①的公共厕所中相会，这正好证明了他们的存在。相反，没有任何可靠证据证明当时被占领下的巴黎，有同性恋遭逮捕的情况。[49]相反却有一些偷偷摸摸的约会在占领者眼皮底下、在担心自己的伙伴被抓的焦虑中继续进行着。

1940年8月，一本名叫《奉劝被占领地方的人民》的宣传小册子在巴黎市民中散发，小册子的署名是一个叫让·泰克西耶的人。小册子一开头就含糊其辞让人一头雾水。在指出德国人到巴黎"不是来游山玩水的"之后，小册子接下来说："他们是征服者，对他们要客客气气。但仅此而已，不必去迎合他们的心意，不要急着去为他们做什么事。他们不会在任何情况下感谢你的。"[50]莫利斯·许尔曼在伦敦广播电台的节目里，公开嘲笑小册子的这种"劝告"。另外，一些附敌主义者的传单也在巴黎市民中广泛散发，内容是反美国的。传单谴责华尔街的犹太人的财富，谴责犹太人居住区的黑人和纽约同性恋酒吧中性欲倒错。[51]

巴黎此时对同性恋者压迫的事件相对较少，当然，刑法"第331条"的大骚乱除外，此事我们下面还要提到。[52]在这被占领的年代，我们依旧可以轻松地谈到一件与同性恋者相关的事件：罗歇·斯特凡就从不隐瞒自己是同性恋者，这位新闻记者兼作家是一位伟大的抵抗运动战士。他就是那位同另一名造反者一起，于1944年8月19日，袭击市政府大厦的人。他对这次漂亮武装行动有如下回忆："晚上11点，乔治·比多问我：'你愿不愿意去偷袭市府

---

① Grand Boulevard，指巴黎市内巴士底广场与玛德莱娜广场之间的林荫大道。——译者注

大厦?''愿意。'于是同 15 个小伙子一起,我们悄悄来到市府大厦。我揿门铃,一个侍从来开门,我问:'这是市长办公室吗?'——'但市长先生在休息!'——'你去叫醒他。'我走进市长办公室并在里面坐了下来。一刻钟之后,市长走进来,问我'先生有什么事吗?'我回答说:'你被捕了。"[53]这位《法兰西晚报》的记者解放后成了戴高乐将军的秘书。后来他创办了《法国观察家报》,后来改名为《新观察》(Le Nouvel Observateur)。

1987 年,罗歇·斯特凡在同 Gai Pied 报的一次谈话时宣称:"所有人都知道,我是犹太人也是同性恋者,无论在抵抗运动组织中还是警察局里我都不否认。但警察局所感兴趣的,是我的抵抗运动分子身份。我知道,他们早就知道我是同性恋者,因为解放时,我在我的档案材料中,发现一些证明我是同性恋者的证据。但我是因抵抗运动者身份被关押的。我不知道,在法国是否有纯粹由于同性恋的原因而被捕的人。我唯一一次因同性恋身份被人告发,是一个共产党员干的,他跑到我所属的抵抗运动组织的头头那里,说我搞同性恋。那个头头把他赶出了办公室。"[54]

相反,罗歇·斯特凡在此次谈话中,没有提到德国同性恋的地位问题,甚至也没有提在这些黑暗年代里阿尔萨斯和莫泽尔的问题。人们也没有问他。他也没有谈马格努斯·希斯菲尔德,当时关于德国柏林大屠杀的传闻在巴黎已经传播十年之久了。历史学家詹姆斯·斯特克利证实,正是在这座城市里,1933 年 5 月,马格努斯·希斯菲尔德在一家巴黎电影院里,在放映时事新闻纪录片时,看到他柏林的研究中心被搜查和封闭的画面。[55]然而,没有对于这次搜查和封闭的反应。不管怎么说,希斯菲尔德同迁来的众多移民一样,无论他们是犹太人、反种族主义者还是同性恋者,对于巴黎市民来说他们都是"德国佬"。这个词是这次大战给他们带来的。不管大战杀害了多少法国人民,这都是一个种族主义者的称号。它混杂着多少法国人的痛苦和报复的心愿啊。[56]

达尔朗和他的土伦水兵

1933年，贝当被达拉第政府紧急召回。他于是离开了清闲的驻马德里大使馆。这个西班牙的首都，自从血腥的内战以来，一直是在佛朗哥的统治之下，这是尽人皆知的事实。1940年6月25日，他通过广播电台的电波，宣读了他的告全国国民书："我们的失败源于我们过于懦弱和松懈。享乐思想毁坏了牺牲精神所创建的一切。现在首要任务是恢复思想和道德建设，拜托大家了。"[57]他向保罗·雷诺宣称："希望所有部门都能负起责任。军事领导人不是唯一有义务报告情况的人。全国好像都理所当然地忘记了自己的过错，22年来，我们所有的人都有错，满足于安逸的生活，放弃我们在自己岗位上应做的努力，其中当然也包括个人的弱点。因此，我们如果要拯救自己的话，我们必须痛下决心，彻底改正错误。"[58]半个月后的1940年7月10日，议会以569票通过授予他全权，其中有出席会议的大多数社会党成员。[59]菲利普·贝当元帅通过在波尔多的短暂停留，把他的政府设置在维希，所有的饭店——共可容纳4 000人——通通被征用。

1941年3月，维希政府的第二号人物，海军上将达尔朗要求各地行政长官——他们中除一小撮让·穆兰的人外，只有很少人被解职——"将对国家复兴没有用的法国人进行登记，特别是党派成员和被禁止的各社会团体人员"。达尔朗加紧了对堕胎的整治：增加工资补贴，专门发给那些留在家庭中做家务的妇女；拨款资助自由办学，并同时取消中学教育不收费的制度；鼓励对犯罪和不法分子的检举揭发。他还成立了SOL，即整治社会治安服务团（Service d'order de la Légion）。该团的誓词是："我发誓为反对民主主义、

第三章 无忧的巴黎

戴高乐分裂主义和犹太人瘟疫而斗争。"达尔朗还通过媒体大肆宣扬他同德国独裁者希特勒的几次会面。莫利斯·许尔曼1941年5月在伦敦广播电台频道上，对他极尽讽刺和嘲笑："就在赫斯登上飞往英国的飞机的同一天，达尔朗乘上了通向柏林的列车。纳粹的偶像被他的大祭司烧毁了，但达尔朗先生还在赶去向他顶礼膜拜。"[60]

弗朗索瓦·达尔朗是个六十多岁的光棍，出身于一个海军家庭，是一个波尔多激进社会主义者、大资产阶级分子的儿子。他家1898年曾当过掌玺大臣但只是昙花一现。当乔治·莱格成为海军部长时，这位他家庭的朋友受到了热烈祝贺。所有原籍洛特河新城的人都鸡犬飞升。部长于1926年任命弗朗索瓦为他的办公室主任。达尔朗大大发挥了他神奇的才干，充分利用他对皇室的了解，对国家海军进行了重大改革，千方百计笼络人心。在维希，"海军上将政治家"像"舰长"一样领导政府，就像统率着一支舰队一般。海军变成了"他的"海军。长期以来，王国素有优秀人物治国的传统，对于政客一向有所蔑视，认为他们没有真才实学，很少能在激烈的博弈中操胜券。在这与敌人合作时期，由于看到休战的目标并不直接涉及海军同殖民帝国之间的关系，因而海军上将进入贝当政府没有遇到反对意见。关于国家海军，他知道他是无法绕过去的。

达尔朗首先是一个仇英分子。他的祖先曾同纳尔逊打过仗。这位海军上将对英国人的仇恨刻骨铭心。并非因为他的妻子是英国人，而是因为在米尔斯克比尔[①]一战使他非常痛心：1940年7月3日，"他的"上千名水兵在一次攻击中丧生。至于他的附敌热心，其积极程度远远超过赖伐尔。然而，他却什么也没有得到。1941年6月20日，他在《时代》杂志上写道："我所做的一切是想让法

---

① Mers el-Kébir，阿尔及利亚的港口城市。——译者注

国重新恢复在欧洲的地位，重新恢复在世界上的地位。为了加速和平时刻的到来，我进行了新秩序的建设。但英帝国主义要战争，要毁灭欧洲。"[61]他操纵贝当辞掉赖伐尔。他怂恿德国人使魏刚将军离开了自己的道路。

弗朗索瓦·达尔朗喜欢出风头，讲究衣着。他被杀死后，搜查他巴黎的寓所发现好几十套高级制服。他下令到处搜寻古代勋位装饰物，比如从废弃的旧海军舰船上找东西来为己所用。他梦想获得元帅的七颗星，但愿望未能实现。他始终在摇摇晃晃地前行，轻飘飘地在一条船上行走。他的庸俗、他的厚颜无耻以及他的投机取巧是尽人皆知的。[62]

弗朗索瓦·达尔朗身材矮小，嘴上无胡须，毫无吸引人的地方。他以前的家庭教师说，他十岁的时候"腼腆、冷酷、有点女人气"。[63]每当他政治上发生调动和升迁，只有一些年轻俊秀的海军军官围绕着他。这是他的"领地"。他只同这些人讨论问题。然后，随着他政治上的高升，也把这些年轻军官提拔到有实权的位置上。他最忠实的得力助手，雅克·伯努瓦-梅尚，一个极端的亲德分子，在谈到他时说："海员喜欢海，达尔朗呀，他喜欢海军。"他也喜欢美食和好酒。他的炫耀奢侈使元帅很恼火。这就是领导人物吗？

不久，赖伐尔重新回来，达尔朗被赶下台。不过，他仍然保留很多特权。他又恢复了他最初的身份地位，回到他原来管辖的领地：海军。达尔朗海军上将从敦刻尔克到米尔斯克比尔，海军统帅和舰队融为一体，既英雄气概又不无伤感。1942年，舰队在土伦的沉没毁掉了他最后的支柱。目前要务，是拯救我们海军的荣誉，至少拯救他们的道德。

因此，海军上将以海军部长的名义让人起草了一份备忘录，送交参谋部，内容牵连到土伦海军的某些不当行为。这一备忘录被列入国家档案馆的秘密文件之中，1981年在万森要塞的军事文献中被发现:"我的注意力被一桩严重的同性恋事件所吸引,此事牵涉到一些海员和平民。我认为对这类事情进行强有力的压制是绝对必要的,因为它有给海军带来道德损害的危险。目前,在我的权限范围内唯一的压制措施,是以违犯海军纪律罪对其进行惩处。当前的法律尚不允许对平民百姓进行任何追究,除非他们有违反风化的行为,而这方面的材料是很难收集的。不加以处分就是鼓励他们继续干。在此情况下,我荣幸地要求,是否可以考虑建立一个诉讼程序和法律条文,允许牵连到这类事件中的无论是军人还是平民,一律加以追究。"[64]

当王国的威信遇到危机时,至少也使我们处于失败困境。一些新闻简报和一些群情激愤的内部报告可能提醒了这位海军领导。早在1929年,《十字架》报就曾经发表过一位海军军官的公开信,标题是《关心我们海军的道德》。公开信指出,在土伦"很多夜总会,进出的大多是一些外国人。在那里寻欢作乐的一伙人,大战前都曾在科尔福(Corfou)吃喝玩乐。他们是凯泽的朋友"。[65]自1927年以来,一些军事报告就特别提出:"修改现行的法律条文,有效地对同性恋进行惩治是刻不容缓和绝对必要的。"[66]

然而,土伦的夜生活和性活动从未停止过,数十年都是如此。[67]官方的法规也还是老样子,这正合军方、警察局甚至政治人物们的心意。因此瓦尔省①省长在答复内政部长希望关闭土伦同性恋场所的公开信时说:"要我决定关闭名单上所列的那些娱乐场所,我认为没有法律依据。"[68]既无立法,用什么名义呢?让·达内1998年在巴黎的一次关于"同性恋在法理和法国办案案例中的地位"问题的讲演中谈到,对同性恋进行刑事处罚是行不通的:"法律难道可以避开模糊概念吗?在这种概念之下,人们既要确定两个

---

① 土伦所在的省。——译者注

同性别的人之间有明确的性行为，又要确定其身份、性质。总之确定性关系所引起的个人的一切特征，最后还要确定两个同性别的人之间是真爱情还是肉欲之情？"[69]

法国国家海军是同它的海港城市融为一体的，在那里，每年接纳的人绝大多数都是他们自己，地方行政当局对此是普遍赞同的。军方和地方态度相互促进，都提高自己的价值。土伦是这种情况，布雷斯特（Brest）和瑟堡（Cherbourg）也是这种情况。这都是一些在军队影响下的城市，总之，是法国海军的相对独立的领地。因为海军和海港的事应该由他们说了算，政府人士不应在那儿说三道四。

土伦对于海军官兵来说，是一个传奇的城市，它因让·科克托和让·热内而扬名海内外。柏林因马格努斯·希斯菲尔德而扬名，圣彼得堡因电影艺术家爱森斯坦而扬名是同样道理。让·科克托在他的白皮书中写道："喜欢男性美的男人们从世界各个角落来到这里欣赏海员。海员们或单个或成群招摇过市，用微笑回报那些盯着他们看的色迷迷的目光，从不拒绝向人们奉献出他们的爱情。"人们还在土伦发现了克劳斯·曼。他的回忆是非常痛苦的。1936年，他被流氓强暴并抢得精光："一个心急火燎、毫无吸引力的小个子男人来拉我，我跟着他走到一个特殊的街区。我们走进一个又一个酒吧。同一些水手争论问题等。小个子最后把我带到非常荒凉的角落。那儿，早有另一个人潜伏着……一件最令人难以忍受、最下流无耻的事情发生了。"[70]

在此之前，常有很多乱糟糟的人群，聚在海军机构的门口，很有损于法国海军的形象。我们英勇的水兵的情人们毫无顾忌地在那儿等候他们的男人，以便趁他休息时间，对他们"关怀爱抚"。在值勤回来之后和新的出航之前这段时间，就地组合在一起。有的组成小团体，集体使用套房，就像他们在舰上那样，只不过这里没有当官的来管。这种习惯做法已持续了几十年，其他人口稠密的驻军城市也都一样。[71]

"海军性倒错"产生的社会混乱，非常令人担忧，这是同社会牵连着的，社会上有很多难以控制的复杂情况。哲学家米歇尔·福柯在 Gai Pied 报一次题为《友谊和生活方式》的访谈中说道："组织机构采取了反对的做法：感情的强烈越过了它。这种强烈感情留住了它。看看军队吧：男人之间的爱情不断地被鼓励，也不断地蒙羞。制度法规不可能做出有效判断：各种各样的激情，变幻莫测的外表，难以觉察的动作，不停变化的形式，这些都太复杂了。"[72]

另外，没有人不知道，20世纪初以来在欧洲大多数的重要港口城市中，海员卖淫现象是存在的。在土伦老街区"芝加哥"就到处可见，两个妓院之间的低级咖啡馆里就有。他们在各方面都紧缩的时候，着力改善经营策略。法国其他很多海港城市，都是如此。让·热内的小说《布雷斯特事件》，描写的就是发生在布雷斯特的真实故事。1982年，赖纳·维尔纳·法斯伯德将其拍成电影。弗洛朗斯·塔马尼注意到这种既小心翼翼又狂热放纵的气氛："最严格的监视是针对港口上的同性恋的。海员和顾客是特别措施的目标，措施是某些地方官员在法律体系之外采取的。这些措施很像英国警察局的做法，非常关注军队中的卖淫情况。有些海员在鲁昂、土伦卖淫，也有些是利用休假期间，到巴黎的酒吧去卖淫，拉普街上的酒吧就是如此。最严重的情况被称为'同性恋海员和共产党分子'现象。它暴露出一种主观臆测，认为在同性恋和背叛之间肯定有某种联系。比如，有人猜测，海员在'枕边'泄露国家机密给共产主义者做宣传。"[73]

把共产党同同性恋硬是捏合在一起，在一些幻想臆断的军事报告中反复出现这种现象，一点也不奇怪。这很可能是某种社会排斥清洗的先兆。因为法国共产党对同性恋方面的风俗曾有过宽容同情的态度。因此，在1928年，"贝亚恩"号航空母舰丑闻之后（这件丑闻是因一名水手同几个海军军官共同度过了狂欢纵欲之夜后，口出怨言而引起的），《人道报》写道："这是堕落资产阶级生活习惯的厚颜无耻的自我炫耀心理，它也严重地影响着我们的海员同志……这也是法西斯资产阶级分子和现行反革命分子的表演。"[74]这位水手后来被控有共产主义倾向，一位军官被控吸毒。[75]至于背叛的指控，纯粹是仇视同性恋思想意识作怪，根据这种思想逻辑，同性恋者比其他各种人更容易背叛国家。[76]

元帅完全明白了达尔朗将军的要求，行政审批手续十分烦琐，但最后还是通过了。[77]过了不到4个月，1942年8月6日的政府公报刊登了"744条款"，签署者有四人：菲利普·贝当、皮埃尔·赖伐尔、约瑟夫·巴泰勒米和阿贝尔·博纳尔。此条款在拿破仑法典"性犯罪"条文中，重新增加了对同性恋的处罚。这是在一个半世纪的社会对此问题的宽容之后，再次从严对待。每年都有几百名法国同性恋者成为这条法律的牺牲品。[78]诸如伤害风化、唆使荒淫、"故意伤害"这些罪名，通通都加在那些同性别的彼此相爱的青少年身上。结果令当官的很满意。道德秩序又回到了从前。

这一绝对仇视同性恋的法律，在法国刑罚法典中一直维持了40年之久，其干预的范围包括所有15岁到20岁之间的同性恋者的行为。1942年8月6日的政府公报十分清楚。"744条款"规定："凡是为了满足他人的肉欲，刺激或帮助21岁以下的青少年进行淫乱和堕落者；凡是为了满足自己的肉欲，对不满21岁的同性别青少年干一种或数种象征性的、违反自然的性行为者，无论何人都将处以6个月至3年的监禁和200到6万法郎的罚款。本法令将在法国国家政府公报发布，同时也在阿尔及利亚国家公报中夹发，作为该国国家法律加以执行。签发人：菲利普·贝当、约瑟夫·巴泰勒米和阿贝尔·博纳尔。"[79]

关于这条法律，法学家皮埃尔·拉斯库姆写道："不应该满足于看到了家庭伦理道德的突然提升。事实上，维希政权的制度尽管有它的特殊性，终究还是圆满完成了自 30 年代中期以来就已广泛开始了的许多规划，大量鼓励生育和具有民族主义思想的文章证明这一规定的深刻意义……解放后，如同在其他很多领域中一样，继续拥护维希政府的主张战胜了推翻它的论调。道德严厉的宣传一直延续到 60 年代。"[80] 1942 年 8 月 6 日的这条法律，一直执行到 1982 年 8 月 4 日。

面对神秘凶手的达尔朗

达尔朗的寿命没有他的法律那么长久，他只剩下 15 个月的时间好活了。几个月之后，他到了阿尔及尔：他的独生儿子因患急性脊髓灰质炎，在那儿生命垂危。海军上将心急火燎地赶往那里。他一点也不知道盟军预言于 1942 年 11 月 8 日的登陆。他在阿尔及尔的出现是他人生的最后行动。[81]

这就是北非登陆。达尔朗已经在那里了，盟军大为惊讶。他被抓起来，被勒令改投盟军阵营。在长时间考虑之后他同意了，下令休战并给维希方面发去一些十分晦涩难懂的情况报告。他觉得，他的附敌生涯算是结束了。他错误地以为：英国和俄罗斯将很快被打垮，美国不会这么快就参战。另外，由于这种从未想到过的形势的出现，他可以超过戴高乐。戴高乐同吉罗两人都是他恨之入骨的仇人，吉罗 1942 年 4 月从纳粹监狱中越狱逃走后，他一直未能抓住他。在这段时期中，德国军队被俄国人拖住，脱身不得。在他逗留阿尔及利亚期间，非占领区消失了，占领时期令人伤痛的残酷现实，赖伐尔终未能避免，尽管他同希特勒有一次最后的谈判。

达尔朗加入到美国人的行列中。他利用职权宣称元帅（贝当）

是"被迫无奈"的，因为德国人太恶劣了。作为贝当理所当然的接班人，他从未失宠过，他认为他的好日子终于来了，权力就要到手了，一个颇有把握的希望，由于从盟军那儿获得的这个新位置，变得越来越现实了。美国由于吉罗不在，也由于讨厌戴高乐，因而任命他为北非最高行政专员。另外，达尔朗将军还可以利用"他的"海军在法国政权中的地位，对付英国人的企图，因为他同盟军签订有休战协定。人们不知道他是以什么名义签订的。尽管如此，他还是掌了40天的权。在此期间，他召回了一些部队，特别是停泊在达喀尔的舰队。然而，1942年11月27日，土伦锚地90艘法国军舰的自沉，摧毁了他最后的支柱。当他知道非占领自由区的梦想已经完蛋，而德国军队又已在法隆山上部署的时候，他推迟了要舰队起航的要求。只有几艘潜艇成功地逃出了圣·曼德里耶的天罗地网。

　　盟军对达尔朗的任命不为任何人所理解。戴高乐向丘吉尔提出强烈抗议，既抗议此次登陆把他晾在一边，使他一无所知，又不满这项天方夜谭式的不现实任命。在当地，除美国为此事感到越来越尴尬外，所有人都想要他的脑袋。在被杀的头一天夜里，达尔朗宣称，他非常清楚起码有四个针对他的阴谋正在进行。但他没有采取任何逮捕措施。他被他生命垂危的病儿子搞得筋疲力尽了。

　　盟军后来把海军司令的儿子阿兰·达尔朗送去美国并成功地治愈了他。在此期间，海军司令的脑袋不仅仅被维希政府和柏林方面悬赏，吉罗派分子、戴高乐派的人、英国人以及保皇主义者都希望他从此销声匿迹。帕瑞斯伯爵此时正在阿尔及尔，他嗅到了这件事情的风云变化。他企图重塑自己干净纯洁的形象，在几个月之前，就大张旗鼓地宣扬他同法国行动没有关系。

　　达尔朗感谢警察对他的保护，只能在机动摩托卫队的护送下，快速乘车离开。他看见阿尔及尔街头的墙壁上，清清楚楚地写着

第三章　无忧的巴黎

"处死达尔朗"。抵抗运动的报纸《战斗报》的大标题是《海军司令的日子屈指可数了》。

在 1942 年 12 月 24 日的这天下午，阿尔及尔市阳光明媚。最高行政专员夏宫的官邸中，来了一个年轻人。他声称同路易·若克斯有约见，其实他非常清楚对方不在。根据证明材料，他在院子里或达尔朗办公室的过厅中等了一些时候。下午 3 点，他看见海军司令达尔朗在他的侍卫队长乌尔卡德海军中校的陪伴下，向他的办公室走去。年轻人突然出现，用手枪果断地朝达尔朗射击，子弹击中头部和胸部。行凶者立即被制服和逮捕。海军司令的头骨、肝脏被打穿但并未断气。30 分钟后他才被送到迈罗医院。他卧病在床的独生儿子，就住在这家医院里。

阿兰·达尔朗在专门为他父亲写的书里，为了搞清那次谋杀的细节，曾询问过乌尔卡德中校，这位屠杀现场的见证人说："我当时跟在你父亲身后，我们两人都很轻松愉快。我刚刚对他说，为什么几句很平常的玩笑竟惹他如此开心。我听见他爽朗的笑声在狭窄的走廊上回荡。我们走进过厅，一直走就到你父亲的办公室。我这时向右边转身以便进我的办公室。但见一个穿着入时的年轻人出现在你父亲办公室门口。……我听见第一声枪响，立即转过身，见你父亲已跌倒在他办公室的门口，口中发出很微弱的呻吟声。"[82]

谁开的枪？他的名字叫费尔南·博尼埃·德拉沙佩勒。他的形象被描绘得五花八门，使权力机构、新闻记者以及其他所有的想要除掉海军上将的阴谋家、空谈家和激进分子如坠五里云雾中，始终摸不着头脑。有时一个人就有两种不同说法。说杀人犯"二十岁但显得只有十三岁"。[83]他生在阿尔及尔，父亲是新闻记者。有一位共谋者是开车送他去杀达尔朗的司机，他近距离观察过此人："费尔南·博尼埃·德拉沙佩勒身体靠在车上，等待出发。是一个身材高大、面容漂亮的小伙子。"审讯时，杀人凶手称武装他的那个人为"良师益友",是一个名叫科尔迪耶的教士,一个颇有威望的年轻保皇主义者,帕瑞斯伯爵的亲信。博尼埃对这位教士十分崇拜,教士的身份是部队的中尉,此时担任着阿尔及利亚地方的乡村神甫。奥兰省议会主席保罗·索兰描述这位神甫时说他"是一位金发青年,有着天使般的面容,举止文雅而温柔"。历史学家亨利·米歇尔评论说:"这位天使是一个喜欢同人争论的修士。"在询问阿夏尔行政专员时,他说这位神甫只不过是"神经质"。这件事看来只是一对同性恋情侣精心准备的一次报复行动。他们大概知道,几个月之前,达尔朗通过立法对同性恋者进行迫害,特别是关于21岁以下年轻人的条款,涉及科尔迪耶。总之,天使把枪给了这个孩子。然后指使他去开枪。人们还听说,这个孩子在跨进夏宫大门之前,还向神甫进行过忏悔,请求对他的罪行的宽恕。谁知道真实情况如何呢?

由于一些内部秘密材料难以寻找,达尔朗谋杀案的"官方"陈述阅读起来很不清楚。材料来源混乱,调查也不全面,因为博尼埃在事发后第三天被处死了,未经正式起诉。比如,有人说在他身上找到大量美金以及一些到西班牙避难的假证件。这位年轻人说,刚被捕时,他还希望他的同伙会来帮他越狱逃跑,更希望政治气候突然转向,会赦免他这个民族的"拯救者"。他也可能说,这次暗杀是戴高乐派抵抗运动小组,即"五人小组"的主意,亨利·达斯捷·德拉维热里是这个小组的成员。这件事是一个真正的迷魂阵。

戴高乐一点儿也不喜欢美国人在阿尔及尔出现。正如米歇尔·朱诺所描写的:"在伦敦的戴高乐自从他的反对达喀尔行动遭惨败以后,强烈不满美国在北非的行为,他将其视为一种占领。……当得知行动已经进行时,他立即骂道:'下流坯,但愿维希政府把他们都扔到海里。'"[84] 不过戴高乐并没有提高他的声调。他是孤立的。在被纳粹侵略的欧洲国家中,法国是与敌合作得最积极的。在伦敦，并没有一个真正意义上的法国流亡政府，而比利时人、荷兰人和挪威人在那儿都非常活跃。

在阿尔及尔，世事多变，祸福难测。英俊的科尔迪耶神甫把帕瑞斯伯爵视为真正的幕后主使者。达斯捷的未亡人1982年作证，说他的观点是正确的。但是，博尼埃·德拉沙佩勒在他的证词中肯定："达斯捷先生根本不知他本人的个人行动。"他似愿大包大揽，说他是唯一的责任人。那么，藏在天使科尔迪耶身后的究竟是谁呢？他后来承认："消灭海军上将的命令是帕瑞斯伯爵下的，但开绿灯的人是戴高乐将军。"[85]

年轻人还说他很佩服贝当。的确，自从游击队成立之日起，他就放弃了在巴黎斯坦尼斯拉夫学校的有很大前途的职业，违背父母的意愿毅然参加了游击队。相反，七个星期之前，他刚刚积极投入美国在阿尔及尔建立权威地位的活动，他当时参加了反叛行动，那些参加者后来并未被清洗。但在同达尔朗达成协议之后，这些人就像瘟疫一样，对他避而远之。达尔朗被谋杀后，其中一些人以"对骚乱知情不报罪"遭到逮捕。为了混淆视听，年轻人还把自己说成是保皇主义分子，并认定，是帕瑞斯伯爵手下的打手鼓动他去进行这个刺杀行动的。帕瑞斯抗议这些"令人厌恶"的指控。很明显，尽管他有夺取权力的愿望，但在当地他不拥有任何可靠的支持，包括他的阴谋活动。

所有假设都显得十分脆弱，除了我们上面提到的年轻的杀人者和神甫两人之间的暧昧关系之外，两人都是天主教的虔诚信徒。所有的历史学家，特别是达尔朗的传记撰稿人和"火炬"行动的历史学家似乎都默认了这件围绕着60岁老人的谋杀案是永久秘密。因此，《占领时期的全国海军》一文的作者瓦西里耶夫海军上将，在其文章的结尾处写道："达尔朗谋杀案的迷雾还远远没有澄清。"[86]同时，又有另外两个人物出来作证，冒称达尔朗谋杀案由他们负责。[87]

丘吉尔从伦敦发来电报:"我希望受到指控的是德国人和他们的追随者。"这一点是做到了。一个 24 小时的全面消息封锁体系建立起来,圣诞节过后,召集了一个特别的快速法庭,加速了对杀人者处决的程序。电台很快发布了如下告示:"北非的居民们,海军上将达尔朗刚才倒在了他的岗位上。他为了符合法国人民的愿望,站在同盟军一边,采取了反对德国人的战斗行动。他们不能原谅他,因而成了他们的牺牲品。但敌人的阴谋终将被挫败。"

美国人搞不懂杀人案的确切根源,但心甘情愿地在他们的电台上做煽动性的宣传,说谋杀是德国人雇人干的,他们担心德国飞机要对阿尔及尔进行闪电式空袭。因此,正如米歇尔·朱诺所说:"处于警戒状态下的美国军队,把他们的坦克停在交通方便的要道。为了掩护这些战车免受德国空军的突然打击,一些制造烟雾的装置放置在城市的高处,制造出来的烟幕覆盖整个城市,给人以一种梦幻般的感觉。"[88]

12月25日下午,也就是谋杀进行后的第三天,在美国人放的烟幕中,费尔南·博尼埃·德拉沙佩勒被判处死刑。帕瑞斯伯爵在他的回忆录中写道:"诉讼进行的过程和方式,仓促草率、断章取义,军事法庭开庭时间是从午夜到早晨八点,这一切使我深感震惊。我所到之处遇到的都是捉摸不透的、带有敌意的面孔。人们忧心忡忡,生怕事件的真相被揭露出来,以至三缄其口,对这个年轻人的名字都不肯提及。这是一桩有名无实暗箱操作的审判,是无视被告人辩护权利的审判。"[89]

费尔南·博尼埃·德拉沙佩勒是在圣诞节后第三天下午5点被执行死刑的,甚至在达尔朗下葬之前。走在达尔朗葬礼队伍最前面的有艾森豪威尔和吉罗。戴高乐和盟军之间的对话看来就要恢复了。

1943年1月9日，吉罗将军接替了达尔朗的位置，他下令重新调查这件奇怪的谋杀案。这一令任何人都不满意的孤立案件再次浮出水面。正如另外两位达尔朗的传记作者所说："几个放荡不羁的狂热青年在一种恶劣的气氛中的这种表现是可能的，也是说得通的。"[90]还有一些迟到的报告，对调查进行补充，比如加里达西专员的报告，他曾审问过博尼埃，这份报告是在死刑执行后8天才送到阿尔及尔行政长官手里的。戈拉尔上尉也在死刑执行之后，提供了一份口头证词，这也是这位20岁青年死前最后见证人的证词："12月25日到26日之间的夜里，是我看守这位达尔朗将军的行刺者。这位年轻人对我谈了各种不同的问题，其中有些问题涉及促使他前去刺杀海军上将的原因。"杀人犯说："时间是非常紧急的，违背总体利益的人必然被处死。最终，我有两条出路：或者我被赦免，这没有任何重要意义；要么我被枪毙，这是我的朋友们让我倒下的。"吉罗将军合上了这位快速判决的刺客的很不完整的卷宗，决定立即停止一切调查，以免再次沉渣泛起，煽动狂热情绪。什么沉渣？什么狂热情绪？我们完全不知道。所有的人最后都庆幸达尔朗的消失。帕瑞斯伯爵于两个星期之后，神不知鬼不觉地被逐出了阿尔及利亚。[91]

科尔迪耶神甫被关了10个月监狱后放了出来，戴高乐为他恢复名誉。费尔南·博尼埃也在3年后的1945年12月21日，由上诉法庭重新判决，以追认形式给他平反。重判词中说："达尔朗的所作所为违背了法国的利益，因此，博尼埃的行为是正义的，是符合法国解放的利益的。"戴高乐也从来不说是对达尔朗的谋杀，只说是"处死"。正如库托-贝加里和克洛德·于昂所认为的："在事件发生后的两个10年中，人们又得到了一些详细的补充材料，但离把事件真正搞清楚的日子，还差甚远。档案被封锁着，同谋策划的人，由于同自身的性命攸关互相紧抱在一起，实行彻底的缄默策略，一个接一个地把秘密带进坟墓。"[92]

关系到达尔朗的最后的也是最卑鄙的争斗还在继续，1947年，法国政府下令取消为达尔朗树立的上面刻有"为法兰西而亡"的纪念碑，人们对此没有什么反应，只有达尔朗家族的公证人，为此进行了一场锱铢必较的法律斗争。的确，"为法兰西而亡"几个字能免除他的继承人上交遗产税。

所有人都解放了吗？

1942年，由于达尔朗将军的关系，对同性恋的歧视又恢复到旧制度时期的状态。1942年还写下了法国犹太人最黑暗的篇章。他们的地位早就被1940年10月和1941年6月颁布的法令所决定。在占领区，德国人于1942年5月29日下令，所有6岁以上的犹太人，身上都必须佩戴黄色星形符号。再以后，1942年7月16和17日，维勒·迪胡的大搜捕，将3 000名男人、4 000个儿童和6 000名妇女送进集中营。在未占领区，7 000名犹太人于1942年8月被维希政府出卖。同年11月，南部地区被占领。在1942年春到1944年夏这段时间，有76 000名犹太人被强迫离开法国。根据塞尔日·克拉尔菲尔德先生的研究，回来的只有3%。

解放后，戴高乐临时政府联合共产党人一道，成立了一个司法委员会，负责清理调查被占领期间的司法机器，净化法律法规。这个委员会撤销了大量反犹主义的法令和法律条文。但没有一个人出来建议，要求撤销达尔朗空想出来的、由贝当下令颁布的仇视同性恋的法律。[93]

小说《奥恩的国王》的作者（此书1998年被沃尔克·施洛恩多夫拍成电影）米歇尔·图尼耶表示了他纯属个人的推测："这条法律是维希政府在德国人的压力下通过的，是与那些反犹主义法律同时投票表决的。对纳粹来说，犹太人和同性恋是一码事，一个半斤，一个八两，彼此彼此。解放之后，法国右翼分子可能并未一心要求保留这一双重法律。但是，美国军队来了，他们是不允许保持反犹主义法律的。应该将其废止。"[94]仇视同性恋的法律于是得以保留。人们也许会对马泰奥利 2000 年 4 月所做的关于解放的乐观主义总结感到惊奇，他说："虽然迟迟未表示出来，但其政治意志是毫不含糊的，维希政府采取的所有措施，凡是涉及歧视方面的措施，从一开始就是毫无价值的。"[95]

1945 年 2 月 8 日，戴高乐和他的司法部长弗朗索瓦·德·芒东共同签署了一条法令，重新确认并解释了法国刑法第"331"条："这项改革措施是出于预防未成年人犯罪的考虑，从原则上说，它不会引起任何责难。因此对无论何人，凡是与同性别成年人或 21 岁以下的青少年犯猥亵罪和鸡奸罪者均处以 6 个月到 3 年的监禁，以及 200 法郎到 5 万法郎的罚款。"任何人都不会把同情同性恋和反犹主义两者联系在一起。[96]何况，在全国光复的领土上，阿尔萨斯人经历了从"175 条款"到贝当元帅的"331 法令"。

在莱茵河彼岸的德国也有同样的反应。杰勒德·科斯科维奇写道："帝国败亡后的几十年间，德国的男同性恋者就没享有过真正的法律方面的自由。新制度理所当然地取消了纳粹的流放和集中营政策，但在 50 年代，德国最高法院拒绝撤销、修改纳粹带来的'175 条款'。法院的可怜论据，是建立在这样的信念上：接吻、抚摸以及同性恋的荒唐行为并不构成违法。因为，根据法律条文，这些改变'并不是国家社会主义理论的典型表现'。这条法律产生于同性恋遭受迫害最为恐怖的时期，整个欧洲都经历了这个时期，它一直被严格执行，东德执行到 1967 年，西德到 1969 年才结束。"[97]

直到 1954 年，姗姗来迟的法国第一个同性恋协会诞生了，他们刊物的名字叫 Arcadie，它受到希斯菲尔德运动的鼓舞，也得到法、德双语同性恋杂志 Der Kreis（此杂志 1932 年到 1967 年在瑞士印刷出版）的帮助。[98] Arcadie 的创始人是安德烈·博德里。他为了发展协会和他的刊物，邀请让·科克托、安德烈·纪德、马塞尔·茹昂多和罗歇·佩雷菲特当顾问。这是一个相对松散的集体，不可能长时期支撑下去，尽管该杂志文化品位是非常严肃而高尚的。

　　Arcadie 于 1960 年 10 月发表了一篇署名为卢西亚诺·马克西莫的文章，标题是《关于奥斯维辛的鸡奸》。这位从集中营里出来的证人说，在几个星期之内"大量的同性恋者被人不动声色地杀死，也有些人是超强劳动累死的，有的胳膊和腿已被打断，人数在三百到四百之间"。但，这一零星的个别证词对阿尔萨斯地区和莫泽尔地区那些关押在集中营里的同性恋者的情况而言，完全说不通。Arcadie 于 1982 年停办，它并没充分展现这一历史事件，甚至也没有对这一历史上悲剧时期的证词进行法律申诉。这一冷漠和无所作为的态度非常令人遗憾，特别是这份杂志是 50 年代和 60 年代中，全法国同性恋者唯一的一条连线。这一代人，他们心中仍然铭刻着被占领时期的那些残酷事实，他们被吓坏了，心有余悸。但还有时间进行回忆和收集证据。不过，到目前为止，这些回忆和证据实在是太少了。

　　至少应该开始承认，在那一代人中，某些同性恋者明显地摇摆不定，正如从 1945 年起，人们能够在瑞士同性恋刊物 Der krais 上读到这样的文字："人们不能掩盖这一悲惨的事实：在过去的 10 年当中，男人之间的爱情是在为邪恶的思想意识形态服务。很多人从这一丑恶的错误中觉醒得太迟了。"[99] 沉默支配着整个大屠杀。正如被占领时期巴黎的同性恋者采取消极态度，他们自愿沉浸在夜生活之中，事后又希望忘得干干净净，以至解放之后，证据缺乏加上

第三章 无忧的巴黎

可怕的健忘症使人们的记忆消失,造成后来几十年间的同性恋问题全面非政治化。Arcadie 希望把人们的注意力集中在"宽容"这唯一的焦点上。宽容这一价值观念在 70 年代被帕索利尼和博里粗暴地抛弃。帕索利尼说:"宽容是不能容忍的。"另外,宽容常常和监督互为表里,一唱一和。能证明警察局这种老一套方法的文件并不少见。

就在国民议会把同性恋形容为"社会瘟疫"的几个月之前,即 1959 年 1 月,司法警察局局长费尔内先生发表了一篇署名文章《同性恋和它对犯罪的影响》。文章阐述道:"对于警察局来说,它所关心的是如何很好地了解这一群人,如何尽一切努力辨认其成员的身份。"他解释说:"总之,这是一个秘密的、封闭的世界,在那儿,找证据是很难的。那儿的人很小心谨慎,想得到情报或要他们举报事实上是不可能的。在这方面,应验了那个著名的格言'没有好情报就没有好警察'。只有在平时的巡逻中进行民事调查和询问,特别是对那些性反常者进行的询问中,能收集到一些资料。这些资料,总有一天会对警察追捕淫业人员和杀人犯派上大的用场。"最后他说:"这个问题在理论上意义不大,主要是在实用上,它在维护公共秩序方面意义重大。这也是一个预防问题,人们有责任为对抗某些理论做斗争,这些理论导致这个阶层人数扩大。使犯罪率大大上升。"[100] 同一年,即 1959 年,让·科克托当选为戛纳国际电影节评委会主席。

这时戴高乐将军回来执掌政权。面对恢复堕胎权利的呼声,态度越来越坚决。鼓励生育派的目标一直都很高。性道德这时又提上了日程。[101] 一条法律呼之欲出,那就是在刑法上强化对同性恋性犯罪的惩处。1960 年 7 月 18 日,同性恋被列为"社会瘟疫"之一,同结核病、娼妓和酗酒的地位一样。这个议案是戴高乐派议员保罗·米尔盖提出来的,他是莫泽尔省的议员。此人活到 90 岁高龄,于 2001 年 5 月 22 日去世。

保罗·米尔盖是一位真正的爱国者,他在抵抗运动组织里的名字叫叙尔库夫上校。他是虔诚的天主教徒,战争中同一个叫皮埃雷特·马克思的女人结婚。解放后,他在梅茨市政府任职期间,促成拨款支持重建圣泰雷兹教堂。戴高乐夺回政权后,他参加了 UNR(保卫新共和联盟)。1958 年到 1962 年,在他唯一担任的一次公职期间,提出了一个立法修正案,责成政府"采取一切措施,打击同性恋"。在国民议会的发言中,他说:"我认为久拖不决是没有意义的,因为你们所有人都意识到这种瘟疫即同性恋瘟疫的严重性,我们有责任为保护我们的孩子而抗拒这种瘟疫。"还有其他很多乱七八糟的理论,如防患于未然啦,人口增长啦,通用上了。他的修正案在众人的嘲笑声中,几乎是一致通过(只差两票),其中包括左派的票。这种现象是一种病态,时至 60 年代,还在如此歧视和反对同性恋。

保罗·米尔盖是一个神秘人物,他 1911 年生于当时还属于德国的梅茨,他应该是非常了解战争时期阿尔萨斯和莫泽尔的法律法规的。在这场战争中,他成了一名杰出的抵抗运动战士,他隐约看出他所在地区的同性恋者,在德国法律的统治之下将会是什么样子。[102]解放以后,他被任命为军事法庭主席,负责审理附敌分子的罪行。因此他可以站在最有利的位置上,考虑民法和军法中那些仍然有效的和已经撤销的法律法规问题。解放后,进入第五共和国时代,他经过在粮食部门短暂的过渡之后,成功地获得了负责在法国各地重建所有农产品冷藏库的任务。当然,早在战争爆发前,他已经是梅茨冷藏库方面一位年轻有为的负责人了。2001 年 5 月 24 日,洛林的地方报纸《共和报》评价他是"一位冷冻方面的先驱"。[103]

莫泽尔人应该很赞赏这个在 1940 年到 1960 年间保持不衰的"冷藏系统"。1971 年,源于 1968 年事件的同性恋运动把他们发行的两份报纸之一取名为《社会瘟疫》。"快乐同性恋俱乐部"在庆祝其40周年纪念日的时候，打出了横幅标语，上面写着"敌视同性恋是社会瘟疫"，用以纪念那次造成我们先辈们诸多不幸的灾难性的投票。这些"道德因素"的突发事件总是出现在一个民族历史的困难时刻：维希政府和它的失败、解放和被迫与共产主义联盟、后来的1960年和非殖民化运动。

历史的不可思议的沉默

欧洲解放之后，那些坐过牢、受过刑、有时甚至还在拘留所和集中营里待过的同性恋者都沉默了。抹去了盖世太保行刑者那些致命的侮辱，忘记了那些严刑拷打强迫他们辨认档案照片的伤痛，噤口不提那些在身上贴标记等屈辱性待遇。这些可怕沉默并非完全不可理解。不仅因为在当时情况下他们经历的那些悲剧是孤立的，更因为当时没有任何一个团体站出来对这种明显的压迫现象施以援手。德国牧师、抵抗运动成员马丁·尼默勒对于犯罪者的怯懦心理，有生动的描述："当他们来找共产党人时，我不说话，因为我不是共产党。当他们来找社会民主党人的时候，我不说话，因为我不是社会民主党。当他们来找犹太人的时候，我不说话，因为我已经在集中营里了。后来他们来找我的朋友，而这时不再有任何人愿意或可能提出申诉了。"[104]

这种空洞的绕口令似的叙述，毫无疑问有些东西是他记忆的混乱，这种因同性恋问题而关进集中营的囚犯，常常把自己的影子当成无声的幻象。当然其他性质的囚犯也有类似情形。我们很赞成西蒙娜·德·波伏瓦的看法："战争的重负还压在我们身上，它好像一具巨大无比的死尸，我们背着它，不知道把它掩埋在何处。"[105]

重新获得自由以后，同性恋者终于明白，所有他们各自国家的法律，都还是要继续惩治同性恋的。不过，夜生活还是照旧进行。他们把过去忘得干干净净，继续打发着没完没了的无聊岁月。同性恋者曾经是第一批被关进集中营的犯人。10年以后，三分之二的人死掉了。到解放的时候，他们非常感谢留在黑暗时期的阴影中，因为考虑到他们也可能犯了某些罪恶。

同法国维持贝当的法律一样，同盟国中严格的仇视同性恋的法律也延续几十年。逃脱了纳粹魔爪的同性恋者，轻罪罪犯们，除了应该保持沉默而外，还必须要在所有的议论中继续同其他普通法律保持一致，继续充当那场封闭的噩梦的同谋者。最糟的情况是：某些德国的同性恋者要返回到德国的监狱中，去继续他们的悲剧命运。他们要在那儿依照"175条款"接受判决。对某些人来说，他们的刑期不扣除他们在集中营待的那些年月。历史学家吉勒德·科斯科维奇证实："证据表明，同盟占领军把被关押的同性恋按传统的惩戒制度对待，视他们为性犯罪，认为他们在纳粹统治下受的惩罚是罪有应得，解放后，他们应该继续服刑。"[106]

直到1969年，德意志联邦共和国还要保留"175条款"，对纳粹执行此条款的严重罪行轻描淡写，将其视为"正常的"立法程序。认为不能由他们来撤销，因为该法律在纳粹之前已经有了。德意志民主共和国直到1968年，在该法律废止之前，才重新审查其原文。两个德国统一之后，直到1994年6月11日，才完全废除这条针对同性恋者的特别法律。德国国会于2000年12月7日投票通过决议，慎重向同性恋者道歉，请他们原谅"175条款"的执行，使他们在1933年到1969年间受了极大的痛苦和屈辱。以上这些日期说明，同盟国的胜利和解放根本未能解决这个问题。1949年到1969年间，西德有10万以上同性恋者为这个"175条款"担惊受怕。[107]

人们很少知道，在美国，有很多欧洲同性恋流亡者和很多搞同性恋的美国人参军入伍。他们在星条旗下，前去解放法西斯统治下的欧洲。珍珠港事件之后，华盛顿开展了大规模的征兵运动。急需士兵的美国军事当局，对大量同性恋应征者睁一只眼闭一只眼。这些参加战斗者，有些成了真正的英雄，也有些是无名英雄。美国军事机关的档案表明，对这类人的征召入伍，引起军中一种很特别的气氛，在海军的舰艇上尤其明显。大量丰富多彩的庆祝活动常常在即将开赴战场的战舰上举行，意外事故从来没有发生过。战斗中幸存下来的英勇士兵都参加了太平洋海军庆祝胜利活动，其中很多人是同性恋者。

但是，这些人享受胜利带来的喜悦时间并不长，各个国家的士兵很快就排斥他们，认为他们不配有这种荣誉。事实上，在日本投降以后，美军参谋部清洗了数千个军中人员，突然宣布他们为不受欢迎的人。麦卡锡主义就要到来了。那些自己承认是同性恋的美国海军士兵，同那些被怀疑、被揭露为同性恋者的水兵们一样，通通被逐登岸。主要登岸地点是旧金山和洛杉矶港的码头。至于美国士兵，也有数千人被解雇，他们都定居在丹佛和芝加哥。五角大楼于1945年宣布，美国军队已最终摆脱了同性恋者带来的麻烦。为了阻止各种形式的"渗透"，军队的征兵人员总随身带着一本被视为教科书一样的小册子，以帮助他们辨认谁是性反常的同性恋者。美军参谋部利用保健医生们的负面回忆做宣传，毁掉数千人的生活，即那些黑暗年代的自愿兵的生活。他们被遣散、被解雇，不准他们互相辨认和出来作证。这些同性恋者不愿意或者说也没有可能重新回到他们故乡的土地上，他们搞同性恋的传言早就传回去了。欧洲刑罚法规对同性恋严厉的镇压手段也使那些欧洲籍的同性恋者望而却步，不敢踏上还乡路途。

这些被解雇遣散的军中同性恋者，身无分文。在50年代和60年代之际，他们甚至付不起住在旧金山和洛杉矶的哪怕最便宜的房钱。于是他们同邻居以及其他同命运的人一起，在城市生活中，重新组织起一个新的社会团体。这种形式完全不同于他们柏林上一代人的做法。因为与20世纪初相反，这些人既非被金钱诱惑，也不是卖淫使他们一下子联合起来的。这个团体的诞生，有很大的偶然性和突然性因素，也有城市中那种非常缺乏的几乎同集中营一样的人与人之间的社会关爱的因素。为了活命，他们凝成新的兄弟情谊，生活上采取饮食起居在一起的大家庭形式。他们的这些生存港湾尚未被世界各大城市的特权浪潮所侵袭。在纽约，大都市的千奇百怪现象不可避免地重复着。在柏林，"金屋"夜总会早在10年前就被纳粹封了门，将其改为征兵中心。原先的地址上再也没有柏林的夜总会了，但有一家高级的纽约人酒吧，地点就在第七街和第四十五街的拐角处，人们在饭前常常西服革履地在那儿喝一杯开胃酒。

这些定居美国西部的旧军人，在战争结束数年之后，发起建立美国同性恋运动组织，一点也不令人感到惊奇。[108]《解放报》记者、盖伊·奥克汉姆的朋友米歇尔·克雷索勒写道："纳粹分子对希斯菲尔德研究中心的搜查和封锁表明：一种疯狂的文明，将以它的宣言、它的出版物、它的酒吧以及它的男娼市场，肆虐30年之久，柏林1905年时的男妓比巴黎现在还要多……1933年后，一切都销声匿迹了，同性恋长期流离失所。直到50年代末在旧金山，第一批军队中的同性恋者，在那儿从零开始，建立家园。"[109]

这次残酷"清洗"显然是针对这些参加战斗的年轻人，尤其是在海军中作战的年轻人的，他们突然被解雇，被遣散，而且还给他们加上一个侮辱性的罪名。一直要等到1996年，比尔·克林顿再次当选，连任美国总统后，才对美国军事法律进行修改，法律说"Don't ask, don't say"，翻译过来是"不要问，不要说"，由参谋部下令，要同性恋者火速回到他们原来的队伍中，认为这种倾向并

第三章　无忧的巴黎

不具有明显的危害性，这条修正法律不允许大量解雇军队中的同性恋者。[110] 英国的托尼·布莱尔政府直到 2000 年 1 月，在"欧洲人权裁判所"裁定之后，才下令在英国军队中采取宽容立场。[111]

同性恋者的悲惨命运一旦被人们遗忘，被抛到一边无人理睬，他们就背负着沉重的压力，从而不敢提及纳粹主义对他们的残酷迫害。因为那个时代留下的关于他们的形象是不光彩的。很久之后，某些证人出来说话了，新的欧洲同性恋运动搜集了一些翔实可靠的证据，最终才得以旧事重提。数十年间，众多的知识分子都把欧洲的悲剧完全忘却了，而历史学家们只记述那些最"典型"的、最有"政治"价值的囚犯。一些证人和很多的历史学家致力于建立一个解放的神话，而这个神话远不是属于全世界人民的。

注释

[1] 让·布瓦松引自《粉红色三角》，第 74 页。

[2] 纽约 Basic Books 出版社 1994 年出版（也将在 Fayand 出版社出版）。一些章节曾在《社会科学研究学报》125 期上发表，Seuil 出版社 1998 年 12 月出版，第 10 页。

[3] 参阅精神分析学家 Chanlotte Wolff 所写的希斯菲尔德传记《马格努斯·希斯菲尔德，性医学的先驱》，伦敦 Quartobook 出版社 1998 年出版。他曾同希斯菲尔德一起搞过研究。也可参阅 Claude Mancy 著作 *Mémoires d'un trans* 中，对希斯菲尔德大量的介绍文字，该书 1937 年由巴黎 Monaco 出版社出版。

[4] 在那些年代里，德国大摄影家犹太人和同性恋者 Henlent List 也居住在巴黎，他成了 Brassaï、Doisneau 和 Cocteau 的朋友。战争使他到了希腊，他没有从希腊逃往美国。解放后，他为占领当局拍摄废墟中的慕尼黑照片。1949 年，由于 Rohert Capa 的关系，他来到 Magnum。Herlert List 1975 年死于慕尼黑。

[5] 也可参阅希斯菲尔德传记的补充资料，Autrement 出版社出版，Ralf

Dose 编著，Olivier Mannoni 翻译，第 154～157 页。

［6］参阅 *Voilà* 杂志，1932 年 4 月 9 日号，杰勒德·科斯科维奇档案资料。

［7］参阅 *Voilà* 杂志，1933 年 7 月 1 日第 119 期，第 5～6 页。

［8］詹姆斯·斯特克利，弗洛朗斯·塔马尼引，同前书第 102 页。

［9］希斯菲尔德中心的破坏引起了一个网站的注意，他们想重新恢复研究中心的工作。内容出现在屏幕上，要想破坏它，就不像 1993 年在柏林时那么容易了（参看 www.chez.com/triangles）。

［10］关于王尔德，也可参阅 Jeffrey Weeks 上的文章 *Coming out*，这是一部关于同性恋解放历史的早期著作之一，伦敦 1979 年出版，也可看 Brian Gilbert 拍摄的关于王尔德的影片，影片于 1998 年完成。

［11］弗洛朗斯·塔马尼：*Homosexualité, expression/répression*，同前书，第 45 页。从历史学家米夏埃尔·西巴里保留的资料中，他们读到："有时历史学家想不惜一切代价，看到历史的突然改变，那只不过是幻想。这就是弗洛朗斯·塔马尼最近的书中出现的情况。她似乎相信，20 年代为同性恋和女同性恋开设的酒吧以及她觉察出的同性恋身份问题几乎是以前没有发生过的事情。"（见 *Triangul'ère* 2000 年 12 月第 2 期《一种文化的历史》，第 302 页）

［12］英国司法歧视这项最后保留下来的条款，英当局 2000 年 1 月 12 日针对英国同性恋斗士发出了禁令，禁令使每年有 60 个左右的人被驱逐。这项行动是由布莱尔政府的国防部长 Georff Hoon 倡议执行的。（见 *Libénation* 报 2000 年 1 月 13 日号）

［13］王尔德讼案之前，还发生了 Cleveland Street 丑闻。正如弗洛朗斯·塔马尼所说，这是他们给新闻界送的大礼，感谢他们揭露了"同性恋妓院的存在，并且牵连到 Galles 亲王的儿子 Albert Victor 王子，也牵连到声名赫赫的达官贵族以及年轻的电报送报员"，见 *Mauvais genre*?，同前书，第 89 页。

［14］作品于 1899 年在法国 Mercure 出版社出版，1982 年 Persona 出版社再版。

［15］参阅 Mirande lucien 著 *Akademos*，里尔 Gay Kitsch Kamp 出版社

2000 年出版，第 10～13 页。事实上，法国第一份同性恋杂志 *Akademos*（1909—1910）就是在那种恶劣环境准备和发行的，当时调子非常高，但有严重的精英主义倾向和厌恶女人观点。杂志的创始人 Fersen 同希斯菲尔德和费克乌德进行联系后，很快就放弃不干了，他成了司法干扰的牺牲品。不久他的总编辑 Raymond Laurent 在威尼斯的圣·马克广场自杀身亡。传说他当天准备同正逗留在威尼斯的让·科克托有一个约会，还说他是在诗人的儿子布里安·王尔德怀中断的气。布里安·王尔德当时正好也在这个著名的地点，他是听到警报声跑过来的。

[16] 参看 *Akademos*，同前书，第 44 页。

[17] 伊丽莎白·巴丹泰：《XY 的男性身份》，巴黎 Odile Jacob 出版社 1992 年出版，第 151 页，该章标题为《19 世纪之前鸡奸者的地位》，此书在皮埃尔·哈恩的作品中被大量引用。

[18] *Gai Pied* 1979 年 5 月第 2 期，《同让-保罗·阿隆的谈话》，皮埃尔·哈恩和让·勒比图收集整理，第 14 页。

[19] 也可参阅米歇尔·福柯的《性史》卷 1，巴黎 Gallimard 出版社 1978 年出版。

[20] 克里斯蒂安·博内洛，参阅他 1998 年 12 月 4 日在 ENS 的演讲，发表在 *Homosexualités, expression/répression* 上，见前书，第 74 页。

[21] 雅克·宣尔坦：《告别正常生活》，同前书，第 32 页。

[22] 参阅皮埃尔·哈恩：《我们的先辈，反常的人》，巴黎 Olivier Orban 出版社 1980 年出版，第 74 页。

[23] 《同让-保罗·阿隆的谈话》，见 *Gai Pied* 1979 年 5 月号。

[24] 这份忏悔 1979 年在 *Gai Pied* 上分三次连续刊登，前言中有左拉致洛普博士的信。但正如让·达内在 1997 年 6 月一次关于"同性恋和法"的讨论会上所指出的："我们需要的不是一篇漂亮的结论，说明我们在 19 世纪，有多么自由，说明我们同维希政权有多么的不同。其实，如果我们的刑法和法官，稍微关注一下整个 19 世纪同性恋情况的话，毫无疑问，在法国，家庭对私生活的社会监督就会有效得多。男性卖淫在城市中的发展，我认为是同性恋爱情转入秘密状态的另一个迹象。刑法在这方面只能做最低程度的干预，

因为，在它之前，社会已经容许了这种爱情存在的可能性。"（巴黎大学 X-Nanterre，PUF，1998 年 5 月在 Daniel Borillo 主持下出版，同前书，第 100 页）

[25] 克里斯蒂安·博内洛，同前书，第 100 页。

[26] 皮埃尔·哈恩引自《我们的先辈，反常的人》同上书，第 76 页。

[27] "巴黎城市演变的观察"最近出了两本很有分量的书：《黑暗的 12 小时，19 世纪巴黎的黑夜》，Simone Delattre 著，Aain Corbin 作序，巴黎 Abin Michel 出版社 2001 年出版；《巴黎：19 和 20 世纪一个城市的历史》，Bernard Marchand 著，Seuil 出版社 1998 年出版，收入 Points 丛书中。

[28] 弗洛朗斯·塔马尼，同前书，第 45 页。

[29] Grasset 第 134 页。

[30] 吉勒斯·巴伯代特引自他同米歇尔·卡拉松合作的作品，巴黎 la Renaissance 出版社 1980 年出版。吉勒斯·巴伯代特还同弗兰克·阿尔纳合作，为 Gai Pied 写了两篇长文，描写疯狂年代中的巴黎和柏林（1980 年 1 月和 1981 年 4 月）。

[31] 勒内·克勒维尔：《我的躯体和我》（*Mon corpo et moi*），巴黎 Boungois 出版社 1984 年出版，第 82 页。杰勒斯·巴伯代特引自《病狂年代的巴黎》，Gai pied 出版，同前书。

[32] 马塞尔·格朗谢 1937 年作品《里昂灭尽》（*Lyou Lacendrée*），此书 1955 年由 Piene Mac Orlan 作序后，作者进行再版。其摘要在 *Mémoire Gaie* 杂志 2001 年 9 月第 2 期上登载，第 4 页。Michel Chomarat 领导的这份杂志，正在同里昂市合作，进行城市及其同性恋居民的回忆收集工程。

[33] 引自《希特勒上台》，同前书，第 342～343 页。

[34] 诺贝尔·费棘，《动乱年代》，同前书，第 947 页。

[35] 参阅雅克·吉拉尔：《清国同性恋运动的历史》，巴黎 Syros 出版社 1982 年出版。

[36] 关于该杂志负责人的监禁和罚款，可参阅吉勒斯·巴贝代特的著作，同前书。

[37] 罗歇·马丁·迪加尔：《杰出的人：关于安德列·纪德的笔记》，

(1913—1951)，Gallimard 出版社出版，第 1375 页。

[38] 安德烈·纪德：*Conydon*，巴黎 Gallinard 出版社 1981 年出版，第 28 页。

[39] 参阅 *Homosexualité expression/répression*，同前书，第 97 页。

[40] 弗朗索瓦兹·德马蒂努瓦尔：《忙碌的文学》(*La Litténature occupée*)，Hatier 出版社 1995 年出版，第 144 页。

[41] 参看弗洛朗斯·塔马尼著 *Mauvais genre*，同前书，第 162 页。以及 *masque* 杂志为勒内·克勒韦尔所出的专号（1982 年 4 月号）。关于克勒维尔和布雷东两人的关系，可参看弗雷德里克·戈桑的研究文章《世纪弃儿》(*Enfants Perdus du siècle*)，2000 年 5 月发表在 PUE 上。

[42] Jean-Pierre Azéma 和 Olivier Wieviorka 著：*Vichy, 1940—1944*，巴黎 Paris 出版社 2002 年 4 月出版，第 238 页。

[43] 参阅让-保罗·宽泰著《*Paris：40—44*》，巴黎 Perrin 出版社 2001 年 3 月出版。弗洛朗斯·塔马尼特别指出，巴黎大部分同性恋团体对德国入侵这件事都漠不关心。那时女同性恋者不认为它们是政治问题，而只不过是简单的社会文化问题，正如巴尔在其关于《女人气的男孩》(*La Gannçonme*) 这一作品中所说的，是历史问题。巴尔的作品 2001 年 3 月由 Feammarion 出版社出版。人们也可能注意到，很多女同性恋者秘密参加了抵抗运动组织，但这方面的情况，人们所知甚少。

[44] 参阅艾梅·斯皮茨文，载于 Davis 和 Jonathan 合办的杂志的 1980 年 1 月号。

[45] 参阅让-保罗·宽泰著 *Paris 40—44*，同前书，第 279 页。

[46] 参阅《动乱年代》，同前书；也可参考克洛·巴比和莫利斯·帕蓬在讼案期间发生的斗争。

[47] 《被占领期间（1940—1944）法国人的生活》，胡佛学院，加利福尼亚斯坦佛大学的报告，第三卷，1957 年 Plon 出版社出版。

[48] 关于犹太人和法国展览，诺贝尔·巴丹泰等说道："到 1942 年 1 月止，有数十万参观者在那儿看到反犹太人的大量图片和纳粹宣传所引起的对犹太人的仇恨和蔑视。法国对犹太人的思想控制是这次展览的主题之一。犹

太人对巴黎律师团的干预,也在这里被大量揭露。"巴黎 Fayand 出版社 1997 年出版,第 137 页。

[49] Marcel Bluwal 制作的影片《世界最美丽的国家》(*Le Plus Beau Pays du monde*) 1999 年 4 月在巴黎银幕露面,其故事叙述了法国同性恋演员 Robert Hugues-Lambert 的个人故事,他扮演的 Mermoz 后来死于流放时前往德朗西的路上。媒体的宣传使人们相信,巴黎在被占领期间,确有同性恋者被捕的事情。(参阅 1999 年 4 月 29 日 *L'Express* 报上 Marc Epstein 的文章)

[50] 参阅让-保罗·宽泰著 *Paris 44—45*,同前书,第 100 页。

[51] 旧金山档案中心第 7044 号资料。此档案是杰勒德·科斯科维奇在巴黎找到的。

[52] 这并未能阻止同性恋的存在,他们都准备去贴近极右派,比如那些 80 年代初期聚集在"Gaie france"协会和"Rio Bravo"组织中的人们。这些组织的负责人都混迹在同性恋、恋童癖、罗姆的崇拜者和第三世界的拉皮条者中间,他们现在都被关在监狱里,可以预见,他们都将被驱赶出 Gay Prides 和马赛的同性恋大学(l'Universite homosexuelle de Marseille)。关于这些令人恶心的情况,可参阅 Michel Rachlline 的作品《纳粹的幸福》(*Le Bonheur nazi*)一书,1972 年 Authier 出版社出版。

[53] 罗歇·斯特凡:*Toutes choses sont bonnes à dire*,巴黎,Fayard 出版社 1979 年出版,第 184 页。另外,在这些年轻的英雄人物当中,也有演员钱拉·菲利浦。

[54] 载 *Gai Pied* 1987 年 5 月 16 日号。

[55] 杰勒德·科斯科维奇引自前书第 8 页,摘自詹姆斯·斯特克利《德国同性恋解放运动》(Arno Press 出版社 1975 年出版)。

[56] 基于同样理由,我们可以理解为何不承认德国左派的抵抗史实,为何很晚才承认 1944 年 7 月未遂的刺杀希特勒事件。我们后来看到,之所以如此,是因为法国解放时,法国的共产党人和戴高乐分子对于抵抗运动的叙述处于主导地位,成了独一无二的官方说法,德国被禁止举哀,同时阻止为它的历史作出哪怕是极其微小的肯定。这种情况一直延续到 50 年代和 60 年代,在这些年代中,罪恶并未销声匿迹。

[57] 引语摘自里尔同性恋者协会举办的"粉红色的弗拉芒人"展览会。此次以"粉红色三角或被禁止的记忆"为名的巡回展览是在 1994 年举办的。

[58] 引自《Ménétrel 博士，贝当元帅的亲信》（Le Docteur Ménétrel, éminence grise et confident du maréchal Pétain）一书，Bénédicte Vergez-Chaignon 著，巴黎 Perrin 出版社 2002 年出版，第 86 页。

[59] 参看 Marc Ferro 2000 年 7 月 8 日和 9 日发表在《世界报》上的文章，文章是为纪念这次不幸事件 60 周年而写的。

[60] 引自亨利·米歇尔的作品《弗朗索瓦·达尔朗》，巴黎 Hachette 出版社 1993 年出版，第 258 页。亨利·米歇尔在维希政府时期和战争时期共写了 16 本书。他于 1986 年去世。

[61] 亨利·米歇尔作品，同前书，第 129 页，也可参阅《一面没有污点的旗帜》（Pavillon sans tache），Alex Wassilieff 著，巴黎 Grasset 出版社 1986 年出版。

[62] 作为海军军官家庭出身的一员，我记忆中有很多人说弗朗索瓦·达尔朗很庸俗。其中有一位在 Le Dupleix 巡洋舰上接待达尔朗，他回忆说达尔朗在升旗仪式和起航表演时，举止十分粗野。

[63] 参阅亨利·米歇尔著《弗朗索瓦·达尔朗》一书，同前书。

[64] 资料是 Hervé Liffran 发现的，他是《鸭鸣报》的记者。参阅他在 CUARH 月刊 1981 年 12 月第 14 期上发表的文章 Homophonies，第 18～19 页。此事涉及海军准将、海军部队副参谋长 Barnaud 签发的一封公开信。也可参阅《法国同性恋者 40 年的立法斗争，1942—1982》一文，法学家 Gérard Bach-Ignass 著文，1998 年夏发表在 La revueh 上，第 49～67 页。

[65] 弗洛朗斯·塔马尼，同前书，第 524 页。

[66] 弗洛朗斯·塔马尼，同前书，第 526 页。

[67] 米夏埃尔·西巴里在他 2001 年 10 月发表在 David Halperin 的杂志上的 L'homophobie, la France de Vichy et le crime d'homosexualité 这篇文章中，列举了大量 20 年代的有关土伦事件的证词。他同时揭露出这项反同性恋的调查始于 1927 年，是由他的朋友和领导 Georges Leygues 以前任海军部长的身份提出进行的，这项调查至今没有结果，因为根据刑法条款，此案不能

对平民百姓判刑。

[68] 1927 年 6 月 30 日的军事报告。

[69] 让·达内：《关于同性恋和权利的谈话》（发表在 FUF 学报上，同前书，第 97~98 页）。

[70] 《克劳斯·曼日记》，Gallimard 出版社 1936 年 5 月 10 日出版，第 345 页。

[71] Matelot 谈关于 60 年代中期的布雷斯特人（Le Brestois），他说他可以证明这些男人群体的确存在，他也曾和他们生活在一起。

[72] *Gai Pied* 1981 年 4 月，第 25 期，第 14 页，《同米歇尔·福柯的谈话》，勒内·德·塞卡迪、让·达内和让·勒比图收集整理。

[73] 弗洛朗斯·塔马尼，同前书，第 89 页。

[74] 《人道报》（*L'Humanité*），1928 年 11 月 12 日。

[75] 应该指出，警察和军队的监视证明，数十年来，吸毒者的网络同同性恋网络很接近，正如传说所说，科克托和鸦片很近。

[76] 冷战时期，苏联情报人员 Guy Burgess 和 Anthony Blunt（两人都是英国人，共产党员和同性恋者）的事件引起轰动，此事被 Ruppert Everet 的影片 *Anather Country de marek Kanlevska en 1984 avec Ruppert* 推波助澜，影响很大。直到 1995 年，克林顿总统签署"12968 法令"，禁止只根据性别特点歧视他人。在 CIA 内部，从 Angle 协会开始，就存在聚集同性恋员工的组织（参阅 2000 年 6 月 11 日的《世界报》）。

[77] 达尔朗的要求经政府秘书长盖拉尔之手，转交掌玺部长约瑟夫·巴特泰勒洛米研究处理，此件编号为 2401-SG。1942 年 5 月 8 日，总理府函（编号为 SL31）复盖拉尔称，已经草拟了一个法律草案，并已送交内政部和家庭及国民教育部。6 月 4 日，盖拉尔致函（编号为 2942SG）达尔朗，告诉他法案已经准备就绪（参见 Homophonie，前引书）。参阅掌玺部办公厅蒂尔凯先生关于"迫害同性恋者"的照会（编号为 BB 18 6174，文档 44 BL 325）。

[78] 参见弗罗拉·勒鲁瓦·福尔若：《欧洲同性恋司法史》，卡罗林·梅卡里、热罗·德·拉普拉代尔：《同性恋者的权利》，PUF 出版社，《我知道什么？》丛书第 3 367 种，1998 年。

[79] 参见热拉尔·巴克-伊尼阿斯：《法国关于同性恋的司法论战的 40 年》，载《同性恋杂志》1998 年夏季 5/6 期，第 53～67 页。

[80] 皮埃尔·拉斯库姆：同性恋与权利研讨会，同前书，第 113 页。皮埃尔·拉斯库姆是法国国家科研中心研究员，防治艾滋病协会前主席。

[81] 斯大林独自承担了纳粹入侵的后果。应斯大林的要求，艾森豪威尔组织协调了北非登陆之战。与此同时，还得顶住竭力反击此次行动的隆美尔非洲军团。日本人此时在太平洋上屡屡得手。希特勒对此次代号为"火炬行动"的登陆战相当恐惧。为了打好这一仗，美国人选用吉罗将军，让他整合法国军队，并说服他们与欧洲解放者携手作战。丘吉尔和罗斯福不大瞧得起戴高乐，所以事先没有将此次战役告知戴高乐。可是，吉罗因与艾森豪威尔闲聊而延误了抵达直布罗陀的时间，以致来不及登上原定把他送往阿尔及利亚沿岸的潜艇。美国部队攻入阿尔及尔时，形势非常混乱。北非的居民大多倾向维希政权，海军官兵则听命于达尔朗。在这场大混乱和权威大危机中，为独立而战的斗士们看到了机会。不过，对于布尔吉巴、萨达特或是费尔哈特·阿巴斯来说，时机尚未到来。

[82] 转引自埃尔韦·库托-贝盖尔、克洛德·于昂：《达尔朗传》，Fayard 出版社，1982 年，第 682 页。

[83] 参阅亨利·米歇尔，《弗朗吉瓦·达尔朗》，第 388～390 页。

[84] 米歇尔·朱诺：《火炬行动》，Fallois 出版社，2001 年，第 10 页。

[85] 米歇尔·朱诺，同上书，第 212 页。

[86] 阿莱克斯·瓦西里耶夫，同前书，第 320 页。

[87] 此处指 Mario Faivre 的《通向夏宫之路》，1982 年出版，菲利普·拉格诺发表在《费加罗杂志》上的一篇谈话，以及他作为作者之一撰写的《我们杀死了达尔朗》。

[88] 米歇尔·朱诺，《弗朗索瓦达尔朗》，第 216 页。

[89] 巴黎伯爵亨利·奥尔良：《流亡和战斗回忆录》，Marcel Jullian 出版社，巴黎，1979 年，第 210 页。

[90] 埃尔韦·库托-贝盖尔、克洛德·于昂：《达尔朗传》，第 686 页。

[91] 巴黎伯爵之子雅克·奥尔良认为，达尔朗暗杀事件是不可避免的。

他说："大街上的民众要达尔朗死，戴高乐要达尔朗死，抵抗运动要达尔朗死。可是，巴黎伯爵想要他死吗？对于科尔迪耶教士、亨利·达斯捷以及许多其他人来说，我觉得，只有我父亲能够打破阻止暗杀计划的道德禁忌。"（载《巴黎伯爵的阴暗事件》，Albin Michel 出版社，巴黎，1999 年，米歇尔·朱诺在前引书第 229 页中转引）

[92] 埃尔韦·库托贝盖尔．克洛德·于昂：《达尔朗传》，第 648 页。

[93] 谈及法律方面的问题时，法学家让·达内说："必须防止他们作为患者传播疾病，他们是同性恋的不幸受害者，但必须避免他们把不幸传给他人。我们看到，同情的说法丝毫无助于改变人们对迫害机制的评价。在这两种情况下，所有推论都建立在医学巨变和确信传播的基础之上。回过头来看……倘若在艾滋病猖獗之前废除这些文件，或许可以避免在同性恋者周围形成一个新的替罪羊群体。"（前引研讨会，第 193 页）

[94] 刊登在 *Gai Pied* 1981 年 2 月号上的与雨果·马尔桑、伊夫·沙尔夫的谈话。此外，在他出版于 1975 年的描述德国占领时期的小说《昙花一现》中，米歇尔·图尼耶在揭露集体怯懦时更具批判性："莫名其妙而又命中注定的通讯！正当人们谈论烧死茨冈人时，不祥的消息从德国传来：阿道夫·希特勒正在调整他的想法。大批同性恋者遭逮捕，不经任何司法程序，就被投入集中营，把他们折磨至死。当然，那些异性恋的坏蛋们对这种集体犯罪默不作声。卑鄙无耻的笨蛋！你们怎么会不知道。既然迈出了第一步，暴君就会接着扑向另一批人数不占优的精英，神职人员、大学教师、作家、犹太人、工会领袖，把他们统统送上肢解台。我知道什么呢？可是，你们今天的沉默把你们的呼喊压下去了。对于你们今天沉默的回忆将会表明，你们因愤怒而作出的种种姿态是多么虚伪。"

[95] 马泰奥利报告，第 101 页。

[96] 广播剧《红色玫瑰日》新闻稿文档中转引。此剧根据皮埃尔·塞尔的回忆改编，《法国文化》栏目 1997 年 4 月 19 日播出。以下是弗朗索瓦·密特朗的掌玺部部长乔治·吉耶日曼的想法："社会上一些人自认为掌握着道德准则，如果将他们对待犹太人和同性恋者的方式作一番对比，大概不会没有教育意义。"

第三章　无忧的巴黎

[97] 杰勒德·科斯科维奇，2001 年 4 月 7 日在参议院的演讲稿第 8 页。

[98] Der Keis 起初似乎只是苏黎世的多个同性恋者协会的一个联合体，后来成为一个杂志出版机构。它以三种语言先后发行过《友谊旗帜》和《人权》，最终在 1943 年定名为 *Der Kreis*（《圈子》），以双语出版，两种语言不相交混。这份刊物的寿命长得出奇，在欧洲拥有数千订户，直到 1967 年，它认为已经完成了历史使命，新一代不久即将发出他们的声音，这才终于停刊。果然，不久之后就发生了 1968 年 5 月克里斯多费街的骚乱。

[99] *Der Kreis*，1945 年 8 月，伯尔尼。

[100] 还需说明的是，直到 1982 年内政部长加斯东·德费尔下令之后，巴黎警察局同性恋控制组才解散，有关档案才被销毁。

[101] 参见亨利·阿穆鲁：《占领后法国人大史》，Robert Laffon 出版社，《旧书丛书》，巴黎，1999 年，第 1 123 页及以下多页。

[102] 奥诺雷·巴尔扎克曾说："你的前程取决于你的遗忘。"

[103] 保罗·米尔盖去世前 3 星期，就在 2001 年 4 月 28 日流放者全国纪念日那天，同是这份《洛林共和党人报》，连眼睛也不眨一下就勇敢地写道："犹太人、抵抗战士、共产党人、共济会员，乃至茨冈人、同性恋者，至今依然留有纳粹野蛮印记的人群有许许多多。"

[104] 引用在《希特勒上台》中，第 326 页。

[105]《事物的力量》，Gallimard 出版社，第 43 页；马泰奥利报告引用，第 82 页。

[106] 杰勒德·科斯科维奇，2001 年 4 月 7 日在参议院的演讲稿，第 13 页，弗兰克·扎尼翻译。参见里夏尔·普朗的著作《粉红色的三角》，第 181 页及以下多页。

[107] 来源：粉红色三角联合会 2000 年向美国联邦法院提交的报告，第二卷 26 页。

[108] 参见 Alain-Emmanuel Dreuihe：《旧金山：同性恋城市》，Flammarion 出版社，蒙特利尔，1982 年。

[109] Michel Cressole：《另一份报纸》沿革，全文名为《趴在窗口的疯女人》，曾由 Gay Kitsch Kamp 出版社出版，1992 年，里尔，第 25 页。

［110］比尔·克林顿的夫人希拉里·克林顿于 2000 年当选为纽约州参议员，她在竞选演说中也认为此项法律力度不够："我不认为这项政策已经有了进步，也不认为它应该继续是我们军人的政策。"

［111］在发表于 2000 年 5 月的 *Gay Têtu* 报上的谈话中，法国军队发言人、陆军情报及公共关系局局长拉威尔肯定了军方在这个问题上的宽容态度。

第四章

萨特,无须负责

安德烈·纪德和让·科克托

作家、同性恋和附敌分子

萨特与同性恋造反

人们正在把同性恋犹太人变成反法西斯斗士。

——克劳斯·曼

在本书的这一章里，我们将涉及让-保罗·萨特的面貌，这有利于我们看清在 50 年代和 60 年代期间，笼罩在法国同性恋身上的黑暗一角，这也使我们得以重新审视这位哲学家笔下的那些同性恋者既浪漫又理智的人物性格，这些人物具有鲜明的时代特点。最后，还要观察他在同性恋问题上政治观点的演变。提到萨特，不能不追问半个世纪以来，有关他的大量参考资料中的一个观点，即他的政治良心。此问题的影响，不仅在法国国内，也波及了欧洲和全世界。我所能做到的，是就被遗忘的集中营受害者问题，向他提问。向萨特这样在政治、文化方面的重量级人物提问是合法的。他能够超越弗朗索瓦·莫里亚克和安德烈·马尔罗陈腐的问题体系，也敢于同戴高乐的观点针锋相对。他反对种族主义、殖民主义和排犹主义，直到他 63 岁时，还宣布拥护 1968 年的"五月风暴"。萨特视荣誉如粪土，但他在很多政治问题和社会文化问题上有不少真知灼见。他的观点就像一个风向标，一切思想运动都围绕着它，以它来定位。

1937 年，Gallimard 出版社出版了萨特的小说集《墙》(*Le Mur*)。小说集中最长的一篇标题是《一个企业主的童年》

(*L'Enfance d'un chef*)：一个对性事懵懵懂懂的青年落入了一个名叫贝热尔的"鸡奸者"手中，此人在日常生活中是一个教育工作者，但他一有机会就喜欢抚摸年轻人的身体。事情就在这个青年身上发生了。他先是脱掉睡衣，要年轻人同他一起洗澡，最后压上他丑恶的身躯。年轻人吕西安最终晕倒在卫生间里。他从镜子里看到了现实中的自己，他很绝望："我是一个鸡奸者"，他说。他笑得很痛苦。好多日子里，他都会问自己："我是一个思想正常的人吗？我是一个狂人吗？永远也得不到答案。除此之外，还会有很多标签，会在某一天早晨突然挂在你身上，这些标签将会伴随终身。……人们将这样谈起：'瞧，很清楚，这个金发大个子他爱男人'而那些人回答：'哦，是的，那是一个大鸡奸者，我看得很清楚，就是他'。"[1] 但对于那些意识到自己的同性恋是一个根本性的社会弱点的人来说，这是一个重要的时刻，根基崩溃了，自己的价值也丧失殆尽。1997 年让-路易·博里就此写道："自我怜悯和自我厌恶在这场鸡奸行为的感情风波中相互斗争。我笑不出来，心情很沉重。他们的痛苦是巨大的，有什么比自己讨厌自己更痛苦呢？"[2] 正如社会学家乔治·昌西对那些在五六十年代"处在显要地位"的人们的分析："我们时常责怪我们的前辈，说他们没有勇气摆脱出来，好像他们并未被一个强大的封闭制度控制似的。或者我们带有明显的优越感提出，说他们对同性恋虽有明显仇恨，但却忍气吞声，敢怒不敢言。"[3]

萨特小说中的主要人物，吕西安·弗勒里耶，最后被塑造成一个符合法西斯意识形态的异性恋者。故事是这样结束的："他自言自语说他将会有很多孩子。然后，他想到他父亲的事业。他迫不及待地要继续完成。中午的钟响了，吕西安站起来。变身已经完成。在这家咖啡店里，一小时前，一个俊美清纯的少年走了进来。这是一个刚走出来的人，法国人中的佼佼者。在学院街和圣米歇尔路的拐角处，他走进一家文具店，在那儿照镜子。'我要让我的胡子长出来'，他这样做出决定。"[4] 镜子里重新照出了懦弱的行为，比如性意识的软弱，只有在最坏的环境中，才能出现。[5] 在这方面，他的朋友阿尔贝托·莫拉维亚在数年后写的小说《因循守旧者》(Le Conformiste) 中，描绘了一个几乎一模一样的情节，根源同样是突然的思想意识负担。[6]

而对于萨特来说，在 30 年代末，同性恋意识不可避免地同掩饰与不忠行为齐头并进。[7] 而新秩序的宣布进一步加强了这种胆小怕事的形象和令人蔑视的世界观。最终，同性恋者甚至被塑造成"卑鄙家伙"：他们追求权力，他们既要获得利益，又要享受欢乐。让-路易·博里对这个掐头去尾的叙述非常愤怒："如果说男性生殖器形象超过了它的象征性，变成阳刚之气的、攻击性的武器，变成打开所有某种种族主义性歧视道路的话，人们就看到了一条下坡路：同性恋者正在这条路上向下滑落。有人由此肯定地说，法西斯主义的来源是鸡奸者！对这一说法，我仅仅要提醒的是：法西斯主义非但没有允许看到一个有利的气候，一个同性恋实践的真正存在，相反，同性恋者一直在被追捕、被迫害、被关押、被'电疗'或被强迫做法西斯规定的脑叶切除手术。这些做法，在那些极权国家中，现在仍然存在。希姆莱当时在他们身上打上粉红色三角形标记，把他们同犹太人一起送进毒气室。"[8]

达尼埃尔·介朗在这个敏感的问题上也有自己的立场。此问题是许多论争的出发点。他个人的私生活的某些方面同他所投身的社会活动似乎互相矛盾。有人向他提出问题："难道你不觉得，在你身上存在着一种矛盾，一种模糊不清的东西吗？那就是你身上穿的对你并不合适的性感制服，同你所进行的反对等级制度的斗争之间的矛盾。"他于 1985 年回答："是的，有一个深刻的矛盾伴随我的一生，直到今天。我是一个极端自由主义者，是一个老资格反军事独裁分子,我参加一些运动和委员会,为维护士兵权益而斗争……然而我又总是被那些年轻士兵所吸引,每星期五晚上我看着他们到达蒙帕纳斯车站,又看着他们星期六晚上从那儿离开。我总是非常着迷。这也许就是我在反法西斯斗争中有些与众不同的原因吧。"[9]

萨特关于同性恋的追忆并不少。这些追忆,对从女同性恋到鸡奸者,观念上是宽容和有"余地"的。在他发表于1938年的第一部小说《恶心》(La Nausee)中,他描写了一个自学成材的人物,此人想在市立图书馆里,从字母顺序开始学习知识,最终由于一个非常年轻的男人在他身边出现,使他沉溺于情感激动之中。几次精心策划的秘密接近引起一种兴奋,以至造成自学成材的"鸡奸者"在文化地域之外,在责骂声之下,猛然向对方扑去。对于他自己来说,他自责,为自己的大胆行为感到羞愧。社会上的责难添油加醋极尽夸大丑化之能事。为了维护社会秩序,这种责难是应该的,也是不可能反驳的。后来萨特又写了剧本《苍蝇》(Les Mouches),此剧1943年在被占领下的巴黎演出,萨特在剧中展开了一个"埃希勒是值得尊敬的"这样一个命题。埃希勒良心感到内疚,他在羞愧和回忆之中,终于提出:争取反抗的权利是必需的。1944年,在他写的舞台剧《禁止旁听》(Huis Clos)中,出现了伊内斯这样一个人物(三个永远不停地互相容忍的人物之一),她是一个动作非常粗野的女同性恋者,她为自己的行为而内疚自责。

解放以后,萨特于1946年发表了他的《关于犹太人问题的思考》。这是一篇主要描写他自己内心变化的文章,这篇文章给人的印象是所谓他内心的差异和变化,主要是别人的一种看法。在阅读文章的某些段落以后,人们可以想象把文中的"犹太人"这个词换成"同性恋者",这时人们印象就会更加清晰,而不是像文章开始时那样模糊不清。[10]

相同和不同,看得见和看不见,很多的问题体系都是互相关联的。据我们的看法,有关他们的分析既是反犹太主义的,又是反同性恋的。哲学家弗拉基米尔·扬科勒维奇写道:"反犹太主义者针对一个'他者',不知不觉中又伤及另外的对象:他们感到忧虑的是,非犹太人面对这个同他自己几乎一模一样的'他者',他们要忍受与他的同胞几乎同样的痛苦。"非犹太人觉得,犹太人离他们既远又近,两者既非完全一样,又非完全不同,这种模糊现状使他们很为难,居住在一起的既是人民、兄弟,又是敌人。犹太人是敌人兄弟。感情上的两重性由此产生:犹太人有点不同,但很少很少。"为了消除互不理解,必须承认和看清这种差异。"[11]

萨特从没有想拿犹太人的地位与同性恋的地位作比较,但他关于犹太人问题的思考,完全适用于很多同性恋者的情况。不错,这是另外一类牺牲品,而两者又是何其相似啊。萨特写道:"仇视犹太人的人也是一个担惊害怕的人。当然,他不是怕犹太人,他怕他自己、怕他的良心、怕他的自由、怕他的本能、怕他的责任、怕孤独、怕变化、怕社会和世界、怕除了犹太人以外的一切东西。"[12] 在同一目光注视下,同性恋可能是掉进同一陷阱的牺牲品。

犹太人和同性恋者常常被他们的共同敌人捆绑在一起作为他们谩骂讽刺的对象,这种现象持续了几十年,但很少被人们提及。因此,在德意志帝国的法庭上,早在1927年9月15日,弗里克议员就气急败坏地说道:"我们认为有必要谴责那些涉嫌'175条款'的人,即那些违背自然的、男人同男人之间的性行为。我们应加强打击他们的力度,因为这种恶习将把德国引向毁灭。当然,这是那些犹太人,是马格努斯·希斯菲尔德和他的同伙。值此犹太人道德在德国人民中泛滥之时,他们仍然在行动,并以指导者和创始者自居。"[13]

安德烈·纪德和让·科克托

1940年,当让-保罗·萨特在德国狱中的时候,曾给西蒙娜·德·波伏瓦写了很多信,向她谈起有时候在这些男人之间发生的、违背他们愿望的一种温情。[14]他同这些男人一起,共同分担艰难的生活条件,也是同这些人一起,他在十分逼仄的四周有铁丝网的空间里,写出了一些舞台剧本。但在《战争怪物纪事》中,他写信给卡斯托:"战后,我不再谈我自己。我不愿在我自己身上自寻烦恼,直到我生命的终结。"[15]因此他不肯照镜子来反映自己,但他在其所写长篇小说、中篇小说和剧本中,很多人物他都照镜子似的如实地加以描写。他不肯以自己的事烦扰自己,但不久之后,他却用了数百页的篇幅,描绘了像热内、福楼拜和马拉梅这些人的形象。

正是在这种监狱环境中,在乱哄哄的男人共处的条件下,他如饥似渴地阅读了安德烈·纪德的日记,此书是当时巴黎的抢手货。纪德是20年来一直被崇拜的人物。这位作家精通文体风格的运用,他建议要以自己的体会,给别人以更多的理解。纪德在文学上和那个时代的政治斗争特别是关于法西斯主义和殖民主义的斗争方面,都有很明确的观点。他于1924年发表的《男子汉》,是一本描写同性恋的书,是另一种近距离反映问题,是面对社会观点的另一种论证法。他的这种勇气同样使很多人为之倾倒,但萨特自己还是同纪德拉开了距离,因为不久之后,他对这位作家所选择的道路感到愤怒。纪德已投入资产阶级怀抱,他接受了法兰西学院院士的绿袍和1947年的诺贝尔奖。尽管如此,当纪德1951年逝世的时候,他还是在 *Les Temps Modernes* 杂志上发表文章,对他敢于揭露的勇气和他的政治良心表示敬意:"同一个人敢于表达他'男子汉'的信仰和'刚果游记'中的指责。"

后来，当反共冷战掀起对巴黎的知识分子进行迫害时，萨特选择了成为共产党"同路人"的决定，但仅此而已。这和阿拉贡、毕加索和布勒东有所不同，这些人在斯大林的制度不断受到控诉的时候，都先后要求参加了共产党。几十年间，萨特在观察法兰西第四共和国及后来的第五共和国如何塑造法国社会的同时，没有放弃对社会现象进行马克思主义的分析。

解放之后到 1968 年 5 月期间，萨特对同性恋问题的关心仅仅是横向的、短暂的、局限于某些方面的，没有从全面看问题。事实上，战争期间，他读过让·热内所写的文字，并为他的命运所吸引。热内当时正为一些微不足道的小事蹲监狱，他的罪状比较多，有在战争期间关集中营或解放后判重刑的危险。他才华横溢的诗作引起兰波等人的强烈反响和共鸣。解放后，萨特和让·科克托联名向共和国总统请求对他进行赦免并获总统批准。出狱后，热内英雄般地到达圣日耳曼这个拥有著名的爵士乐夜总会的特区。这时是存在主义伟大辉煌的时代，萨特、波伏瓦、克雷科、维安以及热内是这个时期的代表性人物。

存在主义理论使法国的小说创作重新复苏。让-保罗·萨特事实上同美国小说家的现代特色很投缘，比如约翰·多斯·帕索斯、欧内斯特·海明威和詹姆斯·鲍德温等。鲍德温曾在 *Les Temps Modernes* 杂志上发表他尚未出版的手稿片段的法文译文。作家阿尔贝托·莫拉维亚说他的朋友萨特把哲学理论体现在他的小说创作之中："欧洲小说创作最大的变化是在 19 世纪。个人和社会的关系占有特殊的地位，巴尔扎克、斯汤达和左拉的作品就是如此。而现在，个人和他自己的关系才是首先要考虑的。陀思妥耶夫斯基的《罪与罚》就有这种变化的倾向。此时，存在主义诞生了，因为此时，谈内心的痛苦和内疚，谈人的感情，内心的感情，存在的感情。"[16]

第四章 萨特，无须负责

西蒙娜·德·波伏瓦在写给她芝加哥的恋人纳尔逊·阿尔格林的信中，常常开心地谈到萨特在男性同性恋者问题上某些近似的情况。她还向他描述说，她和萨特看到安德烈·纪德娶了他的表妹，重新组建了一个当然是假想的家庭，但最终还是正常了。她还写到让·热内经常不断地来挑动、教唆他们，就好像他俩对同性恋一无所知似的，这常常引得他们开怀大笑。不久以后，在《年龄的优势》(*La Force de l'age*) 一文中，西蒙娜·德·波伏瓦描述了他们俩如何在意大利这个他们20年来首选的夏日度假胜地上，遇到一个同性恋朋友。这位朋友的伴侣离他而去，在罗马旅馆里他们隔壁的房间里，他俩听他伤心地痛哭到深夜。

萨特在让·热内身上，找到了他关于同性恋问题看法的理想支柱。不仅如此，他还在交谈中认识到，长时期以来，热内就是存在主义理论最好的例证之一：他改变他本来的样子，他经受别人看他的目光，他把他的软弱变成刚强。另外甚至在性关系上，他也是社会的叛逆者。热内毫不掩饰地向萨特说，对背叛和生活上的小毛病采取宽容、理解甚至为其辩护的态度非常重要，因为面对社会秩序，只有这样才能存在。[17]

人们知道，当热内著作的全集于1952年由加利马尔出版社出版时，萨特写的那篇宏伟的前言《圣徒热内：演员和殉道者》证明了他有多大的吸引力。在写这篇文章的时候，他写信给卡斯托：“为了写这个有天才的男娼和鸡奸者的文章，我每天忘我地工作15个小时。我为之颠倒，为之疯狂。我常常半夜醒来。但这是非常有意思的。"[18]人们也知道这篇前言引起一位朋友巨大的不安，好几次想把萨特的手稿扔进火里烧掉。热内过了一段非常黑暗的日子，因为他失去了他的亲密恋人，一个名叫阿布达拉赫的马格里布杂技演员。此后，热内的作品好多年来似乎销声匿迹了。但不久之后，他的作品又出现了。他最后的文章、最后的表达方式，比以前更激进、更大胆露骨和无所顾忌。正如安妮·科恩·索拉所说:"热内显得是一个萨特思想的非常成功的体现者,他的生活本身就是一件艺术作品:具有挑战性的美、净化美、非社会行为的美,自由自在地周旋于屈辱和藐视一切之间……因此,师范学校的学生在阅读和参考他的作品时抱着一些愧疚和忧虑的心情。他们对囚犯、流氓和同性恋者感兴趣。他们谈论自己的事情,常常也说热内的事情。"[19]

在萨特眼里,热内已变成一个江湖骗子,他集真理与谎言于一身,既有肯定的一面又有否定的一面,他是同性恋系统问题中存在主义的一个理想参考对象,是一个能够做出无动机行为和违法行为的危险人物。萨特写道:"重要的不在于人们把我们变成什么,而是我们把自己变成人们需要的样子。"[20] 德尼·贝托莱,这位萨特最新传记的作者写道:"但萨特坚决拒绝热内所不断肯定的事实,即他在成为骗子、小偷之前,已经是同性恋了。"[21]

在这本600页的书的描写中,热内的状况是:同性恋和犯法行为混杂在一起,同性恋和背叛混杂在一起。这同当时大多数同性恋情况是不能相比较的。这种看法也不能把热内自己的政治表现和人际关系割裂开来。热内的"存在主义"永远不会把这种"小流氓"制造成他朋友们眼中的一个背叛者,制造成他恋人们面前的一个坏蛋,或制造成一个不承认终身都在战斗的勇士:第三世界主义者、反殖民主义者。他仇视白人的人种优越论,仇视种族主义和排犹主义,仇视在犹太人聚居区造反的黑人,仇视监狱中的暴动者。在这之前,他是首批反对阿尔及利亚战争和更早之前反对印度支那战争的成员之一。[22]

西蒙娜·德·波伏瓦在她同纳尔逊·阿尔格林的通信中,对让·热内的天真幼稚感到好笑。热内与萨特和德·波伏瓦两人在同性恋问题上的认识完全不同。不同程度远远超过了纪德和科克托与

第四章　萨特，无须负责

她的分歧。站在她的立场，我们可以实事求是地说，她其实只知道什么是女性的同性恋，她不能设身处地，从她自身去想象它。在她刚完成《循规蹈矩的少女回忆》（*Memoires d'une jeune fille rangée*）一书后，她又满怀激情地创作《维奥莱特·勒迪克》。让-保罗·萨特以更加审慎的态度在他的《词语》一书中，专门表达了他对于拉罗谢勒求学期间的难以言状的强烈情绪。另外，还有 Ulm 街①，他似乎并不是在男人中间最后的喧闹者。但自从他的囚犯生涯之后，我们认为，除了具体的人之外，他已不再思考人与人之间究竟做什么，有什么价值，以及他们怎样生活的问题。

后来，萨特雇用了一个高大、俊美而又性格内向的秘书，名叫让·科。此人长期以来是著名演员阿兰·德隆的私人朋友。达尼埃尔·介朗在提到 50 年代事情的时候，严厉斥责这位著名的思想家："当我走进这位独眼哲学家位于波拿巴大街拐角处小小办公室的时候，那位颇具阳刚之美的漂亮秘书让·科引起了我的注意。我暗自思量，难道我们的大作家对如此有魅力的男性会无动于衷吗？然而，他身体的丑陋并未妨碍有众多的女人亲近他，她们无时无刻不围着这位存在主义的明星打转。他宽宏大度地欢迎我，向我敞开他的杂志《现代》的大门。但时隔不久，他就在共产党的压力之下，封杀我的稿件。我逐渐地看清了他的变色龙本质，他一会儿剽窃海德格尔，一会儿标榜不过问政治，一会儿又倾向于斯大林和毛泽东主义，到最后，他自认为是所谓的自由派。"[23]让·科在 11 年后的 1957 年被萨特解雇，变成了一个激烈的反动政论家，长期在《费加罗报》报社领薪水。

萨特总是公开宣称，他喜欢同女人交往，在她们身上观察社会问题，而不愿意在男人中间进行争论。男人之间的讨论只不过是互

---

① 法国高等师范学校所在地，萨特曾在此求学。——译者注

175

相交换看法，很少是参与到他们的实践之中。而且萨特也不相信辩论。总之，人们讨论问题，总得同自己观点基本一致的人讨论。只有这样，才能合法地、集体地享受到讨论的快乐。

西蒙娜·德·波伏瓦自己回忆说，在整个战后那些年代里，他们两个经常在圣日耳曼·德普雷咖啡店的露天座位上，互相讲述那些像过电影一样匆匆地从他们眼前走过的过往行人的虚构故事。这样，他们能够很好地看到世界上各色各样的爱在马路上游荡的人们，特别在这个解放以来非常时髦的街区。从这些人中，他们也看到一些同性恋者的活生生的、大大不同于让·热内形象的例子。也许，在对大马路上散步的情况进行认真观察之后，他们已不能真正地把他视为同性恋者了。

在圣日耳曼·德普雷肯定是能看到同性恋的。历史学家乔治·西德里在他标题为《社会灾难中的圣日耳曼疯子们》中写道："圣日耳曼·德普雷在50年代，是巴黎男同性恋者生活的主要舞台。……自由的空气、节日庆典、各种运动、反保守精神等，均受到包括萨特和波伏瓦在内的存在主义者的鼓舞，很多艺术家和作家在那里露面，有明显政治倾向的戏剧在那里的剧场里演出，表现出一种开放和宽容态度，这部分说明同性恋者在圣日耳曼出现的真正原因。人们在那里，有可能同让·热内、让·科克托或让·马雷擦肩而过。同性恋者可以自由自在地在那儿的咖啡馆里招摇过市，特别是著名的'芙乐尔'、'白皇后'、'圣日耳曼王宫'和'绿廊'咖啡馆。"[24]

萨特和波伏瓦在没有任何知识性解释的情况下，如何观察这种城市中仅看见其面貌但不知其姓名的同性恋者呢？他们同这些人交谈过吗？是否仅仅谈一些当时同性恋者中间颇为流行的、夸张的、华丽的辞藻？一个人或另一个人会说，他们喜欢这种在随便遇到过客时，听取他们谈自己的隐私。这种在圣日耳曼咖啡馆露天茶座上进行的文化"窥阴癖"，加上对民间出版物中各种各样的故事的热

第四章 萨特,无须负责

情,大大地丰富了波伏瓦小说创作中的人物,她吸取的故事都是相当鲜活和刺激的。这些民间出版物,只要有机会,对于暴露同性恋者的丑闻,是从来不留情面的:一个被吓得狼狈不堪的名人、一个被追捕的鸡奸犯、一个被关进监狱的男妓、一桩尚未查清楚的谋杀等。这些颇具戏剧色彩的生活片段,在道德家的语言中,是不足以把同性恋问题说清楚的。如何才能找到除文化意义之外的意义呢?如何在这文化价值本身都衰退的时候,更好地利用其另外的价值呢?如何使这种浅薄又低贱的定位变成同其他人一样的人的要求呢?

萨特和热内之间,自从解放以来,在同性恋问题上的见解都是很明确的。他俩协同一致,使亨利·德·蒙泰朗和罗歇·佩雷菲特的观点变得陈旧过时。但这样的直接后果却是把同性恋问题重新冻结在非历史主义的,也可以说是纯美学的看法之中。这是一个"人造的陈词滥调夹板"。萨特在其研究波德莱尔时使用过这种方法,他说波德莱尔从来没有看过风景,但他喜欢想象他看了风景。在萨特和波伏瓦两人的观察中,这些事物的出现,以他们最良好的判断:同性恋最终只不过是一件"文化现象",按局势主义者①的说法,它是一个没有答案的永恒问题,它显示出的唯一东西是人的感觉和欲望,它最后会自生自灭。好像是在复杂的历史中,同性恋并不意味着有作为的人的一种弱点。但有时候,在共同的命运中,在社会目光的重压下,在专制统治的直接暴力下,这种命运常常是很悲惨的。[25]在谈到由"制度"发起的不断根除同性恋问题时,萨特心目中的同性恋问题是详细"分类"的,是根据他自己的哲学词汇用语来分类的。这就是把个人自由捣为碎片,把私人非同一化捣为

---

① 20世纪60年代出现在法国学生中间,以反对现存社会为目的的一种运动的拥护者。——译者注

碎片，把意欲凝结在一起的一种存在变得支离破碎。这种日常生活的重新统一难道不正是萨特所认为的自身革命的设计吗？

　　萨特、波伏瓦两人也常常遭到其他著名人物的忌妒。比如阿拉贡，他就被这位大名人所激怒。他觉得他同埃尔莎·特里奥莱一起，已表达了他们的意见。萨特和波伏瓦则强调，温情和智慧、互相商量和自由、分歧和团结一致……之间是可以协调一致、也相互融合的。这对于西蒙娜·德·波伏瓦把投身妇女运动放在主要的甚至第一的位置，是一种理想的形势。此外，他们的团结一致和他们的共同立场给人们留下很深的印象。当然，不忠的情况也是不少的，但远远不能和团结一致、互相信任相比。波伏瓦在她的回忆录中，多次描写了这一点。米歇尔·孔塔说："这一对搭档的故事改变了社会风尚。"

　　此外，他们的共同著作，按萨特词汇的说法，允许有两个"理解"的门路，按我们今天的话来说，就是完全平等的条件。因此，很多人在攻击萨特文章之前，早已阅读过卡斯托的作品了。在他们中间，某些妇女在政治思想上是悲观主义的，但她们最初都是赞同萨特的政治立场的，她们没有接着阅读《第二性》。因此，这一对名人能够重新建立一种男女关系的平等主义基础，一种全新和完全现代化的异性恋的理想形象。他们一代人中的很多双对，都是以他俩作为榜样的。

　　至于同性恋，他们一直被霸道的文化条文和漫画式的夸张言论所凌辱，但没有任何人出来揭露，究竟是谁策划和实施了凌辱，以致这些人长期以来保持着个人的沉默。他们没有享受到任何的善待，也没有任何进步和革新，这种情况从解放开始一直延续到60年代。除了为数不多的几个同性恋精英人物之外，没有任何文化先驱或任何政治运动站出来，帮助建立一个有利的环境以改善人们对同性恋的看法。同性恋不仅仅成了人民中间的反面形象，他们也被迫自己找人结合，被迫躲躲藏藏，被迫为了生存去卖淫。这数十年中，对同性恋形象的戏剧性丑化和出于政治需要的开发利用，只能进一步把他们推向深渊。直到70年代中期，政治生活把妇女解放的要求诋毁为同性恋的要求。

作家、同性恋和附敌分子

战后，萨特反对把同性恋者的形象予以翻新，这是有很深根源的。1945年，他在标题为《附敌分子是什么人?》的文章中，已经充分地表达了他的态度。有些同性恋者在被严密监视之下，混杂在其他各种类型的附敌者之中时，立即以一种专横的口气为自己开脱。萨特对他们的形象进行了分析："附敌者貌似有力量，其实他们没有力量。他们诡计多端，依附在强有力者的身边，他们甚至使用巫术和勾引手段，利用他们迷人的脸蛋，将法国文化强加在德国人身上。我似乎觉得在那儿，受虐色情狂和同性恋混为一谈了。此外，巴黎的同性恋产生了新一代人，他们人数众多，光彩照人。"[26] 萨特当时的的确确是一批著名人物的头领。他们是热烈支持维希政权的同性恋者，其中某些人甚至在贝当政府中任职。但这一现象并不能阻止在被占领期间一条反同性恋法律的出台。萨特还能观察到，一些同性恋者不只是被占领者勾引，他们有时走得更远。有些人公开在被纳粹掌握的报纸上，表达他们的反犹仇恨；也有些人经常在德军司令部的宴会上露面。

当然，在1941年10月5日前去魏玛参加阅兵的法国作家中，人们看见了皮埃尔·德里瓦·拉罗谢勒、罗贝尔·布拉西拉什以及阿贝尔·博纳尔。那些健康俊美颇有阳刚之气的年轻小伙子，迈着正步，列队走过他们面前时，他们为之神魂颠倒。[27]

不过，人们在那里也看见了同样多的异性恋者，如雅克·沙尔多纳和作家多米尼克·费尔南德斯的父亲拉蒙·费尔南德斯。也是在这段时间,在被占领的巴黎,马塞尔·艾梅发现了和蔼可亲的贝当、在宣传部门工作的让·吉罗多。也是在此时,彻头彻尾的反犹分子保罗·莱奥托在希特勒宣传机构的官方刊物《我无处不在》(*Je suis partout*)上,大量发表侮蔑性文章。其实早在 1940 年 6 月 14 日纳粹分子在香榭丽舍大街列队游行之日,他就已经是这个刊物的成员了。[28]

纪德于 1934 年 2 月 6 日成立了一个反法西斯组织,名叫"知识分子反法西斯觉醒委员会",并于战败后的头几个月里,宣布拥护贝当政府。1939 年德苏条约的签订的确使他大失所望。[29] 随后,他于 1942 年取道卡布里特去了突尼斯。他 1943 年才在阿尔及尔遇到戴高乐。罗歇·马丹迪加尔以六十多岁的高龄,流亡到昂蒂布海峡。他后来总算清醒过来,在 1942 年 1 月 17 日的日记中写道:"听说在反对占领者问题上取得了一致意见,非常兴奋。除了一小撮知识分子、政客、工业家和发国难财的人之外,任何阶级的任何人,都不会上德国领导人的当,去接受他们名为'合作'、实际上是奴役的承诺。"[30] 但这并未能阻止保罗·克洛代尔于 1943 年在巴黎成功地演出一部充满悲壮爱情的戏剧《光亮的皮鞋》(*Le Soulier de satin*),戏剧的导演是让-路易·巴罗。克洛代尔并不想了解在德国占领下的太多东西。

安德烈·布勒东、费尔南德·莱热、曼·雷和圣约翰·佩尔斯流亡到了美国。其他的巴黎知识分子去了非占领区,在明朗的天空下生活:雅克·普雷韦在图尔奈特、苏尔卢,安德烈·马尔罗在褐石湾,后来又转到阿意岛,弗兰奇·卡尔科、路易·阿拉贡和特里奥莱·埃尔莎在尼斯,安德烈·皮埃尔·德芒迪亚尔格在摩纳哥,约瑟夫·凯塞尔在埃斯代尔,拉乌尔·杜飞在佩比尼昂附近,亨利·米肖在拉旺德……一时间蓝色海岸精英云集。但他们之间不相往来，大家都过着宁静安闲的生活。[31]

在这次法国知识分子的大逃亡中，我们还想补充一点有关两个首都精神分裂式的现象。寒冷的维希是一个行政管理顺从降服的窗口。巴黎，失败的首都，但它是与敌人成功合作的窗口。政治混乱但工作照样进行着，正如奥托·阿伯茨所说："一切行动都需要按德国人的意志办，目的是制造法国的内部不和并削弱之。德意志帝国没有任何兴趣支持法国真正的人民力量和民族力量。相反，他们要依靠那些专门制造不和的势力：这些势力有时是左派分子，有时是右派分子。"[32]

人们能够理解萨特的痛苦。当然，让·科克托在这些黑色年代里，很少发挥他的雄辩才能出来说话。他的作品在涉及巴黎文化生活问题时，总是沉默不语或是顾左右而言他：比如，关于德朗西对犹太人进行搜捕并送往奥斯维辛集中营事件，关于纳粹铁蹄之下德国同性恋者的极为悲惨的命运问题。他的好朋友、雕塑家阿尔诺·布雷克尔崇拜希特勒，他1940年6月23日到巴黎是希特勒的召唤。两年以后，这个人的一个巨大作品展在"橙园"大厅举行，这当然是靠让·科克托的关系。因为人们在开幕式的照片上看见了科克托，周围都是些服装整齐的党卫军军官，离他位置不远处，还有恩斯特·荣格、塞尔日·利法尔以及阿贝尔·博纳尔。这张照片的日期是1942年5月15日。在此之前，阿尔诺·布雷克尔还在罗丹博物馆受到过朗多夫斯基和弗拉曼克的欢迎，在马蒂尼昂受到皮埃尔·赖伐尔的接待。再后来，阿尔莱蒂、布拉西拉什和科波在德国大使馆的沙龙里，为他举行庆祝活动。[33]科克托在解放那天，突然出现在一辆彩车上。人们更愿意回忆起他的朋友让·马雷，在巴黎解放的次日，参加外籍军团的事，以及在占领期间对《我无处不在》的文化评论员阿兰·洛布罗扇耳光的事件。1980年，弗朗索瓦·特吕福在其所拍影片《最后的地铁》中，表现了这一不朽的精彩场面。

　　人们很难听到来自异性恋方面的反抗呼声，甚至像保罗·瓦勒里和马塞尔·阿尔朗这样铁定的异性恋者也一样。他们的光荣是在两次世界大战期间通过《法兰西通信》造成的。他们成功地把不利条件变为有利环境，在这些黑暗的年代里，选择了十分公开透明的态度。科莱特本人，德国入侵时她已有70岁的高龄，荣誉地位也达到了顶峰，她选择了十分谨慎的态度办事。她在忍受过威利的折磨之后，不得不为了她的第三任丈夫多次向占领当局求情。她第三任丈夫名叫莫利斯·古德凯，第一次是由于反犹太人大搜捕，他成了牺牲品。第二次中人圈套被拘禁在杜伊勒利公园内，他在那儿的地洞中待了三天三夜。她写道："这个性格内向的男人对躲在缺少空气、环境恶劣的地方，很有耐力。"[34]

　　对于黑暗年代中同性恋问题和政治问题，萨特是怎样想的呢？他把同性恋和法西斯主义混在了一起。诚然，有罗贝尔·布拉西拉什，他既是反犹主义者、同性恋，又是众所周知的附敌分子，他生活得很舒适，但于1945年2月6日被枪毙了。[35]诚然，还有吕西安·勒巴泰尔，他是占领者控制下一家报刊的政治记者、艺术评论家兼德国美男子的爱好者，也是一个没有灵魂的、纳粹制度的宣传家，他于1944年逃往巴登巴登。还有一位是亨利·德·蒙泰朗，他同布拉西拉什、德里瓦·拉罗谢勒和莫朗一样，都在同样的杂志上发表文章，他喜爱德国男性阳刚之美，只会勇敢地表现而无欲望，他害怕解放，他在巴黎的夜游生活和丢人的同性恋表现，使他惶惶不安，终于在1967年自杀身亡。

　　路易-费尔迪南·塞利纳，很少有人怀疑他是同性恋，他于1944年同马雷夏尔一起逃到锡格马林根，后在丹麦被捕，关押18个月后，以背叛祖国罪被判刑，于1947年获释，1951年被大赦。[36]至于让·热内，他于1937年27岁时横穿德国，那时他还没有因侵犯未成年人罪在巴黎蹲监狱。他在《偷窃者报》上写文章，说他在德国只看见非人道的恐怖和暴力，甚至讽刺纳粹制度是以侵害打击他们自己开始的："如果我在此地偷窃的话，我无须采取任何特别行动，就能干得很出色；我遵从习惯秩序就够了。"[37]

证明萨特的判断完全错误并使人感到震惊的最著名例子是皮埃尔·德里瓦·拉罗谢勒。他兼有多种臭名昭著行为。这个资产阶级唯美主义者和首批附敌分子既喜欢温柔的男孩子，又钟情于有阳刚之气的占领者。他参加了1935年在纽伦堡举行的纳粹代表大会，他在自己的日记中，热情洋溢地赞扬新秩序和健美的年轻男子："有一种男子汉的身体味道在空气中流动，没有肉欲的感觉，但却让人心醉神迷。这个人群之中有着互相献身的慷慨宽宏之氛围。我的心在颤抖。我慌乱不堪失去了控制……到处都是健壮的身体、裸露的美腿、忠贞的眼睛，总之同我们国家相比，无论色彩和外形，都要有情趣得多。"[38] 不久之后，德里瓦·拉罗谢勒又写道："上一次战争之后的许多年中，人们可能认为我特别喜欢女人。其实，我喜欢男人的兴趣更大得多。"[39] 1935年，他参观了达豪集中营，发觉那里管理得非常好。同年，他又去了莫斯科，目的是对新制度有一个概念。他专访了那里的劳动营，他对最不守纪律者的待遇问题很感兴趣。同马塞尔·茹昂多一样，他战前就是公开的反犹主义者，但他同不止一个有钱的犹太女友结婚。由于这种异性爱的结合，他在日记中写了不少最侮辱女人的事情。占领期间，他达到了自己的目的，获得了《新法兰西杂志》领导的位置，上任之日他写道："这一群犹太人、鸡奸者和共济会员马上就会可怜兮兮地在我面前发抖。"1945年3月14日解放时，他接到一张法庭传票。第二天他开煤气自杀。

如何把萨特自己的仇恨和那些有各种各样性特点的其他人的仇恨做比较呢，甚至当此危机四伏的占领时期，告密和揭发到处都在发生的时期？如何区分开哪些是由于自身性生活而变得抑郁的作家，哪些是因自己生殖器切除而变成饶舌的厌恶女人者，哪些是心甘情愿让人检查自己是否同性恋呢？萨特在其战后所写的作品中对同性恋身份特性的慎重并极欲使之在文字中消失，究竟意味着什么呢？人们怎能因为在性问题上的分歧，就把萨特放在那些反法西斯英勇斗士的对立面呢？在这些反法西斯斗士中，既有安德烈·马尔罗、保罗·尼赞和罗歇·瓦扬，也有马克斯·雅各布、路易·阿拉贡和弗朗索瓦·莫里亚克。如果注意观察 1944 年 8 月 25 日清洗法令颁布 8 天之后全国作家委员会公布的第一份名单的话，人们可以发现上面同德里瓦·拉罗谢勒、布拉西拉什和蒙泰朗并列着的，还有焦诺、沙尔多纳、塞得纳、莫拉斯和莫朗。正如这位哲学家所说，同性恋差别由于"真正的理解"不能显露出来。他的关于巴黎文学界的解释性建议，全都集中在同性恋、受虐狂和诱奸等方面。在我们看来，建议非常不全面。因为无论在第一类人物还是第二类人物中，都没产生几个正面英雄，敢于表达真正的反叛精神。也没有几个有实力的作品肯在他们公开的或匿名的作品中或在他们有亲密关系的报纸上，描写 1940 年 6 月 14 日纳粹进入巴黎市的情况，也没有人写过关于 1940 年犹太人法令的颁布以及后来组建保安队[①]的情况。这支保安队的军歌，当他们在巴黎大街列队通过，扯着嗓子大声高唱时，对于那些愿意竖起耳朵倾听的人来说，其意义是非常清楚的："布尔什维克、共济会员、敌人、以色列人、卑鄙的腐败分子，法兰西讨厌你们。"

1945 年 4 月 12 日，西班牙共和党人豪尔赫·森普鲁姆从布痕瓦尔德集中营被释放出来，他偷偷去投奔法国抵抗运动的一个军官。这个抵抗运动组织是在理性的城市巴黎建立起来的，这位西班

---

① 法奸组织。——译者注

牙人正是在1943年秋天在那儿被捕的："毫无疑问，一些重大的事件在那儿发生过，但我一无所知。一些书籍出版了、一些戏剧上演了、一些报纸创办了。……总之，除了某些自然消亡或因事故造成的消亡的东西而外，我不觉得法国的文学园地遭到过破坏或打击。没有任何新秀出现，也没有任何真正使人感到惊奇的作品：墨守成规和因循守旧在按部就班，甚至有组织地增长和扩大着。在这样一个历史性灾难之后，忽然看到这些，让人非常震惊，但这却是现实。"巴黎，它是无忧无虑的。弗朗辛·德·马蒂努瓦尔愿为此作证，他补充道："没有良心，他们企图翻过这一页历史，把它忘得干干净净吗？森普鲁姆回忆起，普里莫·莱维费尽艰辛也找不到一个出版商。长时间以来，他想忘掉集中营，他放弃了写作，为了保证活下来，必须忍受痛苦，他不是一个劫后余生的幸存者，而是一个重回人间的幽灵。"[40]

萨特在1945年写的这篇关于附敌分子的文章中，对同性恋进行了严厉的政治谴责。这种谴责必然会给整整一代同性恋者留下深刻印象，他们从前更多是听人谈论纳粹的大搜捕和残暴的刑讯，而很少知道德国使馆里举行的招待宴会。他们是不可能出来作证的。很明显，没有人对萨特的说法做出反应。萨特肯定并不知道，在那个时期，同性恋的协作组织和同性恋刊物都是不存在的，表达意见是被禁止和要遭到谴责的。

几个月之后，萨特又重犯错误，比之他在《现代》杂志所写的第一篇社论来说，这次错误的分量一点也不轻。他改变了进攻角度，重新挑起重担，草拟了一份冷酷无情的关于同性恋"行为的心理"分析："我们拒绝相信，一个现实的同性恋爱情，其特点和一个异性恋爱情是一样的。首先，同性恋的秘密关系就给人一种不祥的印象。同性恋者有意识地勾引他的性伴侣在一起，这是下地狱之罪；很多事实表明，他对感情的影响是全面的，直到发展的所有细节。我们认为，一个人身上的不同感情并不是并列的，但却有一个感情的综合统一，每一个个体的人都生活在属于他自己的感情世界之中。"[41]在这方面，杂志的编委会内部没有任何一人做出反应，而这个编委会中有雷蒙·阿隆、西蒙娜·德·波伏瓦、米歇尔·莱里斯、莫里斯·梅洛-庞蒂、让·波扬和阿尔贝·奥利维耶，此人是《战斗报》(Combat)的主笔，也是阿尔贝·加缪的密友。这种谴责的目光总归还是较温和的。但范围扩大之后呢，难怪希特勒本人都说："法国的男人和女人既有芬芳香味，又有患梅毒者的气味，这正好让它'蔓延到欧洲'。"[42]

萨特这种反同性恋态度，只有一个独一无二的可资参考的证明，当然，此证明从理性上说是很有价值的，但对其他同性恋者来说却是很致命的。此证据得到亲近好友的赞赏。热内就是其中之一，萨特对他很满意。他从自己的忧郁处境中摆脱出来，重新安排自己的命运。他强制约束自己而且要超越自我。因此，他面向众人，显示他是自由的，他主动出击以解救自己，特别是从社会眼光这种虚假的反应中把自己解放出来。这种超越应该满足。但并非每个人都是让·热内或阿蒂尔·兰波。

人们不能忘记他写于1949年、发表于1954年的小说《心灵之死》(La Mort dans L'ame)中，那位同性恋者达尼埃尔，他在德国军队开进巴黎的时候欣喜若狂，他的欲望取代了一切政治眼光："达尼埃尔猛地抬起了头，他看见他们了，心脏直到这时才开始跳动。他们一个个既纯洁又威严地乘坐在加长的小汽车上，15或20人为一组，向着塞纳河的方向，缓缓前进……他向他们投去大胆的目光，他贪婪地饱尝着那些金发，那些晒成古铜色的脸庞，那些似湖水般清澈的眼睛，那些线条突出的身材和不可思议的长长的、肌肉发达的大腿。"[43]小说中，达尼埃尔遇到了年轻的同性恋者菲利浦，他是一个不安分的逃兵："小伙子高大而温柔，满头蓬松的金发，圆圆的肩膀如同女人一般，细腰、臀部结实而略大，小小的耳朵也很优雅。"[44]一段田园式的爱情形成了。但他们的故事没有发展下去，小说的情节不能超越"心灵之死"。于是整整 20 年的时间里，一个具有历史意义的同性恋者的令人厌恶的形象，一直在时间和环境之间、偶然和必然之间、幻想和伪装之间，在被人讽刺、被人嘲笑中存在着。一直要到很久之后，西蒙娜·德·波伏瓦才在《自由之路》的最后一卷的手稿中，让年轻人菲利浦在一个抵抗运动者的驻地，被纳粹分子突然袭击打死。达尼埃尔在失望之余，在党卫军军官中，制造谋杀事件而英勇牺牲。

在二十多年中，热内和萨特作为一对政治伙伴，都在发挥着自己的作用。热内比萨特年轻，但也只小 5 岁而已。他们在很多战线上参加过很多共同战斗。但也只在 1968 年五月事件后，突然冒出了法国同性恋运动之时，他俩才又在这一领域中走到了一起。我们可以认为，是这些重大事件使然。这次历史性会晤自然要求思想意识上的改变，即对同性恋问题重新定位。这并非他们自己心血来潮想旧事重提，完全是因年轻一代的同性恋者，他们深信 1968 年五月运动和 1969 年 6 月的纽约同性恋者大游行的价值和重要性，他们要说话了。

在那些相同的年代里，黑人居住区发生了暴乱，黑豹党（Le Black Panthers Party）要求让·热内发表一个声明，肯定同性恋也是所有社会压迫之下的，符合逻辑的反叛。让·热内拒绝了，但他从来没有隐瞒他生命中那部分同性恋历史。最终是 BPP 政治局的牛顿在一份肯定性声明中签了字，承认"同性恋者是革命者中最为革命的成员之一"。其间，几百公里之外的黑人居住区正在燃烧。同纽约警察局在克里斯托弗大街坚持了三天的同性恋造反派，终于在美国与新的同性恋暴动者，进行了历史性的会见。

在巴黎，戴高乐主义的精神枷锁煎熬着那些已经被美国的反文化、新浪潮的富裕生活以及对殖民地的苛刻统治不满的整整一代人。大战之后的印度支那战争和阿尔及利亚战争纠缠在一起。除了种族主义这块沃土外，法国当局对于其所追求的目的，已经没有任何清楚的政策解释了，还一再要求青年人毫无意义地冒险去面对死亡、面对杀人、面对刑具。面前的现实是，戴高乐本人已经垂垂老矣，他的独裁制度，他的过时的抒情诗式理想慢慢过时了。

萨特与同性恋造反

1968年5月，拉丁区发生了严重事件。这不是一次叛乱，这是一场革命。被占领的巴黎大学校园过道上，出现了号召同性恋者起来造反的标语。这些标语在被占领者领导委员会自己撕下来之前，被皮埃尔·哈恩抄录了下来，因而在历史记录上留下了痕迹。因为，如同一些与当局政见不和的危险朋友提的问题一样，不受人欢迎的同性恋者提的问题也不会使正在进行的革命"失去光辉"。

让-保罗·萨特很可能在5月的某一天看到了这些大字报，因而到大学里黎塞留阶梯教室去说出了他对学生运动的支持。如果他再迟一些到那里的话，他也许会读到对他的朋友让·热内的、语气要尖刻得多的批评："对于让·热内这样一个光辉的名字来说，这是多么大的羞耻啊！"[46] 不远处，在被占领的奥德翁剧院里，大学生们正在谈论"被鸡奸"这样的词汇。一个同性恋者发言，要求人们不要相信那些轻率的词汇，因为它带有严重的种族主义色彩。同性恋发言人获得长时间的鼓掌。[47]

3年后，1971年4月，由于盖伊·奥克汉姆的关系，《一切》报同意拿出四个中心版面，专门报道造反的同性恋者。使他们最终得以在距离福罗拉-杜伊勒利公司300米远的美术学校中聚集并举行会议。这所美术学校在波拿巴大街上，离萨特的住处200米远，离奥斯卡·王尔德断气的那家饭店只有 100 米的距离。他们已骚扰、破坏了无数次政治大会。每年 5 月 1 日，他们都使总工会感到为难，他们吵吵嚷嚷，大张旗鼓地走在游行队伍中间，同妇女运动一样，他们也要求身体解放、性自由，要求结束大量的歧视政策。[48]

保卫共和国联盟的图尔市市长让·鲁瓦耶在翻阅《一切》报中心版面上那四版报道时，对于那种鼓励淫乱的态度非常愤怒。让-保罗·萨特是这份报纸的出版负责人。他接过了当时左派报刊所有禁止刊发的东西，从毛泽东到布勒东、从科西嘉人到士兵委员会。所有人的脑子里都装着戴高乐回答某位部长时说的一句话（当时那位部长想封住萨特的嘴）："人们是不能把伏尔泰关起来的。"萨特同巴黎的司法部门对簿公堂。他被审问了数十次，报纸也被禁了。《一切》报又出了两期后，就完全消失了。在那一期引起祸端的中心版面中，我们的哲学家没有忘记特别刊登了一篇由他的同路人、战斗伙伴让·热内发起的请愿书。热内是一个不甘寂寞的人，他说："假如我没有同阿尔及利亚民族解放阵线睡觉的话，我就不会了解阿尔及利亚人民的斗争。"更为严重的是，在同一期报纸上，萨特还发表了一篇历史文章，提醒被遗忘的、关于粉红色三角标记问题，他特别宣称："在第三帝国统治下，纳粹集中营里有 5 万到 8 万名同性恋者死于非命。这些人的衣袖上或上衣前胸部位，都有一个明显的粉红色三角形标记。"

接下来，从乔治·蓬皮杜到吉斯卡尔·德斯坦，在 60 年代初和 60 年代末的连续两次群众运动浪潮中，所有同性恋的报刊均遭禁止。

1971 年，萨特从同性恋运动的初始阶段，就接触这个名叫同性恋革命行动阵线（FHAR，le front homosexuel d'action revolutionnaire）的组织。我还记得让·热内出席该组织全体会议的情况：

热内制止要求他发言的鼓掌,拒绝了发言。

萨特的同性恋观点是在历史的压力下转变的。被社会目光束缚的、唯一的既无能又实在的同性恋形象,是他1970年所写的关于让·热内研究的文章。他对同性恋的描写,远远不同于社会上对同性恋者形象的歪曲。他写道:"鸡奸者应该是一样东西、一朵花、一条虫、一个古代的或天王星上的居民、一副在灯光下跳来跳去的木偶,应该是你愿意他成为的什么……但是我周围的人除外,我自己的形象除外,我本人除外。"[49] 自从1945年在《现代》杂志上写了措辞严厉的社论以来,他愿意给人留下宽容的形象,因而观点也比较温和了:"如果鸡奸是一种自觉的选择的话,它也就变成了一种人可以用的方法。我不觉得有何不好:人间所发生的事情,不管有多么千奇百怪,最后都会包容在大千世界之中。"

但是,萨特还将走得更远。在70年代的前几年里,他思想的细微修正还是很明显的。在萨特同菲利浦·加维和本尼·莱维、皮埃尔·维克多等人谈话期间,《解放》报组织了一个预备性见面。见面中的辩论,汇集成一本标题为《造反有理》(*On a roison de se révolter*)的书,该报靠出这本书赚了不少钱。辩论中,菲利浦·加维根据报纸方面的计划,提出了关于同性恋的地位问题,萨特是这样回答的:"你提出了一个很难回答的问题。因为同性恋运动没有广泛的群众性。如果人们在报上发表一些关于同性恋的文章,我们将会收到无数表示反对意见的读者来信。我们对这些信无法进行鉴别。当20或30封读者来信对我们说:同性恋,这太可怕了,简直是反对阶级斗争。这时也有另外一两封信表示完全相反的意见。你希望怎样把这两种意见融合在一起呢?而且从某种观点看问题,那些说'这简直是反对阶级斗争'的人也不完全是错误的。因为这种情况今天仍然存在。现在形势已经变了……我们要向报纸的读者指明,同性恋是有生活权利的,他们同所有人一样，权利应该受到尊重。"[50]主要的话都说了。同性恋问题在公民权方面和政治上都终于得到了承认。偏见依然存在，它不会一夜之间就消失的。

萨特思想的惊人的变化，表现在1975年11月2日发表在 Lorriere delle sera 报上的关于皮尔·保罗·帕索利尼谋杀案的一篇文章，当时正在开庭审判17岁的凶犯皮诺·佩洛西。他要干预这一案件。那时他已经失明，于是向波伏瓦口授一篇文章，于1976年3月6日发表。[51]萨特意识到，人民群众是循规蹈矩的，因为他们虔信天主教的、像意大利共产主义那样的因循保守思想。他写道："佩洛西，他是一个纯粹为了金钱的同性恋者，他把自己的身体奉献给和他同样性别的人们，从儿童时期开始，他的家庭、学校和学校里的同学们都告诉他，只有一种真正的性关系，在这种关系中，他的男人性别扮演的角色是非常清楚明确的。在这种教育的基础上，他对自己的角色也是深有体会的，他是一个正常男孩，对女人的肉体有某种欲望，但他也是一个为了金钱，向欲望妥协的背叛者。当他杀害帕索利尼的时候，他想的只是摆脱痛苦，是想一劳永逸地了结他同同性恋的关系。从童年时起，他就有一种似乎难以抗拒的同性恋倾向，这种倾向在一些人身上，在他自己身上表现出来，认为同性恋的性关系同异性性关系一样是正常的。"[52]因此，正是由于这种同性恋运动的需要，萨特才放弃了把同性恋者视为两种完全不同的形象的理性打算：一种是漂亮的轻罪罪犯，另一种是自动沉迷于秩序、力量和非凡美丽的人。

在1945年到1970年这25年期间，巴黎的文化生活继续着它惯常喧闹和对同性恋者的宽容。法国看不到对同性恋者在政治意义上的"压迫"。其间，戴高乐延续了贝当的法律。后来，同性恋变成了一种社会灾难。同性恋者无声无息了。政治上的指责和理性讨论的压制，使得在这些年中，男同性恋完全忘记了自己的特性，只剩男性异性爱的概念。纳粹对同性恋者的诬蔑性推论以及为了避免回忆因而沉默的现实，都没有伤害任何人。

　　人们最后总爱以萨特的口气来反躬自省，正如在《现代》杂志上写的那篇社论，他对知识分子的没有责任心非常愤怒："人们对巴尔扎克在1848年那段日子里表现出的无动于衷感到遗憾，人们对福楼拜在巴黎公社面前因恐惧而不理解感到遗憾。人们为他们感到惋惜。他们永远失去了一些东西。我认为福楼拜和龚古尔对巴黎公社之后的镇压有责任，因为他们没有写过哪怕是几个字加以制止。有人会说，这不是他们的事情。但卡拉斯的诉讼案呢，难道那是伏尔泰的事情吗？德雷夫斯的审判呢，难道那是左拉的事情吗？刚果问题呢，难道那是纪德的事情吗？这些作家，在他们生命中某些特殊情况下，权衡了他们作家的责任。"同性恋本来也不关萨特什么事。他为被诋毁的同性恋者留下了一些文字资料。人们对他的勇气不够感到失望。在这方面，萨特不做任何辩解。我们觉得在1968年5月和报纸造反事件受到感动之前，正如我们前面所谈到过的，他是50年代和60年代政治良心完美的代表性人物。也就是说，他对人民的屈辱，对同性恋者被人从政治上和从宣传上加以利用，非常反感。

　　1980年，我有机会就同性恋问题向萨特提出问题。我的问题很多，由于时间的关系，不可能全都提出：为什么在他写的文章中，附敌者的形象总是同同性恋的形象合在一起？当战后为纳粹的残暴做总结时，为何忘记了同性恋被关押的规模？在1944年10月16日开始的为纳粹主义统治下的牺牲者举行的游行活动中，他为何没有在巴黎游行队伍中出现？怎能对1933年以来的数十年间，同性恋者大批被搜捕，被送往纳粹集中营和古拉格群岛的事熟视无睹呢？为什么他对同性恋的解释，比热内亲身观察和亲身体会的解释走得还要更远？他的回答很诚恳，当然也并非毫无顾虑。这是他

第四章 萨特，无须负责

唯一一次谈同性恋问题，也是他最后一次谈话，几周之后，他去世了。

这次会见得力于西蒙娜·德·波伏瓦的帮助，我同她通过信。是她为我安排的这次会见。*Gai Pied* 报在其第一期出版一年之后，能够摆脱众多的审查，对萨特在其寓所中进行专访，这是很大荣幸。访谈之后，米歇尔·维安这位鲍里斯·维安的寡妇、萨特的情人同时也是福柯的女友对我说，我们还有时间把发表在这一期 *Gai Pied* 上的谈话，读给盲天才听，他将为他本人回忆的真实记录感到高兴。[53]

因此，当吉勒斯·巴伯代特和我，我们两人于 1980 年 2 月 23 日被请到他在埃德加·基内大街的寓所，去帮他回忆《解放之路》一书中那位当德军到达香榭丽舍大街时[54]，表示热烈欢迎的人物达尼埃尔的形象时，虽然离写那本书已经过去了 30 年，萨特仍然十分愤怒。[55]他说："我想事实上，同性恋是潜在的背叛者。但应该很好地理解这意味着什么。背叛者，这是事情黑色的一面。但白色、金色的一面，这才是同性恋者试图成为的真实面貌。他们想找一个异性恋所没有的深层次的东西。"

对此问题的答复，萨特也提了两个方面，一个是关于他自己的看法，另一个是来自社会的看法。总之两种看法并不是可以完全解读出来的。同异性恋相比较怎能同时既"黑"但又是纯洁的，既"背叛"又是深刻的，既"肮脏"又美好呢？当然，这种看法利用了一些异性恋方面最高权威介绍的最新记录材料，萨特好像尖锐地批评了这种看法，但从来没有在他写的大量作品中进一步展开。他的答复的另一半，同玛格丽特·杜拉斯的说法一样，是关于同性恋这件事的"黑色"一面的。[56]在这次谈话中，萨特承认，让·热内已不能使他满足了，这位他的存在主义理论的英雄人物，这位失败的、被糟蹋的少年，他顺从而狡诈，在所有叛逆行为中和搞同性恋时，都头脑清醒，逻辑性很强。在大量的问题中，他自己看到，他总不能回答："这是热内对我说的。"

同性恋浪潮热闹了 10 年之后，萨特对于同性恋运动的合法性终于有了信心。在同我的谈话中，他宣称："我想，目前，人员处于少数的同性恋者被迫处在孤立的状态中。在这循规蹈矩的社会中，他们是一小群人，一小群不能见容于这个社会的外人，社会要拒绝他们，甚至像美国人那样，给他们建立一些特别地区。"他接着非常清楚地补充道："因为异性爱的社会统治着同性恋者，并多少有些阴险地把他们引向死亡之地。"在他的分析中，"死亡之地"一词不是突然冒出来的，正是在那些日子里，10 年中在德国和被其占领的地区，20 年中在苏联，难以计数的欧洲同性恋者遭到杀害。

萨特的回答最终是远离他自己的尼采哲学观念和社会作用辩证法的，一如他的咖啡店侍者哲学观和他对福楼拜的最后看法。[57] 事实上，当人们处在被社会目光轻视的状态时，他们就有把自己局限于建立隔离区以求自卫的策略。但这种现象该如何解释呢？他们凄惨的受歧视的命运的根源在何处呢？在雅典、罗马还是柏林？同性恋者初始的错误又在哪里呢？萨特的答复始终有两个层面：既有隔离区，也有迫害。有迫害，就有躲避迫害求生存的隔离区。既有社会看法，也有其固有的烙印。

关于法西斯主义制度，它通过强迫必须男性化，引导男人们在一起共同生活，萨特的回答是："是的，同性恋当然是人们制造的一个妖魔形象，法西斯制度从总体上说是反对同性恋的。只是不要忘记，在希特勒统治时期，也有相反的情况。希特勒的高官们常常就是同性恋者或有同性恋倾向的人。有两种外表。每当人员大规模驻扎、调整合并或进行军事演习时，在法西斯分子中，就会有这种不阴不阳、不清不楚的关系存在。在所有情况下，都有同性恋倾向，因为都是清一色的男人在一起，他们在一起睡觉，在一起生活起居，他们不可避免要发生较亲密的关系。这样就产生了一种同性恋威胁。我说'威胁'是因为法西斯的首脑们同时也知道，有些同性恋是同法西斯主义同时产生的。但他们又希望同时保留着大男子主义权威，他们反对这种同性恋。这就证明，有两种情况存在。这造成法西斯制度也是专治制度的深刻矛盾。"[58]

萨特因此形成他对于法西斯统治下同性恋问题的观点，不过他只涉及一个方面。当然，同性恋的实际情况不可能同表面看到的完全一致，特别是在男人同男人之间的那些世界里，这是半个世纪之前海因里希·希姆莱就已经认识到了的。萨特对这种情况做了清醒的判断，但他没有提到可怕的后果。在巴黎，是谁对柏林和莫斯科的反同性恋极端行为感到忧虑不安呢？萨特应该在1936年读到过纪德从苏联归来写的揭露性文章："从马克思主义的观点看，对反对同性恋的法律该怎样想呢？此法律把同性恋等同于反革命（因为对离经叛道者的追诉一直要追到他们的性关系问题），他们将被关3年集中营，假如他们没有运气在此期间被流放的话，还要重新判刑。"[59]

我们向他提出了这次谈话中主要问题之一："在你写的政治性文章中，为什么没有片言只字提到苏联和德国处死同性恋者的事？"萨特的回答是："因为我并不准确地知道杀了些什么样的人，屠杀是否有计划有系统地进行的，也不知道究竟杀了多少人。我没有把握。因此，我可以谴责那些暴君的大量罪行。但这件事既然我不清楚，我就不能谴责。历史学家也很少谈及此事。"[60]

我们愿意向萨特提供德国作家克劳斯·曼（托马斯·曼的儿子）所写的、那时在法国尚未发表的文章作为时代的证据。那篇文章是1934年12月发表在布拉格一家杂志上的，那时离对希斯菲尔德研究中心的大搜查只过了几个月，"血腥之夜"的屠杀发生不久，苏联反同性恋法律刚诞生。克劳斯·曼可以说是第一个站出来的人。他也是在关键时刻,吹响欧洲思想领域反同性恋论战号角的人。他揭露了某些残酷强制行动,最后,文章又回到斯大林的反同性恋法律上:"人们会想,究竟根据什么逻辑、什么道德标准,一个社会主义国家,为了表明自己正确和清白,竟然肢解自己的法律,诽谤一个真实存在的群体,他们的'罪过'只不过是性倾向有些特殊,然而它是本能的、自然的……我听说过这种对男性性爱的歧视和厌恶,在大多数反法西斯阶层中,在几乎所有社会主义阶层中,已经达到了极端的程度。"[61]

克劳斯·曼逃到柏林,后来又避居巴黎。他预言:"不久的将来,人们就会把同性恋和法西斯等同起来。在此问题上,不可能长期维持平静状态。我们为反对种族偏见而战斗。难道我们却容忍最极端的反对特殊性倾向的宣传大行其道吗?……难道我们能让反法西斯的报章杂志上,出现'杀手'和'鸡奸者'这样的字眼吗?在我们希望看到的世界上最光明、最进步的国家里,从今以后,它的爱情形式很可能是最可怕、最压抑的。而在任何一家左派报纸上,人们看到登载着一些关于屁股的愚蠢笑话。与此同时,柏林正在策划着针对同性恋的夜间行动,悄悄地把他们送往劳动营去……他们正在把同性恋者变成反法西斯的犹太人。这是非常恶劣的做法。"

相反,能够使萨特从反同性恋名声中摆脱出来的,是他早就有的忠诚的女权主义思想,以及他经常提出的性关系的不能确定的问题。比如对于波特莱尔和福楼拜,他就提出过这一问题。从西蒙娜·德·波伏瓦身上,从他为妇女解放所进行的斗争中,他觉得可以肯定的事实是,每一个人女性和男性成分,不能简单化地形成同性恋和异性恋概念,甚至友谊和爱情概念,或者属性的概念。而70年代初期,同性恋运动一出现,他就能够远离那些同性恋的、多少有点象征性的面孔,如从安德烈·纪德到让·科克托,从阿蒂尔·

兰波到让·热内这些人。在这方面，他更接近罗兰·巴尔特和米歇尔·福柯的立场。[62]后来，同他们一样，他并未忘记在加强法国同性恋运动建设的请愿书上签字。作为法国第一家为同性恋说话的报纸《一切》（*TOUT*）的出版者，他在政治上是始终忠实于这种解放运动的。

处在铁锤和铁砧之间的同性恋问题，30年来在政治斗争中消失了。它成了一个盲点，没有任何人站出来，清楚地对它伸出援手，萨特也是处在不知情的位置。尽管他在小说中，不断地赋予同性恋人物以有血有肉的形象。当他不把所有的罪恶都加在他们身上的时候，他还常常在他的哲学思想的领域里，给予他们一席之地。在此期间，这方面不存在任何实质性的进步，其中包括他曾大大影响过的那一代人。对于历史的这一重要方面，没有任何一个人提出一些实质性的有用资料来，既可以平息人民群众视同性恋为洪水猛兽的偏见，又可以给同性恋者指出明确的目标，以便他们自己抓住此一历史重要时刻。这一点是不同于以前几代人的。

注释

［1］让-保罗·萨特：《墙》，Gallimard出版社，巴黎，1937年。

［2］让-路易·博里、盖伊·奥克汉姆：《你们如何称呼我们这些同性恋者》，Calmann-Lévy出版社，巴黎，1977年，第59页。

［3］乔治·昌西：*Gay New York*，摘要刊登在《社会科学研究文集》第125号，第12页。

［4］让-保罗·萨特：《墙》，第208页。

［5］贝尔纳-亨利·列维在他关于让-保罗·萨特的著作出版之际的一次电视采访中发现，接近这件新闻中的反面主角吕西安和当今奥地利极右翼首领Jorg Haider是可能的。不但此类新发现属于他，而且他的这一揭示促使蛊惑人心的法西斯主义和同性恋的混合怪胎起死回生。在《维希，1940—1944》（前引书，第249页）中，让-皮埃尔·阿泽马和奥利维耶·维耶维奥卡写道：

"记忆这个话题继续引起所谓的争论,1891年出版的贝尔纳-亨利·列维的《法兰西意识形态》便是最具讽刺意味的实例。这位散文家着重指出,维希是一种'法兰西式的法西斯主义',贝当主义是法兰西文化的基石。他虽然得到了让-弗朗索瓦·雷维尔和《新观察家》杂志多位记者的支持,但依然无法掩盖他在历史学方面是个外行这一事实。"

[6] 电影人贝尔纳多·贝尔托鲁奇于1978年拍摄了根据这部小说改编的一部长片。

[7] 死于1922年的马塞尔·普鲁斯特战胜了有关同性恋叛逆者的某些神话,他的形象是一个没有门户之见的观察家,他敌视他的资产阶级,而且是个犹太人,他从内部描写了所有虚伪的残酷行径。

[8] 让-路易·博里:《你们如何称呼我们这些同性恋者》,第25页。

[9] 达尼埃尔·介朗与让·勒比图的谈话,1985年,巴黎。摘要于1955年刊登在巴黎的3 *Keller du* 月刊第41页上。美国版的《棕色瘟疫》如今也终于问世了,书名为 *Broun Blague*, *Travels in Fate Weimar and Early Nazi Germany*,杜克大学出版社,1994年,Durban and London。Robert Schwartzwald 译成法文并作序。

[10] 从历史角度看,我们也可以对1941年和1942年的法德决定作同样的两种诠释,无论是否发生了德国占领,对犹太人的第一种身份和同性恋行为实施惩处,也就是罗贝尔·巴丹泰的分析所阐明的:"在1941年,即法国大革命中颁布给予法国犹太人以法国公民身份的法令150年之后,维希政权又把犹太人从法兰西民族中分离出去。从此以后,在普遍的冷漠乃至敌视中,他们变成了被剥夺了部分权利的臣民,没有尊严,受到种种限制和禁止,他们似乎应该为法兰西所遭受的灾难承担首要责任,并且承受与众不同的痛苦和屈辱。"(见《寻常的排犹主义》,第104页)

[11] 法学家 Gérard Bach-Ignasse:《了解同性恋吗?》,Espace Nuit 出版社,巴黎,1988年,第60页。

[12] 让-保罗·萨特:《对犹太问题的思考》,Galolimard 出版社再版,1985年,第62页。

[13] 弗洛朗斯·塔马尼引用。第44页。

[14] 参见我于 1998 年在巴伦西亚主持的"萨特与同性恋研讨会",此次会议是 Juan Vincente Allaga、Ahmed Haderbache、Ana Monleon 和 Domingo Pujante 组织召开的题为"文学和艺术中的性"的大学研讨会的一部分,会议文集于 2001 年由法国文献学院出版,第 650 页。

[15] 让-保罗·萨特:《奇怪的战争纪事》,Gallimard 出版社,巴黎,1983 年,第 184 页。贝尔纳-亨利·莱维:《萨特时代》,Grasset 出版社,巴黎,1999 年。

[16] 与 Alberto Moravia 和 Vincent Tardieu 的谈话。

[17] 相反,萨特绝不接受诺贝尔奖,热内却接受了 1983 年文化部颁发的国家文学大奖。向来喜欢改变主意的热内,派了一位年轻的阿拉伯人作为他的代表,雅克·朗把一枚文学和艺术勋章别在这位年轻人的皮夹克上。

[18]《致 Castor 信》,第二册,Gallimard 出版社,第 849 页。德尼·贝托莱在《萨特传》中引用。Plon 出版社。2000 年 2 月。

[19] Anni Cohen-Solal:《萨特影集》,巴黎,1994 年,第 142 页。

[20]《圣·热内,演员和圣徒》,Gallimard 出版社,1978 年,第 63 页。

[21] 德尼·贝托莱:《萨特》,第 339 页。

[22] 70 年代中期,让·热内在与德国作家菲希特的谈话中说,当初不如考虑在维也纳建立犹太人的国家,一则可以避免以阿冲突,二则可以彻底平息奥地利人心中不堪回首的往事。

[23] 达尼埃尔·介朗:《文学剪影》,*Gai Pied*,第 254 期,1987 年 2 月。

[24] 乔治·西德里,见 Esther Benbassa 和 Jean-Christophe Attias 主编的集体著作《仇恨自己》,Complexe 出版社,巴黎,2000 年,第 121~122 页。

[25] 在确实应以事物的显现方式抓住事物时,萨特也不把现象学应用于同性恋问题。

[26] 该文于 1945 年首次以《法兰西共和国》为题在纽约发表,后被收入 *Situations* Ⅲ,Gallimard 出版社,巴黎,1947 年 10 月。第 58 页及以下多页。

[27] 历史学家罗贝尔·阿隆在他的《维希史》(Fayard 出版社,1954 年)第 496 页上写道:"阿贝尔·波纳尔是个典型的得过且过的知识分子、同性恋者和性虐狂症患者。"此话就像是萨特所说。阿隆接着写道:"赖伐尔令人不

解地任命他为大学高级讲师，遭到元帅的反对，但赖伐尔不为所动，元帅愤而说道：'把青年托付给小盖世太保，真是奇耻大辱。'"需要指出的是，罗贝尔·阿隆的这部著作从 50 年代起就是必备参考书，可是在全书 766 页中一次也没有出现"同性恋"这个词。

[28] 参见弗朗辛·马蒂努瓦尔：《1939—1945 战争期间占领下的文学》，Hatier 出版社，巴黎，1996 年。此书为我们提供了一些有关这方面的重要线索。

[29] 参见 Herbert R. Lottman：《左岸》，Seuil 出版社，Essais 丛书，巴黎，1981 年，第三章"德国年代"，第 247 页及以下多页。

[30] Jean-Paul Cointet，前引书，第 206 页。

[31] 让-皮埃尔·阿泽马和奥利维耶·维耶维奥卡在他们的《维希史》（前引书）第 248 页写道："子夜出版社的出版物始终是知识界抵抗运动的杰出象征。这套由 Pierre de Lescure 和 Jean Bruller（又名 Vercors）创建的丛书，拒不接受宣传陷阱，兼顾了战斗的要求和文学创造的需要，但并非没有模棱两可之处。戴高乐主义者为 1942 年地下出版的《大海的沉默》欢呼，因为此书象征着被囚禁的法兰西的尊严。共产党人对此书予以谴责，在他们看来，此书鼓吹等待主义，因为它仅仅以沉默表示抗争。"

[32] Jean-Paul Cointet，前引书，第 77 页。

[33] 阿尔诺·贝克尔的 45 件雄伟的雕塑作品在杜伊勒里公园的奥朗日里展厅展出，当时也在场的 Sacha Guitry 说："这些雕塑若是全都竖立起来，道路就将堵塞。"多米尼克·费尔南德斯在他的《敢于说出自己名字的爱情：同性恋艺术》（Stock 出版社，巴黎，2001 年，第 285 页）中讲述了这个小故事。阿尔诺·贝克尔在短暂的非纳粹化之后——他创作了阿登纳胸像——度过了一个漫长的晚年，在 90 岁于 1991 年去世。他的那些装饰在许多德国公园中的雕塑作品，战后不是被偷就是被毁。

[34] 弗朗辛·马蒂努瓦尔在《占领下的文学》中引用。第 116 页。

[35] Maurice Bardèche 娶 Robert Brasillach 的姐妹为妻，从解放以后就成为新法西斯主义的主要理论家。参阅 Valérie Igounet 的著作《法国的否定主义》，Seuil 出版社，2000 年 3 月，第 23 页及以下多页。

［36］这里就不提命运多舛、身后才在文坛享有盛名的 Maurice Sachs 了，萨特并未参考他的著作。参见 Frédéric Gaussen 的著作。前引书。

［37］弗朗辛·马蒂努瓦尔：《占领下的文学》。前引书，第 119 页。

［38］参见 Pierre Andreu 和 Frédéric Gover 撰写的 *Drieu la Rochelle*，Hachette Littérature 出版社，巴黎，1979 年，第 398～399 页。

［39］《占领下的文学》，第 89 页。

［40］《占领下的文学》，第 265～266 页。

［41］萨特：《现代》，第 7 期，1945 年 10 月，第 12～13 页。

［42］绍尔·弗里德兰德引用。第 178 页。

［43］*La Mort dans l'ame*，《自由之路》第 3 卷，Gallimard 出版社袖珍本，第 114 页。

［44］同上书，第 167 页。

［45］盖伊·奥克汉姆在 *Gai Pied* 周刊中引用，1988 年 5 月 4 日与 Roland Surzur 的谈话。

［46］皮埃尔·哈恩收在其《法国人，再加一把劲》中的 CPAR 宣言。Martinu 出版社，巴黎，1976 年。

［47］在"背叛"同性恋的象征性人物和政变高手中，萨特还应该想到切腹自杀的日本大作家三岛由纪夫，此人在 1970 年 11 月 25 日与其年轻的伙伴试图夺取日本自卫队控制中心，实行政变未遂。

［48］参见 Jacques Girard：《同性恋运动》，Syros 出版社，巴黎，1982 年。

［49］《圣·热内，演员和圣徒》，第 648～649 页。

［50］《造反有理》，萨特与 Philippe Gavi 和本尼·莱维的谈话。Gallimard 出版社，《野蛮的法兰西》丛书，巴黎，1973 年，第 115～116 页。

［51］关于撰写此文的具体情况参阅德尼·贝托莱：《萨特》，第 547 页。

［52］萨特的这篇文章当时尚未发表，1981 年才刊登在 *Gai Pied* 报上，作家多米尼克·费尔南德斯作了介绍。

［53］在此次谈话的那个星期，萨特也回答了 *L'Arc* 杂志 Catherine Clément 和 Bernard Pingaud 关于福楼拜的提问（1980 年 11 月），参见《萨特全集》，Gallimard 出版社《七星丛书》，年表第 14 页。此外，弗朗辛·贝尔托

莱说萨特与 *Gai Pied* 的谈话在他去世后方才出版，此说有误。

[54] 数星期以后，在《解放报》的萨特逝世专刊（最近为纪念萨特逝世 20 周年再次刊印）上，杰勒斯·巴伯代特和我本人均为他以往的清醒提供了证明，而此时，刊登在 1980 年 3 月 10 日、17 日、24 日《新观察家》杂志上他与本尼·莱维的"毛主义"谈话，引起轩然大波（题为《萨特家的同性恋者》的文章）。《解放报》1980 年 4 月专号，第 38 页。

[55] 德尼·贝托莱毫不宽容，而且不了解这位具有战斗精神的哲学家在这方面走过的道路，他在《萨特》一书中写道："他带着他的同龄人对同性恋的所有偏见，在 1980 年 2 月的 *Gai Pied* 杂志上发表了一篇答记者问。"前引书，第 563 页。

[56] 玛格丽特·杜拉斯在 1980 年 4 月 *Gai Pied* 上发表的谈话《事情》，从中可以看到这也是一位"异型中间派"的作家。

[57] 萨特在生前另一篇最后谈话，即与 Catherine Clément 和 Bernard Pingaud 的谈话中声称，他不喜欢福楼拜，也不喜欢包法利夫人；然后他接着说："我当然是两性人，这并非错误。我觉得福楼拜是个名副其实的两性人，一个奇怪的两性人，他身上的一切都十分粗俗。他的粗俗来自他男性的那部分，当他谈论妇人时，他就是女性。总之，我之所以关注福楼拜，就因为这些直觉。"他还说，他为没能造就一位普鲁斯特而深感遗憾（《1920 年以来主宰法国的作家》）。此外，他只字未提他年轻时萦绕在他脑际的纪德。

[58] 萨特与杰勒斯·巴伯代特、让·勒比图、Claude Lochu 有关素描的谈话，发表在纽约同性恋杂志《克里斯托弗街》上，Croward-McCann 出版公司出版，纽约，1983 年，第 238~244 页。Georges Stambolian 翻译。

[59] 弗洛朗斯·塔马尼引用，第 411 页。

[60] 欧根·科贡 1947 年在 la Jeune Parque 出版社出版的《有组织的地狱》一书，1970 年在 Seuil 出版社以《党卫军国家》为题再版，有关对同性恋者的迫害在书中占有重要分量。杰勒德·科斯科维奇是这样说的："这部著作首次涉及纳粹集中营的整个体系，这是最引人瞩目之处。这部著作有多种译本。书中多处详尽地记述了纳粹的反同性恋政策和粉红色三角在集中营中受到的残害。"下一代历史学家没有再说过类似的话。尽管如此，人们毕竟没有

彻底沉默，比如，Valensin 医生在 1962 年就这样说："在奥斯维辛集中营的一次巡诊中，一位为我们带路的波兰人把一个纳粹提供给同性恋者使用的小屋指给我们看……今天，基督教的阿登纳德国向集中营兽性暴行的所有受害者发放补偿金，但拒绝发放给从集中营逃出来的同性恋者。"（Edouard Roditi 为《论同性恋》撰写的序言，Sedimo 出版社，第 11～12 页，杰勒德·科斯科维奇在他巴黎讲演时曾引用。）

[61] *Magazine littéraire* 杂志的克劳斯·曼专号上再次刊登此文，1997 年 5 月，第 67～71 页。

[62] 万余步行者中的许多同性恋者是 1968 年五月风暴的参与者，1980 年 4 月 9 日，他们随同送葬队伍前往萨特的墓地，从 Lariboisière 医院一直走到蒙巴纳斯公墓。吉斯卡尔·德斯坦曾到萨特灵前致哀，并建议为萨特举行国葬，但被萨特的亲朋婉谢。就在第十四区如今改称勒克莱尔将军大道的这条大街上，萨特和西蒙娜·德·波伏瓦曾在 1944 年 8 月 25 日，向把巴黎从纳粹桎梏下解放出来的盟军热烈欢呼，应加谬之请，萨特后来在《战斗报》上发表了一系列记述这一历史时刻的报道。

第五章

重新认识之路

带头的无名呐喊,最初的集体行动

邦特和斯特拉斯堡事件

悼念之艰难

死者的名分

不可告人的结盟

正面人物

同性恋和公民权

第五章　重新认识之路

> 有一些往事，不值得我们为它留下回忆的空间。
>
> ——皮埃尔·诺拉

1945年5月，一些从集中营幸存并健康活着回来的被囚者列队走在香榭丽舍大道上，在他们蓝白花格的囚服上面，缝着三角或星形的标志。1945年7月7日，一场回归追思的弥撒在沙约宫前面的广场上举行，达豪集中营幸存的抵抗运动战士、尊敬的里凯神甫主持仪式。随后，连续很多年，这位天主教救援会的创建者都将是这种追思仪式的组织者。[1] 政府任命了一位"老战士和战斗牺牲者部"国务秘书，由他负责。首先对这部分人进行安置和医疗卫生检查。被囚禁者协会的主席弗朗索瓦·密特朗成了第一任国务秘书。[2] 但这些黑暗年代的证人，在人民群众兴高采烈的情绪面前，在一些重大事件引起人们大大松一口气的情况下，很快就被遗忘了。所有的谈话都集中在对未来的建设上，没有人愿意听过去了的事情。

犹太人团体方面，情况也使人忧虑。被送进集中营的75 000个犹太人一点消息也没有。掠夺财物反映出人类最丑恶的一面，马泰奥利在他的报告中说："那些极少数从集中营活着回到家中的人和那些躲藏起来的人，都述说着同样的故事：餐具被看门人拿去用了；隔壁人家的女人身上穿着在奥斯维辛死去的母亲的大衣。"[3] 一项1946年的可靠调查表明，有36%的法国人认为犹太人是"讨厌的"。反犹主义依旧若无其事，自我感觉良好。一些不同的声音开始出现了。犹太长老会议和法国犹太人组织代表委员会主席莱昂·梅斯1948年在犹太教大会上公开讲："我们是法国人，为什么到处都把我们特别对待？好像我们真的是一些劣等种族。我们愿意被所有人接纳，我们的爱国热情同其他的法国人是一样的。因此，当我向你们讲话时，是一个法国人，一个法国犹太人在对你们讲话。"[4]

两条法律确立了集中营里囚犯和抵抗运动被关押的人的身份和地位。集中营囚犯和被关押的政治犯终于在1948年8月6日和9月9日在法律上有了正式身份。后来，1954年4月14日的一项法律，把4月的最后一个星期日确定为集中营的全国纪念日。目的是悼念那些1939年至1945年战争期间牺牲在集中营里的被囚人员，定名为"集中营中牺牲者和英雄全国纪念日"。这项法律的第二条明确提出："一些正式的仪式将追忆那些曾经关在集中营里遭受痛苦和酷刑的牺牲者，向他们和他们的勇敢及英雄主义致敬。"这里有"英雄"和"牺牲者"两个概念，毫无疑问英雄也是牺牲者，但牺牲者则不完全都是英雄。这样牵强地把两者放在一起使政治斗争中的逮捕和民间的大搜捕一下子混淆起来。

这种混乱并不是独一无二的，因此奥地利社会学家米歇尔·波拉克说："在法国，在集中营里关押过的囚犯都经过鉴别中心的审查，然后由他们自己提出申请，发给他们一张集中营被关押者的临时证明卡片。几年后，为了把这些人同那些曾在德国强制劳动组织干过活的人分开，这批卡片被换成了蓝色的政治囚犯卡片。再后来，集中营被囚者协会认为有必要建立一种区分机制，把那些真正参加过某一抵抗运动组织的被囚者同那些纯粹是因为犹太人而被囚者区分开来。区分的形式是发给参加抵抗运动的被囚者一张粉红色卡片。这一措施的目的是为了便于计算抚恤金，那些普通的、未参加抵抗运动的被囚者的抚恤金远远低于参加过抵抗运动的人。"[5]

后来，戴高乐重新执政。他于 1961 年主持了一个为全国集中营里牺牲者树立的纪念性建筑物的揭幕仪式。地点在巴黎老城区西岱岛上的圣母院大教堂的圆厅中，那里离巴黎解放的最后战役不远，省政府也在附近。这是一个奇特的纪念性建筑，几乎是没有碑的纪念性建筑，很不容易看见它，花的钱也很少。而在其旁边，巴黎市长拨出若弗鲁瓦-阿斯尼尔街上的一块地，建造无名犹太人牺牲者墓地。墓地于 1956 年落成，后来变成犹太人烈士墓。[6]

但是，在 1945 年，人们未看见任何粉红色三角或黑色三角在香榭丽舍大街上列队走过。[7] 关于集中营里同性恋被囚人员的沉默是彻底的。人们甚至看不到有人出来作证，连议论都听不到。米歇尔·波拉克认为有些事的确难以用语言表达。这种沉默包含着对死亡的恐惧。当历史学家诺贝尔·弗兰克说，法国社会当时尚未作好准备听取这种类型的证明时，弗朗索瓦·贝达里达根据阿内特·维埃维阿尔卡研究材料明确表示："同被囚者长时期沉默的故事相反，人们非常幸运地拥有大量关于集中营里的叙述。"[8] 但戴高乐主义或共产主义的英雄行为并没有交替涌现，而这种行为是数十年来恢复对死者纪念的基石。50 年代和 60 年代举行了一些公开宣称的集体悼念活动，但很快就被遗忘了。历史学家让·维格勒写道："很长时期以来，流放、集中、处决三者是不分的。把他们混在一起是上面规定的。一直到 70 年代才产生了政治犯和种族囚犯的区别。到 90 年代，茨冈人、耶和华教派和同性恋者这些用词才出现在历史回忆的场景中。当举行集中营全国纪念日之际，那些曾经的被囚者还远远没有团结一致的要求。"[9]

在冷战系统中，被囚者组织内部开始出现对立和斗争。特别是 FNDIRP（被囚的抵抗运动战士和爱国者全国联合会）和 UNADIF（法国前被囚被流放者协会）之间。让·维格勒指出："在悲伤哀悼的时期，即 1945 年和 1947 年，是大家团结一致的时期。但很快，那些前被囚者组织卷入到冷战意识形态的旋涡之中，亲共派和反共派分别属于'联合会'和'协会'两个组织。后来，在 50 年代，这种矛盾有所缓和。到 60 年代末和 70 年代中期，共同的纪念活动又恢复了。"[10] 被囚受难者间的那些剧烈矛盾和冲突，使得几十年来要进行包括平民百姓牺牲者在内的大规模纪念活动不可能实现。[11] 至于同性恋问题，它命定被排除在外。由于被占领的欧洲一分为二，它只有一个命运：闭口不言，最终被忘掉。

带头的无名呐喊，最初的集体行动

1960 年 10 月，在同性恋刊物 *Arcadie* 上，出现了一篇署名 B. M. 的文章，占了三个版面："当 1945 年集中营大门突然打开的时候，一股恐怖浪潮笼罩了德国和全世界牺牲者的所有团体，有一个团体从来没有出现在舆论宣传的范围之内，他们也没有得到报刊、行政当局以及前被囚者权益保护组织的理解，这就是那些男同性恋团体。因为德国刑法中的'175 条款'将男同性恋者视为犯罪，因而他们在公众中得不到任何怜悯，当然更不可能希望得到任何赔偿。……时至今日，还没有任何一个人想要了解究竟有多少男同性恋者成为纳粹分子追捕下的牺牲品，也不知道当其中一些人幸存下来后是如何生存的，他们是否找回了他们的财产。"这种历史的不公正，由于集中营里这部分囚犯的命运悲惨，显得更加突出，也使得其他囚犯对他们难以忘怀，虽然他们个人对同性恋有各种各样的看法。

这段封存历史的第一位匿名证人明确说出以下事实："在集中营里，他们经常被指定为最恶劣待遇的承受者。"该文撰写者亲眼看见，一个有点女人气的男青年，被强迫多次在党卫军面前跳舞，跳完舞后再把他吊死。"我在不同的集中营里共待了 7 年，7 年中认识了一些运动员、教授、小学老师、工程师、手工业者以及各样工种的工人。我还目睹一位大使馆的专员的悲惨遭遇。他离群独处，不同任何人接触，处在一种无边无尽的绝望之中。他无法忍受他周围发生的残酷景象。一天，在没有任何征兆的情况下，他崩溃了，死了。"[12]

当然，一位前辈说到这种被遗忘的虐杀。但他的呼喊似乎同任何人无关，说这种话的人很少，证据不充足，没有哪位历史学家有足够的材料使人们知道更多情况。他短短的证词没有引发任何反响，Arcadie 杂志也因此被禁止在报亭和书店里出售。杂志再也没有涉及这一主题。直到 1974 年才又刊载了一篇标题为《奥斯维辛的鸡奸者》的文章，文章共 5 页，署名为吕西亚诺·马西莫·康索里，文章还是没有提到阿尔萨斯和莫泽尔，也没有提到这新一代人持续沉默的理由。[13]前面我们已经提到 Arcadie 杂志再也没有为追忆同性恋遭遇做过任何事情。这份杂志存在了大约 30 年，但在它尚能听到声音的时候，在历史尚未引起必然分化的年代之前，忽略了这些被压制的声音。他们等于直接参与了这种压制行动。诚然，当这一证词出现在 1960 年 Arcadie[14]栏目里的时候，同性恋者刚刚从国民代表大会上获悉，他们已经变成了社会灾祸。恐惧笼罩着他们，他们只有沉默。[15]

1971 年，当法尔的第一本书《反对正常化的报告》被查扣的时候，该书的责任编辑弗朗索瓦兹·德奥博纳、盖伊·奥克汉姆和皮埃尔·哈恩决定重新抓住 1960 年发表在 Arcadie 杂志上的关于描写粉红色标志这个证据。这部有煽动性的作品很快就被禁了。但这一证据却成了正在寻找自己标志的新一代同性恋者的救命稻草。他们知道"血腥之夜"的故事，但对俄国的迫害和柏林在 20 世纪初开头 30 年间的所作所为知之甚少。这批来自 1968 年 5 月的一代人，虽然没有亲历很多重大事件，但对集中营里焚尸炉的重要性和意义还是知道的。面对社会仇视的恶劣历史环境，他们希望抓住它，像船只抓住锚一样。同样，由于缺乏实实在在的资料和依据，青年同性恋运动初创时的积极性反而使这一严重的历史问题越来越不被重视。时代的社会压力要求他们根据现实，根据革命需要立即行动起来。

尽管有这许多障碍，到 70 年代中期，在追思集中营受难者全国纪念日的某一天，同性恋运动组织还是献上了他们第一批花圈。集中营被囚者协会立即做出反应，认为他们不合时宜，对这一大胆举动表示震惊和愤怒，新闻报刊 1976 年的一篇文章可以为证："一些女同性恋者代表团和男同性恋者代表团于 1976 年 4 月 25 日 11 时 45 分，摆放了一个花圈以悼念在集中营牺牲的同性恋者。但 14 点 15 分的时候，一位自称为被囚者协会的负责人撕碎了这个花圈，认为它玷污了牺牲在纳粹集中营里的数百万英灵……令人感到不安的是，这些人，他们也曾遭受种族迫害、政治迫害和性迫害，但在 30 年之后，他们又重演了当年刽子手的角色。"[16]

被囚者联合会行动起来了，他们决定用不可逾越的栅栏把西岱岛的纪念性建筑围起来。尊敬的里凯神甫是巴黎市长雅克·希拉克的好友，他几十年来在《费加罗报》上享有专栏。1976 年 3 月 14 日他写道："作为前集中营被囚者全国联盟的荣誉主席，我要明确指出，正是在我们的要求下，这个围栏才得以竖立起来。"同仇视同性恋者的解释完全一样，至少同性恋者在大多数巴黎的公园里夜间闲逛，最初也未见竖立有这样令人生畏的栅栏。这些夜猫子们最终不得不激怒那些关心"他们"形象的被囚者协会。因为巴黎的广场和公园是一个敏感的地域。4 年之后的 1980 年，奥特克洛克夫人向国民议会提交了一份法律议案，议案是针对那些下流肮脏场所的，主张加强"330 条款"中对有伤风化罪的力度，认为："如果最后这些场所被那些不三不四的人所利用，他们的大胆和令人恶心的行为，会使那些正经游人望而却步。让这些场所背离原来的用处是令人遗憾的。最好让那些不受欢迎的人离得远远的。"[17]并建议增加一项6个月以上监禁和1 000法郎罚款的惩罚条款。这项由巴黎市政府公园管理机构负责人提出的立法建议没有获得通过。

　　在政治斗争战场的另一端，极左派由于没有抓住有关同性恋的任何把柄，因为它纯属私生活，只不过有一点不正常而已，竟然还同政治有关，甚至涉及革命。因此，1972年2月在政治周刊上，发表了一篇文章，标题很微妙：《难道他为了成为马克思—列宁主义者，甘愿被一个阿拉伯人鸡奸吗？》，加布里埃尔·格拉佐诺夫的这篇文章涉及集中营里的同性恋问题。但他混淆了刽子手和牺牲者、社会实验和性暴力之间的关系。"在纳粹德国，人们把鸡奸者送往集中营，衣服上佩带着粉红色三角形标记。然而，所有希特勒主义的狂热又都是建立在同性恋基础之上的：忠实于元首、身体崇拜、青年运动员、男孩子组合、崇拜阳刚之气，所有男人无论哪个等级都相互拥抱亲吻。时至今日，这种习气在军队、警察、某些体育运动团体和童子军中依然存在。……认为做爱就是干革命，这对那些右派人士来说，肯定是有性刺激和性快感的，就像有些人在有耶稣像的十字架前手淫一样。"[18]

邦特和斯特拉斯堡事件

　　1972年，匿名证词在法尔的书中出现之后一年，梅兰·维尔拉出版社出版了海因茨·黑格尔的回忆录，我们前面曾提到过此人被捕的情况。[19]证词是残酷无情的，回忆是痛苦的："今天，人们已不再谈论纳粹所犯的罪行了。我所提的关于对过去集中营受害者的赔偿要求被我们的民主政权拒绝了。因为，我是一个佩带粉红色三角标记的集中营囚徒，他们把我视为被取消了公共权利的人。……我们为什么还要受到希特勒时期那样的迫害和惩罚呢？人们几乎不提到这样的事实，即希特勒疯狂杀人不仅仅是专对犹太人的，他也杀害同性恋者，他们也是他要消灭的对象。这些死者，所有这些死者，我们都没有权利忘记他们。"[20]

10年之后，盖依·奥克汉姆为海因茨·黑格尔的回忆录的法文版写了前言，他写道："黑格尔在过了三十多年之后打破沉默，诉说他的被捕，他在萨克森豪森和弗洛森堡的牢狱和集中营岁月……这不是一个英雄的诉说，这是安妮·弗兰克的日记，是集中营故事的另一面，它让人了解对集中营里同性恋者实施的静悄悄的大屠杀，对这样的屠杀，人们始终拒绝赔偿。时至今日，同性恋者的情况依然如此，要知道，这是同种族灭绝大屠杀连在一起的，但对此人们没有想到做任何补偿。"[21]

这本书，特别是盖依·奥克汉姆的前言激怒了哲学家阿兰·芬基尔克罗。他在其著作《否定的未来》中，以嘲讽的语气宣称：这本书有一种"取犹太人而代之的愿望，这些假冒的牺牲者、这些骗子、这些贱民，认为在污泥浊水中有真正的圣徒出现，那就是同性恋者"。当然，在这篇前言中，某些夸大其词之处——比如说到同性恋的"大屠杀"——是完全看得出来的。但是，这篇表述性文章，同这个证明的愿望一样，丝毫不存在想掩盖、想替代另外的人被杀害的企图。似乎早在说出这些愿望、听到这些愿望之前，就已经先有了某个"共同一致关系"的存在，按今天的说法，似乎早就存在一种危险的意图，即利用唯一的一点分歧煽动人心以破坏历史根基的意图。事实是，当这种新言论刚一出现，就已经处在诽谤者的地位。有人认为它是从不良企图，甚至是修正主义思想出发的一种诽谤性言论。

当一本关于同性恋历史的书籍推出的时候，阿兰·芬基尔克罗再次介入此事，因为直到1997年，他一直在怀疑某些隐藏在当代解放运动中的关于同性恋的条件和透明程度的意图。1995 年 4 月，在 Sida 报上，阿兰·芬基尔克罗对同性恋问题进行了反思，按照社会学家埃里克·法桑的说法，他的立场是："反对公开这种不庄重做法，以良好的心情严守秘密。"总之，在"野外游乐"的危险和秘密幽会的要求之间，掌握分寸。据埃里克·法桑的回忆，同一个哲学家，他几年之前还主动提出一种同性恋似的"生活的艺术"，而最终还是建议"审慎、暧昧、不确定性和有羞耻心"等一连串主张。[22]

1982 年，阿兰·芬基尔克罗的政治控诉引起海因茨·黑格尔的出版商让-比尔·约克尔的合法反应，他在 Gai Pied 报上发表文章："最好不要对当政者的形象吹毛求疵，犹太人民所受的苦难，我认为不能导致任何一种权力，野蛮和粗暴行为是没有等级之分的。为什么关于反对同性恋迫害的恐怖，就会抹去对犹太人和茨冈人的大屠杀呢？……假如在对同性恋者事件上，有弄虚作假情况的话，那是因为《解放报》上发出的官方声音中，总是想要抹去这种灭绝种族的大屠杀。"[23] 4 年之前，在《世界报》上发表了一篇很长的关于斯特鲁多夫的关于阿尔萨斯集中营的证词，在众多的当事人中，我们知道有皮埃尔·塞尔和艾梅·斯皮茨。这篇标题为《斯特鲁多夫的失踪者》的文章署名人是皮埃尔·梅耶尔。他写道："人们对文章反复阅读，但有关集中营囚禁的篇章还是难以理解，正式纪念性建筑物上的爱国主义说明，无论它有多么高尚，仍然是不够的。'为法兰西而殉国'，'为祖国牺牲'，十字架是一样的，……但十字架的荣誉仅仅赋予政治犯和抵抗运动战士。弱势群体，'不受欢迎的人'和'道德败坏者'无人过问，永远不为人所知。"[24]

海因茨·黑格尔的回忆录引发了《邦特》剧本的写作，剧本中有像"屈从"、"羞辱"这些用词，甚至有些贬损"同性恋者"。[25]《邦特》的作者马丁·舍曼是出生在美国费城的一位剧作家，他被认为是犹太人兼同性恋者,在他的剧本中,《大搜捕行动》描写了纳粹在一节车厢中,后来又在兵营中的暴力。在《共同遭受苦难》中,星形标记的犹太人和粉红色三角标记的同性恋者团结起来。1979年,该剧在伦敦皇家大剧院演出获得成功,后来又在纽约和布罗德韦上演,由理查德·盖尔扮演被囚禁的同性恋者。在巴黎,《邦特》登上了巴黎大剧院的舞台,由彼得·沙泰尔执导,布律诺·克默担任主要角色。这位演员说:"这个剧的目的之一是向公众揭示一件隐藏的事件、一个污点。似乎粉红色三角标记玷污了集中营的形象。从某种意义上说,对他们的迫害还在继续。它危害整个世界,这是非常危险的。"[26]

《邦特》在巴黎演出两个月之后,法国前被囚被流放者协会的主席罗兰·泰桑迪耶立即给文化部长雅克·兰写了一封信:"美化集中营里佩带粉红色三角标记的人,即那些同性恋者的剧本得以在舞台演出,我对此表示极大愤慨,我希望你采取措施,使这个剧的影响不再扩大。"[27]对这封信,雅克·兰于1981年12月8日作出了审慎的答复:"我遗憾地告诉你,上演这个涉及纳粹集中营同性恋者命运一剧的巴黎大剧院,不是属于敝部管辖的机构。"[28]

《邦特》1981年在巴黎的演出获得很大成功。报刊态度也跟着转变,《费加罗报》控制住愤怒的情绪,在1981年10月17日文化栏目中写道:"主题是下流的,但剧本一点也不庸俗,只不过有点平庸而已。"《自由巴黎人报》更加明确,在其1981年10月5日的一篇文章中写道:"如果集中营关闭了,还有可能揭露出其他的关押着佩带粉红色标记者的精神隔离特区。"从那时以后,《邦特》就经常在欧洲和美国的舞台上演出。[29]科斯塔-加夫拉曾打算同理查德·盖尔联手把该剧改编成电影,但计划最终没有完成。然而,同一个计划却实现了,美国于1999年出品了这一题材的影片。米克·雅格尔扮演格蕾塔,一个柏林年代的疯狂同性恋者,该剧1981

年用法语演出时，演员德雷夫斯曾扮演过此角色。

70年代末，同性恋者中出现了一种特别的情况，这就是他们的语言软弱无力，甚至干脆缄口不言。此时为纪念被纳粹害死的同性恋者举行的敬献花圈活动开始在欧洲大量出现。这些纪念活动较少强调同性恋长辈所受的特别苦难，而更多关注其他方面的恐怖折磨。而此时，最后一批证人不可避免地更加衰老，他们面对抹去历史罪恶的现实，也吞吞吐吐害怕说出真相。

在《邦特》这个剧本的法文版中，包含一些关于这个问题的资料，人们可在其中看到一份关于在阿尔萨斯对同性恋进行大搜捕的匿名证词。这份证词是同性恋杂志《面具》（*Masques*）的社长收集到的，他介绍了这一证词历史性地突然出现的情况："要想使他再次回忆从前的事，有时是很难的，特别是需要他为此再次陷入集中营的恐怖之中之时。在18岁时，他最隐秘的个人生活被荒诞的狭隘思想和警察的专横所粉碎。此时他已是一个58岁的老人，过去的形象同现在的形象相互碰撞，许多事件均已消失，均已模糊不清，那么多的苦难都不恰当地消失了。回望过去，微妙而复杂，吓得有时说不出话来。而40年之后，这个可怕的常年的威胁，这个一直保持着的集体遗忘，它总是强迫着他，要他出来隐姓埋名地作证。"[30]这位阿尔萨斯的1941年在押的集中营同性恋囚犯，当海因茨·黑格尔的书1981年5月在图卢兹出版之时，经过内心的斗争之后，毅然站出来，当着让-比尔·约克尔的面，勇敢地说出要说的话。此事发生在弗朗索瓦·密特朗当上共和国总统一星期之后，因为他立即下令废除贝当元帅于1942年制定的反同性恋法令。这位不具名的证人不是别人，他就是皮埃尔·塞尔。他后面还要进一步揭露很多事实。

事实上，还有另一个关键因素，它同让-比尔·约克尔相遇这件事一起，促成皮埃尔·塞尔从匿名的状态中站出来说话，这个因素就是海因茨·黑格尔的书的法文版的出版。皮埃尔·塞尔又过了15年才写他的回忆录。这是一条漫长的路。直到1995年生命快走到尽头时，他才获得前集中营被囚人员的证明卡片。促使皮埃尔·塞尔最终公开站出来说话的决定性事件，换句话说，促使他从匿名走向公开，愿意出来作证，愿意以阿尔萨斯同性恋身份，亲自诉说德国纳粹集中营里情况的决定性事件，就是埃尔兴格事件。埃尔兴格是斯特拉斯堡的主教，他以主管教区的名义谈话，谈话内容激怒了他。[31]他这次"站出来"并非为他自己，这次作证的主要目的是公开一个集体真相。

皮埃尔·塞尔事实上是在广播中听到：他已在最后时刻，被天主教取消了所有教会权利，因为他登记参加在他的城市里举行的欧洲同性恋者代表大会。这位1957年起就担任阿尔萨斯主教的埃尔兴格，原本在他1982年4月8日刚回来时的一次新闻报道中，同意安排接见他，此时却突然宣布："我把同性恋者视为不健全的人。我尊重同性恋者如同我尊重有弱点的人一样。假如他们愿意改变其弱点成为健全的人，我将非常高兴。"[32]

这次"女同性恋和同性恋国际协会"[33]召开的欧洲代表大会虽然被斯特拉斯堡的主教排斥，终究还是在武装部长夏尔·埃尔尼的帮助下成功地完成了它的任务。这位部长命他手下军人在一天之内，在这个欧洲中心地区的一个公园里，搭建起一座帐篷村。但大会代表们却仍然要进行报复：几天之后，正当复活节晚祷之际，他们包围了大教堂。埃尔兴格召唤警察，但警察不愿出动去清理教堂地区。他的信徒们因而不得不在写着"不健全者的热吻，我们卢尔德再见"的横幅标语下面来来去去。同性恋运动组织对主教的宣言提起诉讼。官司的一审于6个月之后在斯特拉斯堡开庭，随后在科尔马进行复审，最后由巴黎最高法院终审判决。最高法院于两年之后，即1984年判定原告败诉。这些原告是法律空白的牺牲品，它阻碍同性恋者协会作为诉讼中的原告求得赔偿，阻碍他们为集体维护自身权利驳斥反同性恋言论。对他们的终审判决包括财产方面，说他们"给天主教高层人士的形象带来巨大的伤害"。判决的第二天，主教就赶忙派人把同性恋运动中起诉人的家监视起来。[34]

为了作证，应该停止隐蔽状态，为了同主教打官司，初审时 *Gai Pied* 报发表了由皮埃尔·塞尔署名的致埃尔兴格主教的公开信："我于59岁时决定从匿名状态中走出来，作为纳粹主义的牺牲者，我现在尽我所能公开揭露这样一些讲话，这些讲话有利于因政治、宗教、种族和性行为等原因，对千百万人进行迫害和消灭的纳粹分子。我不是一个不健全的人，我身体没有任何缺陷。我也不愿回到医院，让人们治疗我的同性恋。具体地说，就是回到那个离欧洲中心地区不远的地方去。当1941年我18岁的时候，我被逮捕、被用刑、被关押，不经任何法律手续就被投入监狱，没有任何辩护权，不起诉不审判……我忍受着终日惶惶不安的折磨，眼前仇视同性恋的情绪把我们投入深渊，一想到那些消失的同性恋者，一想到那些在世界各地仍在遭受酷刑折磨、遭受杀戮的人们，我的心就在颤抖。"[35]

作家多米尼克·费尔南德斯那时刚发表《粉红色的星》一文，他写道："这些言论，不管是私下说的还是公开发表的，都造成恶劣影响，应对其进行揭露，并在一切场合进行批驳。道德权威部门到处宣扬主教的讲论，只能加重矛盾。……我多年来一直在批判这些言论，批判这些可耻的、绝望的和恶劣的态度。这篇文章就是为这一斗争而写的。"[36]让-保罗·阿隆也站出来，为斯特拉斯堡案件作证。这位阿尔萨斯显赫家庭出身的孩子，哲学家雷蒙·阿隆的侄儿，本人也是作家和哲学家。他毫不掩饰自己的同性恋身份，公开批评这种言论是卑鄙无耻的。在集中营被囚者全国纪念日的时候，他也加入到一个代表团之中，为牺牲在纳粹手上的同性恋者献上花圈。[37]我还记得当时巴黎旧城区西岱岛上人群混乱的景象，一个警察粗暴地击打他的头，不过最后总算未被推上囚车带走。《鸭鸣报》的让·拉卡纳评论说："上个星期日4月27日是前集中营被囚者纪念日，一个同性恋者代表团在省长的批准之下，前往西岱岛为那些被纳粹迫害致死的同胞兄弟献花圈。而此时，吉斯卡尔·德斯坦早已在那里了。好家伙，这么多肮脏的鸡奸者，这还得了！他们的花圈被总统保镖用脚践踏，同性恋者被隔离起来，历史对此事的解释吞吞吐吐。"[38]

悼念之艰难

为遭受纳粹迫害的同性恋牺牲者敬献花圈之举很快在法国许多城市普及开来，因为那些城市里有许多组织起来的同性恋团体，他们想让历史上这不公正的一页重见天日。几年之后，在里尔市[39]，时任加莱北方海峡地区的副主席居伊·阿斯库埃给前同性恋被迫害的牺牲者献花圈，连续三次均遭警察的禁止。[40]在贝尚松，1985年4月28日集中营解放40周年之际，某些前被囚者协会的成员，看到同性恋代表团前来祭奠，十分愤怒，发出起哄的叫声。有些人喊道："鸡奸者又回来了！""重新打开集中营，把鸡奸者关进去！"花圈被践踏得一片狼藉。正如地区报刊所登载，警察应该出来干预："隔离开那些抗议者并疏散同性恋者。"《进步报》以法国前被囚被流放者协会的名义发表了声明，声明故意把抵抗运动战士和被纳粹掠夺的普通公民混为一谈："难道人们可以用同一的眼光看待那些冒生命危险的人和那些因错误被惩罚的人吗？对于前者，他们是在打仗，后者呢，是受惩罚。"《世界报》也出来说话了，他们添枝加叶地报道了那些辱骂性语言，最后写道："他们应该统统被驱逐。"[41]

某些前被囚者，他们忘记了在铁丝网内那些同性恋者的处境，他们拒绝别人追忆死去的同性恋者。这一无良知的反应激怒了很多知识界人士。这种不合时宜的民族主义行为准则是忘记了，法国当时并未处在外国占领的最困难时期，那时避免和减少杀戮的机会还是存在的。皮埃尔·维达莱-纳凯是站在抗议者一边的，他说："我觉得同性恋者怀念牺牲在集中营里的他们的同胞是绝对合法的。对这些幸存者来说，最大的困难是人们客观公正地写这段历史。"[42]在这之前他还说过："同性恋者在集中营里曾是最被人看不起的社会团体，这的确也是真的。"在集中营里以及后来离开集中营之后，一种不可压抑的歧视阻碍他们团结一致出来作证。关于贝尚松事件，哲学家安德烈·格卢克曼也发表他的看法："假如前被囚禁者中不同类别的人之间的仇恨依然存在的话，那就证明，当时集中营里某些总体结构性的东西，现在依然存在。"[43]

十年过去了，什么事情也没有发生。代表团的活动都是倾向于前被囚禁者联合会一边的。[44]尽管1995年，老战士和战争牺牲者部的礼宾司的头头洛朗·贝利尼曾试图在极端分子之间组织谈判，法国旧城西岱岛的纪念性建筑的栅栏，还是在同性恋人员到达时关闭起来。同时拒之门外的还有一个由人道主义者协会、反法西斯分子和专门前来悼念这些亡魂的政治党派的积极分子组成的代表团。后来，官方人士离开了，栅栏终于打开。这时出现了法国前各集中营小旗帜的海洋，它们在同性恋人员准备为亡者默哀的时候，好像是从天而降。他们也是为悼念那些被遗忘者而来。他们在当时也是那些无时无处不在的暴力和专横意志的牺牲者。这是真正的意外惊喜。对于那些仍然活着而且了解这种行为的男人和女人来说，始终具有现实意义。[45]因为他们每年都提心吊胆，担心周围的敌视情绪践踏这个庄严时刻，使他们心灵再度受伤。

关于同性恋者，老战士和战争牺牲者部的立场也逐渐明确起来，该部部长菲利浦·梅斯特的办公室主任雅克·科埃舍在接受一家阿尔萨斯月刊对这一敏感问题采访时，作了如下回答："对于从前的被囚者，没有等级之分，无论他们是因政治、种族、宗教还是性取向的原因被关押。我们不应该，也不会对他们不一视同仁。前被囚者只有两类：抵抗运动战士和政治犯。同性恋者属于政治犯类。他们未被排除在所有纪念活动之外。前被囚的同性恋者，只要他们自己愿意，可以参加游行等纪念活动。各会员协会均由曾经在集中营里生活过的人员组成。不过，所有其他协会有资格在纪念仪式之后放上个花圈。"[46]

1994年4月24日，一个官方的悼念队伍，由西蒙娜·韦伊和时任总理的爱德华·巴拉迪尔引导着，来到马雷的无名犹太烈士纪念堂，进行追思。他们在西岱岛受到四百多名手持粉红色三角标记小旗的同性恋者集体的欢迎。《世界报》在其版面中最后一页，在一篇标题为《前被囚者纪念堂中的不可思议的会见》的文章中描写了这一令人难受的时刻："队伍的前面是四面大鼓和火炬以及前被囚者各协会的会旗。巴拉迪尔先生没有发表任何讲话……前被囚者纪念堂有蓝白相间的小旗飘动，令人想起他们从前身上的囚服，小旗上写着被纳粹迫害致死者的名字，一名年轻妇女在朗诵诗歌。……远处，传来阵阵钟声。在纪念堂外面，那里有数百人被阻拦，有严格命令不准他们进入，他们大多数是年轻人，他们在外面默默地摇动着手中粉红色三角形小旗，悼念那些被人遗忘的牺牲的同性恋前囚徒。他们同其他被囚者有一些小小的争执，显示出某种互不理解，这也是这次艰难相遇的标志。"[47]

一方面要求在法律上恢复他们的整体地位，另一方面又用一些非常明显的行为来掩盖当年铁丝网内发生的事情，这一来，真正的矛盾和危险就不能避免了。我们介绍这些事实，内心也是充满矛盾的。那些牺牲了的先烈们应该变成活人而突然出现，这难道不是今天某些纪念集会的空想吗？我们的这些令人不快的介绍，只不过证明当年的流放、犯罪这些事情的确存在过。但在忍受痛苦和出来作证之间，有时存在着很多的不幸和危险。精神病学专家托尼·莱内说道："历史的伤痛有时同个人命运中所受的伤痛惊人地相似。人们掩埋它们，堵塞缺口不让它们冒出来，但当我们一旦忘掉它们时，它们却带着感情的沉重负担，原封不动地依然存在着。"[48]

前被囚者组织联合会最终决定拿起笔来，直接给同性恋被囚者纪念堂写信。从1989年以来，这个联合会每年都要作出努力，以协调他们同同性恋者组织间的关系。它们也希望能建立一个纪念的场所，以缅怀那些希特勒专政下的牺牲者，同时也纪念在佛朗哥、萨拉扎尔和墨索里尼专政下的死难者。这个纪念场所最后不是建在这个欧洲首府的中心城市，而是建在从那里往西35公里远的希尔梅克监狱，正好在斯特托弗死亡集中营的正对门。[49]

1994年4月15日，法国前被囚被流放者协会（UNADIF），以总书记皮埃尔·厄德的名义，写信给前同性恋被囚者纪念堂："你们信中提出的问题，在法国前被囚者当中，根本就不存在。没有任何法国人被那样划分，包括某些曾经佩带过粉红三角标记的阿尔萨斯人，不过他们那时是被视为德国人的。另外，德国被关起来的同性恋者首先是一些恋童者。……他们因此应被纳入普通法管辖范围。……没有任何理由要在前被囚者中，专为同性恋者另外制造位置。你们所要求的被承认，难逃歪曲历史事实的指责。因此，在我们举行各种爱国主义活动中，不能容许你们或你们的同道在我们旁边另外举行此类活动。我们将尽全力反对你们的干扰。此外，我们还将通知政府有关主管部门和警察局来维持秩序。"[50]

在贝尚松不幸的冲突发生10年之后，事件重新引起重视。《鸭鸣报》首先发难，它不无讽刺地写道："有胡子的阿尔萨斯女人只有老老实实待着，否则人们就会以被囚者的名义，召警察去对付她们。"弗朗索瓦·密特朗的总统府获知同性恋被囚者被排斥这一情况后不几天,发出了一封内容十分含糊的公开信。信是由爱丽舍宫负责抵抗运动人员和前被囚者事务的官员让·卡恩署名的:"你们20日的来信未及时送到总统手上,因此我没有来得及向法国前被囚被流放者协会方面咨询有关阿尔萨斯和莫泽尔的同性恋被囚者在纪念仪式上的命运。然而,有一点我认为是很清楚的,那就是你提到阿尔萨斯人和莫泽尔人时,你说你没看到皮埃尔·厄德对你4月8日信件的圆满清楚的答复。对此,我有理由猜想,这封信在当时并没有受到限制。很遗憾我不能赞同你那只能使事情复杂化的弯弯绕式的思维。请接受我的敬意。"还要指出,我们从来没有打算把这一地区性悲剧,向被占领的整个法国推广。那位使"331条款"废止的人,在面对1940年和1944年间的阿尔萨斯和莫泽尔同性恋者的亡魂时,装聋作哑,不发一言。

攻击是露骨的,历史的不公很明显。达尼埃尔·瓦扬写信给同性恋被囚者纪念堂:"社会党意识到二战期间同性恋被囚者悲惨命运的时候,已经太晚了。人们知道茨冈人、共济会会员、犹太人、社会主义者,但人们仍然不知道同性恋囚犯。因此,社会主义者在其1993年10月的代表大会上,通过决议,要求承认同性恋被囚禁者的地位。我本人也参加了这次表决。"[52]

在这同一时期,欧洲选举运动正在进行,它使得站在西尔维奥·贝卢斯科尼一边的意大利极右势力显露出来。他们建议解决同性恋者在集中营时期的问题。[53]一些抗议活动在意大利驻巴黎使馆和马赛领事馆的门前举行。在谈到这一令人担心的局势时,米歇尔·罗卡尔给同性恋被囚者纪念堂的信中写道:"我收到你们于1994年5月31日发出的公开信,信中向我传达了关于欧洲选举中右翼候选人皮埃罗·布斯卡罗里先生所持的反对同性恋者的立场,以及你们对此的反应。残暴的野兽仍然活着。分歧的仇恨,消灭不附和他们意志的人的疯狂愿望又卷土重来了。我向你表示我深深的愤怒,并向你表示社会党的团结一致。……极端分子上台是一件令人担忧的事情,因为它要求挑动那些本来心地善良、尊重人类尊严的人们。欧洲共同体是经历法西斯和纳粹的恐怖统治之后建立起来的,它建立的目的是使那样的时代悲剧永远不再在欧洲重演。我向你保证我的决心,我要为这类现象不再在欧洲出现而斗争。"[54]

风向开始转变,它从侧面吹向被囚者联合会,他们成天有害无益地闲聊着关于历史和证人的沉默。皮埃尔·塞尔的证词刚刚由卡尔曼-莱维出版社出版。安热洛·里纳尔迪在《快报》上写道:"他回来以后,也顾不得自身的羞耻心了,因为他必须忍耐曾经忍受的一切,因为人们过的就是那样的日子。纳粹把他列为比犹太人、茨冈人还要低下的种类……皮埃尔·塞尔叙述他的生存状态时不掺任何水分,死亡随时都伴随着他,预判有罪随时都可以要他的命,他也谈到人们认为没有前途的种族主义。"[55]尼古拉·拉皮埃尔在《世界报》上的文章更加尖刻:"同性恋被囚禁者问题是一出被人忽略的悲剧,它是由官方历史的冷漠和为数不多的幸存者的沉默造成的。这位误入歧途的70岁老人,只是在他站出来说话以及后来写这本书时,才得以重新露面为人所知。国家是在延迟了50年之后,才承认了他被囚禁者的地位。他是证人,他以其英雄主义气魄打破沉默。"[56]但他要面对多少反对的势力啊!

20年前,即1975年,在法国电视台第二频道上,人们发起一场讨论,特邀西蒙娜·韦伊在屏幕上露面,对纳粹系统屠杀犹太人的各种做法,进行了淋漓尽致的揭露。解放以后,另一代人出现了,其中包括历史学家,尘封的档案也终于重见天日,正如罗伯特·巴丹泰所写的那样:"时间流逝,维希政府和被占时期法国人的所作所为越来越多地成为历史学家研究的目标。人们像看见深海中沉渣慢慢浮出水面一样,看到维希政府赤裸裸地呈现在公众面前。年轻一代人比他们的前辈对这方面的问题更感兴趣,因为知道事实真相比仅仅回忆更加重要。……对犹太人的迫害日益增长占据重要地位,这同战后初期的沉默形成鲜明对照。"[57]电视观众被邀自由提问。打来电话的人有相当多来自于同性恋运动组织,他们要求至少不要忘记谈到同性恋遭受迫害的情况。此节目很快就被新闻记者兼节目主持人阿芒·雅莫重新播放。西蒙娜·韦伊未发表任何评论,只在某种程度上发表几句支持观众的补充意见。但电视台办公楼里,有一些被囚者协会成员被邀直接参加,他们坐在隔壁一个大厅里,面对着屏幕,直接观看讨论。有些情景常常引起全场开怀大笑。

1985年春,同性恋杂志《面具》在一个问题上反反复复地讨论,那就是要不要按照反对种族主义法律的模式,也有必要订出一个反对仇视同恋者的法律,西蒙娜·韦伊对此问题是这样回答的:"我不认为这是同一层次的问题,也不认为这是解决问题的好办法。……甚至为了分析某些现象,为了找到同这些现象斗争的手段,把这类问题混淆起来也是危险的。谈到这里,我永远不能忘记纳粹分子强加在一些同性恋者身上的压迫,他们的景况之悲惨,甚至不能同犹太人和茨冈人所受的压迫相比。"[58]

对于法国前被囚被流放者协会而言,事实是非常清楚、非常明确而不容讨论的。他们认为,阿尔萨斯和莫泽尔是被帝国征服的地区,它属于德国。同性恋者应该去柏林提抗议,而不是在巴黎。[59]在这些请愿式和有煽动性的档案材料中,除了制造社会混乱的意图外,什么东西都没有。

人们利用了幸存下来的人的犯罪感,这使得他们表达的愿望奇迹般地麻木了。普里莫·莱维是一个悲惨的例子,他在几十年后才想到这一点。每个人都有自己的过错。1948年,他在一次谈话中指出:"我们大多数人,在从集中营走出来的时候,都有一种紧张不安的心情，我们给这种心情贴上'罪恶感'这样的标签。并非是我们感到的羞愧，不是迫害者和刽子手应该感受的那种羞愧。但是，我认为，我们所有活下来的人，每当想到那些死去的人时，我们就感到内疚和不舒服，因为他们同我们一样值得重视，他们那时比我们更优秀。幸存下来的人，不一定是最优秀的，在某些情况下，他们甚至是最坏的。"[60]

到1994年，调子越来越高。厄德先生以法国前被囚被流放者协会总书记的身份，在被囚者大会上作道德问题的报告，他的语气一点也不宽容。他同修正主义者一个调子，画蛇添足地补充了一些血腥的大杂烩："自从历史的伪造者否认曾对被囚者施行非人待遇，否认毒气室的存在，否认纳粹统治下有数以百万计的牺牲者以后，一个被社会抛弃的人群就企图作为希特勒暴政的牺牲者，成为被关注的对象，他们就是同性恋者。若干年来，他们一直想挤入我们的行列，参加我们的纪念活动，把花圈放在我们的纪念建筑物前，以悼念他们同类者的亡魂。"[61] 至于全法被囚禁者联合会，他们的言词要审慎一些。这个有左翼色彩的联合会，数十年来，同对很多历史问题一样，对纪念的方式，都同法国前被囚被流放者协会的观点大不相同。观点不同引起的摩擦有时影响到官方组织的这方面的礼仪活动。因为被囚者全国纪念日的组织安排，是由这家协会和联合会承办的。但这并未能阻止联合会的总书记提出他对纪念仪式礼仪程序的意见，他在1999年4月的一次纪念会上说道："接受放一个花圈这样一个要求，等于建立一个各类牺牲者之间的竞争，哪怕这种要求是通过别的渠道提出来的。"[62]

我们并不太过分强调法国前被囚被流放者协会的报纸《被囚禁者》上所登载的读起来令人不舒服的一些文章。正如有的人嘲笑象征抗击艾滋病的红丝带一样，他们也挖苦别在西服翻领上的象征荣誉的荣誉团勋章："丧失这些东西很可惜！红丝带今后要关系到所有的人,一百万条红丝带将要在邮局里出售,抗艾滋病协会倡议以每条 30 法郎的价钱卖给公众。这是干得很漂亮的、值得称赞的抗艾滋行为。我们离导致在'红丝带'标记下的这场战斗,只有一步之遥,我们愿意跨越但没有跨越过去。"[63] 同一年,电影艺人西里尔·科拉尔逝世,《被囚禁者》同样以讽刺笔调写道:"所有死去的人都一样吗?从生物学角度看,相似处只此而已。那么,今天,如果你死了,不管因何而死,人们总会议论一番。但如果你死于艾滋病,那就是另外一回事了。一位迄今为止尚不为人所知的电影艺人,他既是同性恋者又是异性恋者,刚刚去世了,一夜之间,他变成了民族英雄。"[64]

我们应该以一个真正仇视同性恋者的尺度读一读这些过敏反应的文章,这些仇视同性恋的人 50 年来一直没有变。这一代人中,一个顽固的仇视同性恋者,他怀着一个愿望,就是要忘掉和制止这种令人不快的现象,无论是昨天还是今天,也无论是他自己的圈子里还是在我们的大街之上。这种不合常理的否定是一种衰老的信号,正如阿尔贝托·莫拉维亚在他 87 岁高龄时所说:"我没有得老年病,因为我在想,衰老本身就是一种病,其症状就是记忆丧失。"[65]

"官方"被囚禁者组织在一些公开信中,毫不犹豫地提到我们的一些同性恋前辈,赋予他们"卡波"(纳粹集中营里指定的犯人监工)这个可笑的头衔,从而把他们同胞中被害死、被性强暴的责任也推在他们身上。的确,有时候集中营木棚区是由佩带蓝色三角形标记的"轻罪"犯人领导的,他们中的一些是曾经犯过"175 条款"的人。不负责任的旧文学把流氓和同性恋者混为一谈,把他们写进无处不在的现实当中。而同性恋者呢,他们的存在只不过是处在社会风俗、轻罪和精神迷失状态十字路口的一种现象。这些论点,当然只是历史传奇性的浓缩罢了。[66] 然而,在集中营里最受折磨的犯人当中，有多少人惨遭杀害啊！他们是由卡波们向党卫军指认而牺牲的，这些卡波绝大多数是"政治"犯，此问题的严重性时至今日也还难以估计。事实上，这是承认这一部分人和另一部分人之间有等级之分。最后他们都会受到应有的惩罚，他们都"应该"处死。时间早晚而已，人们很赞成法学家米歇尔·万谢诺提出的所有审判是否公平的问题："应该考虑到，是否所有同性恋都活该进集中营，也不管他们的行为是不是很久以前的事了，总之，民主制度要求惩罚应具有人性。如果真有某些同性恋犯人是自愿向施虐者让步，自愿献身的话，人们再要问是否所有人全都这样？他们中的其他人死后该不该受到尊敬和悼念？这样提出问题是否太无耻和无聊了呢？"[67]

著名的托洛斯基分子、佩带红色三角标记的戴维·鲁塞，是从布痕瓦尔德集中营回来的，他从1945年4月开始写他的证词，证词中他述说了蓝色三角和政治三角之间很有影响的斗争，他只是在一份沉重冗长的名单的最后提到同性恋者："坏蛋各种各样的都有，有黑市上的走狗、有多次入狱的惯犯，他们以前都搞过诈骗和当过皮条客……此外，还有那些社会不容纳的人，如茨冈人、各种肤色的流浪者、强制劳动的逃避者，也还有患病者、残疾人、性变态者和带着'175'记号的鸡奸者。"[68]

当然，戴维·鲁塞并未把受到致命威胁的"175条款"同卡波们混为一谈，卡波[69]们把白天的打击同夜里的同性恋行为搅在一起，这就是佩带蓝色三角标记者弗兰茨在一篇标题为《欲望本身也是腐败》的文章中所写的："集体宿舍的巨大屋子里，有白色圆柱、有高墙、有装着铁栏杆的紧闭的窗洞。……冰冷的光线照射着整个屋子。弗兰茨走在中间的过道上。……他全身都松弛下来，手一扬，把一个面包扔到中间过道的正中间。一片沉寂，好像看见周围什么也没有，弗兰茨笑起来，头稍稍往后一仰，咧着嘴唇皮笑肉不笑。突然传出吼叫声，是各床的下铺发出来的。两个人的身体突然扑了出来，马上，像瀑布从高处下泻一般，一群愤怒人流蜂拥向前，有的用拳头打，有的用脚踢。一些人的肚子发出叽叽咕咕的声音。面包。弗兰茨变得脸色苍白。大屋子里，只有中间过道上吼叫的人群互相推挤。突然，弗兰茨来到人群中间，橡皮警棍举起，打下去，又举起，又打下去。有些人从人堆中离开了，有些倒了下去。弗兰茨此时才放声大笑起来……这一夜夜深的时候，弗兰茨轻手轻脚在这些床铺中间走着，脚步慢了下来。空气中一股恶臭。黑暗中只有两支红色的灯管亮着。弗兰茨在一张床前停下来。男孩子用胳膊撑着身体坐起来，对着他笑。弗兰茨两只手哆哆嗦嗦地贪婪地轻抚他金黄色的头发，然后紧贴在他的胸脯上。弗兰茨把自己的身体压上去，紧紧地吮住他的嘴唇。"[70]

从1995年开始，前老战士和战争中牺牲者部的文件中，就再也没有忘记在这个纪念日的时候，记录下同性恋者的事情。此外，同性恋被囚者纪念堂（MHD）和同性恋共同组织从那之后，均被正式邀请参加这一集体纪念日的所有活动，1995年集中营解放50周年，电视直播了聚集在圣母院大教堂广场上所有被邀请参加者的活动。在巨大的屏幕上，有粉红色三角标记佩带者的画面和解说词。然而，一个小时以后，这个纪念建筑前的栅栏在同性恋者代表团到达时，企图关闭。据目击者说，同性恋代表团的人在阿什韦舍桥头原地踏步，耐心等待。这个代表团当然被佩戴着饰带的警察阻挡住了。警察马上动员起更多的人，组织工作人员快速离开，向纪念日的下一个悼念地点凯旋门方向赶去，以便在有人非法在那里翻越之前赶到现场。

同年，在鲁昂，调门进一步升高。全法被囚禁者联合会鲁昂分部给省长写信，信的主题是"一个所谓的同性恋组织之出现"，信中写道："我们以非常愤怒的心情，再次抗议他们竟然企图参加此次活动，甚至还要献花圈……从来没有听说过允许他们参加这一活动。而且，同性恋者从来也没有被认为参加过法兰西的解放。"[71] 信中还使用近乎修正主义的语言："当时随着德国征服地的扩大，在集中营里服役的党卫军人员大批调出，以补充德国海、陆、空三军的兵源。他们的空缺和监工职能由狱中普通囚犯所替代，其中就有一部分同性恋者。他们对其他囚犯握有生死大权。"提到厚颜无耻地献上花圈的同性恋者时，他情绪非常激动："他们还是在我们离开之后献上了花圈。我们派人把花圈上的丝带取了下来。假如他们坚持被邀参加的话，公共秩序有被破坏的危险。被囚禁者运动组织认为，这个纪念活动是属于从前集中营里的囚犯，不属于在集中营里杀害了我们大量同胞的同性恋者。"信的结尾处写道："不要把被害者和刽子手混为一谈。"事情又回到了原处，问题更加复杂。一年之前，国民阵线的报纸《现代》（*Présent*）登载了一些言论，而前被囚禁者组织最终并未否认这些言论："获得了解放的社会搞乱了很多传统的行为方式。一种下流现象随之产生。同性恋者的人数大量增加。人们知道这个性反常组织近几年来占了很重要的地位。他们形成一股隐蔽的、有组织的十分活跃的势力。"[72]

我们大量地引用奥地利前同性恋被囚禁者海因茨·黑格尔的证词。他在最后是这样说的："当我谈到政治囚犯对我们的蔑视和反感的时候，我必须指出以下事实：1942年，为了减少犯人的数量，经常采用的办法是，每个集中营在不同时间，送规定数量的囚犯到最后解决集中营去，在那儿囚犯或被赶入毒气室或被注射毒针。对被遣送者的挑选权，由集中营囚犯秘书处负责，秘书处的头头是囚犯中的最年长者。当这位头头是一位政治犯时，人们就会看到绝大多数被送往最后解决集中营的人，都是佩带粉红色三角标记的囚犯。战争结束后，我有机会读到一份由曾担任过该秘书处头头的老政治犯的证词。他解释了当时大量遣送同性恋被囚者去死亡营的理由。他说，当时是要把那些最没有价值、体能也不很好的囚犯送走，还说这是可以理解的。这说明，在集中营所有被囚禁的人中，我们被认为是最低等的。他们是我们的同伴，虽然与我们同在一条苦役船上，竟然也把我们送去处死。"[73] 12 年前，当 Caipentea 的犹太人墓地遭到有意破坏的时候，新闻记者米歇尔·克雷索勒在 L'Aute 报的一篇专栏文章中，评论让-马里·勒庞参加的一次电视节目时，说道："同性恋只是一个小问题。勒庞反驳把他称为'纳粹'，他对这位记者说：'我不再是纳粹，就像你已不是同性恋一样，至少，我希望是这样。'人们给了纳粹鸡奸者严重打击……鸡奸者可以等待，以便总有一天，建立一个同性恋流放者纪念碑。它揭幕以后可以衡量，他们的损失究竟值得多少同情。"[74]

后来鲁昂的人权联盟 1995 年 5 月 15 日给圣·马里蒂蒙省省长写了信。[75]一年后，同性恋的地区组织又重新露面。但部分前被囚禁者以及他们的头头决定离开纪念会现场。同性恋者献的花圈被践踏抛弃。十天后市议会开会时，议员迪迪埃·勒德吕对这些愚蠢的粗暴行为表示了他的愤怒，当地报纸转载了他的发言："作为生活在一个自由国度的法国人，我尊重抵抗运动。作为民主党人，我向前被囚禁者、前集中营所有的被囚者致敬。作为同性恋者的我本人，我有责任纪念那些因同性恋原因遭受苦难的人。"[76]陈述这些践踏历史的暴力行为后，迪迪埃当时获得鲁昂市议会里很宝贵的一分钟的沉默时间，但很快就被强烈的"滚出去"的声音所替代，他的政治生涯也由此结束了。

历史又颠倒过来：2000 年 4 月 30 日，鲁昂市市长和圣·马里蒂蒙省省长向由一百多人组成的联合同性恋组织的代表团致敬。市长的讲话中，特别提到同性恋者，称他们是受到纳粹意识形态残害的人民群众的群体。参加过所有纪念活动之后，犹太人联合组织的代表也来邀请同性恋代表团前往犹太教堂，参加他们的追思活动，同他们一道聆听为亡魂祈祷。[77] 同样的纪念活动也在梅斯、南特、南希、蒙伯里耶、马赛、里尔、里昂、波尔多、埃弗里和贝尚松等地举行。[78] 1997年在兰斯,一个同性恋代表团由皮埃尔·塞尔手捧着花圈前往参加追思活动受阻,随着市政府的一纸命令,盖世太保专政下牺牲者纪念堂广场前的铁栏杆被关闭。市长让·法拉拉(他在这次事件之后被免职)当时宣称:"我仍然是本城市的主宰。"[79] 该市的同性恋协会为此提起诉讼。差不多两年后,即1999年3月9日,该协会的律师加布里埃尔·韦尔西尼收到行政法庭对市政府的判决,判他们"妨害公共秩序"及顽固阻碍有正式文件批准的集体化纪念活动,并罚款4 000法郎。这一大胆的司法判决是历史性的。从那以后,所谓的肇事和煽动者地位转换,由他们负责管理这个纪念日的正式礼仪安排。

愤怒的前被囚者们并未就此罢休。在皮埃尔·塞尔所住的城市图鲁兹的一份报纸《南方快报》(*La Dépêche de Midi*)上,有一篇由让·勒马尔署名的公开信,他坚持认为:"我们大家都经历过那段历史。回顾一下,在第二次世界大战期间,在法国领土上,从来就没有专门囚禁同性恋者这一事实,大概不是多余的吧……至于那时某些希特勒的打手认为必须采取一些强制措施整治'同性恋',这很有可能。……我并不特别苛责皮埃尔·塞尔先生得以从中'脱身',但他不应向媒体大肆宣传他的情况,以致造成——哪怕是无意识的——对问题实质的误解。……并由此专门竖立一座'同性恋'被囚者的纪念建筑。但对历史挑战总是有限的。"[80] 正如老战士部国务秘书办公室给乔治·弗德尔曼的信上所说:"人们只能希望,通过对所有被囚禁者的感情的尊重,通过对所有曾经战斗过的人员整体形象的尊重,理性能够战胜感情,集中营的受难者能够团结一致,共同去悼念那些未能从集中营地狱中活着回来的他们的难友们。"[81] 让-路易·博里本人于1977年写道:"那天,也仅仅是那一天,我们摆脱了困境。当时一个同性恋团体，为纪念他们牺牲了的同性恋难友，在巴黎的前被囚者纪念堂放置一个花圈的时候，一个前被囚禁者联合会的负责人在现场，他没有以玷污被害先烈为借口，清除毁坏那个花圈。"[82]

当最后一批恐怖时代的见证人已到高龄，他们剩下的日子已很有限的时候，还要坚持把纪念活动分开，把历史事实割裂开，有什么实际意义呢？何况，记忆是无法分开的。为何要把这一部分前被囚者视为值得尊敬的人，而把另一部分视为无足轻重呢？困难在于要得到同意，建立一个可以纪念纳粹统治下所有牺牲者的场所，不管这些牺牲者被迫害是由于宗教原因、生理缺陷、精神弱点，也不管他们在种族、文化和社会地位上是不是少数，他们在同专制独裁斗争时的动机如何。

这种历史的深藏是暴力造成的必然结果。正如路易-乔治·丁所说："再说，在这种普遍的统治关系中，这是十分平常的现象。被统治的对象越是准备保持沉默，甚至不承认他们受到统治，统治者就越来劲。因此，暴力以及暴力下的牺牲者也就永远处于不为人所知的状态。"[83] 曾被盖世太保判过死刑的埃米尔·勒泰特本人是教士也是抵抗运动成员，他的兄长和父亲都死在达豪的集中营里。他于 1995 年在基督教的《证言》（*Temoignage*）报上撰文写道："1945 年 5 月，瘦得像一具移动的骨头架子的马克打算回家。他只剩下自己的名字和两只有神的大眼睛了。放出来的囚犯要重新学习人的生活。他是单身汉，受到所有人的尊敬：家庭、同行、邻居。像所有被囚者一样，马克对他被关押的情况，一言不发。40 年中没有人能同他沟通。后来他得了癌症，住进医院。他才向我透露心声：'我的最大的痛苦并不是我被关在集中营里。如果盖世太保那时看见是"这样"，他们也许会给我戴上粉红色三角标记而不是属于抵抗运动分子的红色三角。而"这样"，我永远不能对任何人说。

我甚至也没有为那些戴粉红色三角的兄弟们被承认而斗争。'"[84]

占领时期各类人都贴有等级标签，解放后人们都愿意不再把法国人民分成三六九等，这个愿望毫无疑问是值得赞扬的。但它也引起了一些负面效果，特别是涉及犹太人的时候，正如马泰奥利的报告中所说的："每年一度，犹太人都要专程回到共和国来，这时他们都变成了公民和像其他人一样的外国人。同他们有关的法规文件都淹没在档案馆的汪洋大海之中。"[85]1946 年 12 月 6 日的通知是"受到同维希政府的歧视政策划清界限这一意志"的鼓舞的，但它的后果相对来说是不能令人满意的。此通知命令，在返回共和国是合法行为这一范围内，"销毁在法国按人种划分等级的文件"。[86]历史再也不能任人随意编排了。没有任何东西能够证明，在销毁那些给公民资格带来侮辱的文件的同时，没有把有关同性恋在法国被占领期间的档案，以及为数已经很少的阿尔萨斯和莫泽尔的同性恋者被抓捕、被流放的档案也销毁了。因为最终的法律程序是严格的。真正的公民权导致歧视原因的消除。普遍的做法是，把关押囚禁的原因秘密封存在正规档案室里，作为弥补。

历史学家阿里·穆勒在完成他关于纳粹研究的书（包括死亡的研究，消灭犹太人、茨冈人、精神病患者的研究）时写道："我在校阅我的手稿时，发现遗漏了一群备受摧残的人群：同性恋者。但在付印之前补救已经来不及了。"[87]有多少历史学家和前被囚人员不是这种疏忽的心安理得的同谋犯呢？遗忘不是可以原谅的品德。缺陷、健忘对于受苦受难的个人来说可能是好事，但对于人民集体的历史来说就不同了。难道人们应该满足于"让死者埋葬死者吗"？

1993 年 12 月 14 日，德国法语电台举行了一场关于犹太人被屠杀的主题晚会。此晚会忘记了让茨冈人和同性恋者参加。《世界报》发表了对此事的抗议，文章的署名人是迪米特里·维扎："'被人遗忘的屠杀'，这个恰如其分的标题指的是存在着一部分人们不愿提及的、被纳粹杀害的牺牲者。他们被视为次等牺牲者,不值得我们为之伸张正义。同性恋者属于这种无耻的等级排列的一部分。因此,这些从前被社会抛弃的人,死后继续被我们从记忆中抛弃。这种把死者分等级的行为,等于说明希特勒杀他们是正确的了。只要茨冈人和同性恋者的名字在纪念二次世界大战牺牲者的铭文上,不与犹太人的名字列在一起;只要有关国际组织还在继续犹豫,这类牺牲者是否达到一定的数量,以至必须颁布法令定性这样的屠杀是反人类的罪行;只要人们为了商业、政治和意识形态原因,仍然对某些现行的和过去的罪恶行为实行有选择的遗忘政策……野蛮暴行就将在我们的地界上重新出现,萨拉热窝将不是我们日常生活中恐怖袭击最后的发生之地。"[88]

死者的名分

1992年,筹建中的华盛顿美国犹太人大屠杀纪念馆委托德国历史学家克劳斯·米勒尽可能多地收集关于粉红色三角标记的文件材料和证词。该纪念馆拟于下一年举行开幕式。时任法国老战士和战争牺牲者部的部长菲利浦·梅斯特发表新闻公报,宣布他将参加开幕式,并通知,纳粹统治下的牺牲者中应包括同性恋者。[89]因为,有一个展厅是专门提供给这类受害者的。纪念馆入口处每人发一张"身份卡",参观者因而都可以以同等身份参观各种形式的集体屠杀场景。参观者中有一部分是同性恋者。展览汇集的十来个同性恋者的证词和60幅左右同性恋被囚禁者悲惨遭遇的照片,布满四周的墙壁,表明他们同其他牺牲的烈士一样,受到平等和完全一样的对待。

这个展览说明,达豪集中营是第一批同性恋的接待地,接着是萨克森豪森和布痕瓦尔德两座集中营,它们于1936年开始接收同性恋囚犯。1939年,大量的同性恋者也开始送往贝尔根-贝尔森、登布林、多拉、弗洛森堡、格罗斯雷申、纳茨威尔-斯特鲁多弗、诺因加默等地的集中营。[90]

奥地利的茅特豪森集中营里,在维也纳同性恋组织的倡议下于1992年建立了一块同性恋被囚者的纪念碑。最近,海因茨·黑格尔待过的萨克森豪森集中营里,在格哈德·施罗德政府代表的出席下,有可能也建一个同样的纪念碑,此集中营离柏林不很远,根据德国官方提供的资料,数以千计的柏林同性恋者在那里遇害。[91]在博洛涅,在法兰克福和悉尼、柏林和科隆,也都竖立起正式的纪念性建筑物,以追忆那些集中营里的亡魂。在阿姆斯特丹,从1987年开始,就在市中心的一条主要干道上,从上往下,分阶段建立一座粉红色大理石的三角形标志。三角的三个尖分别指向盖世太保从前的驻地(此问题下面还要谈到)以及安妮·弗兰克和奥斯维辛所在的方向。[92]在海牙,1995年,一座高达7米的、底座为蓝色带饰、上面是粉红色的纪念性建筑在一个广场上建立起来,以悼念那些被压迫、被屠杀的同性恋者。在旧金山的卡斯特罗街区2002年4月建立起一个由15根圆柱组成的三角形,它占据着该区第十七街的一角。

在维也纳,2001年6月14日,极右势力对为同性恋被囚者举行的展览会进行了破坏,把展品洗劫一空,地点正好就在当年希特勒宣布兼并奥地利的地方。

在布鲁塞尔,事情似乎更加困难。该市市长最近宣布禁止在公共场所竖立纪念碑,这迫使当地同性恋组织整个1999年夏季都在寻一个安全放置场地,最后在这个比利时首都的一个私家花园里得到解决。其实,问题依然存在,面对着官方历次的阻力,面对着进行悼念方式的诸多阻力,人们已经遭遇了多少困难啊!但这是一个错误,一个同被囚禁者联合会完全一样的错误。他们也谈到"他们"的纪念仪式被骚扰，"他们"的纪念建筑被破坏，"他们"的怀念被亵渎。当然，在某些年代，远离官方的敏感，我们反复举行过一些纪念活动，这些活动在拉雪兹神甫墓的公社社员墙或塞纳河两岸进行，专门纪念"我们"自己的牺牲者，以此来避免同法国宪兵发生冲突。但这种可以理解的委曲求全行为是很不够的，官方的沉默在我们看来，多么像割断喉管者发出的声音啊！只有把纪念之地搬到正式的场所，牺牲者同其他所有牺牲者融为一体，所有生还者团结一致、一视同仁，我们的行为才有意义。

在耶路撒冷，1994年5月30日，当人们想象，由于犹太人遭到大规模屠杀这一事实，各方面的分歧意见得到弥合应该不成问题的时候，一个纪念纳粹杀害同性恋者的集会准备举行，纪念集会由莫什·达扬（他既是以色列土地上的英雄，又是其他人的刽子手）的女儿主持，但遭到严重干扰。当雅德-瓦什汉姆滴水洞举行耶路撒冷大屠杀纪念会时，正统教派的犹太极端分子企图阻止合唱队和歌唱家的表演，一个纽约的知名人士朗诵犹太教赞词并为死去的犹太人祈祷。警察出来成功地阻止了捣乱者，但他们辩解说："这地方是犹太人民的圣地。我们不能允许一个流氓组织在此活动，按犹太人的道德标准，他们这些人是罪犯。他们干的事是不合法的。"这些骚扰者还对这个纪念场所进行不间断的威胁，美国一个犹太教士团体更在《耶路撒冷邮报》上作出反应，他们举出妥拉五书（即圣经的首五卷），认为同性恋是"社会重罪"，应该处以死刑。这些极端分子毫无疑问是被以色列1988年刑法中取消对同性恋惩罚的条款所激怒，1989年正好是以色列建国40周年。

1994年以来，皮埃尔·塞尔的书，除出版了大量的外文译本外，更被改编成舞台剧《查理·亨利·杜梅的红玫瑰日子》在法国广播电台文化节目中播出[93]，后来又被安德烈·萨尔格改写成悲剧性长诗《微不足道的人》，其中一段是这样写的："什么是一个人

第五章 重新认识之路

两次被杀？用最简单的例证可以说明：纳粹对每一个同性恋者的屠杀，都是两次杀死他们，这另一次屠杀是在他们家庭的记忆中，是在对他们政治和历史的回顾中。每一个杀人者都杀了他们两次。我实在无法分辨，哪一次更为卑鄙无耻。"[94]1994 年，历史学家皮埃尔·米克尔站出来在一档著名的电视节目中支持皮埃尔·塞尔。[95]但由于受到让·布瓦松《关于粉红色三角标记》一书的误导，皮埃尔·米克尔提供的同性恋死难者的人数有一百万之多。的确，整个 70 年代至 90 年代的统计数字大多源于大致估计，非常不准确。米克尔所举数字恰恰给修正主义者的不良企图以可乘之机。让·布瓦松著书的目的毫无疑问是想赞扬对那面沉默的墙壁的撞击。因此，当他作如下宣言时，人们是同意他的意见的："遗忘从来都不是历史事件，历史是盲目的、无意识的，遗忘是人的事情，是制造历史的人的事情。"[96]关于牺牲者"准确"的人数问题，他是这样说的："这一事件的残酷不能以牺牲者的人数多寡来衡量，这场种族灭绝行为的真正严重性在于，它是一个有组织的预谋，它是要从肉体上消灭某些人种，使这些种族的特性彻底消失。这种有组织、有预谋的大规模杀人，历史将记下他们的巨大罪行，这是人类堕落的证据。"[97]记者达尼埃尔·梅尔梅在他主持的节目《地狱里，如果我也在那儿》[98]中，通过法国国际电台无线电波，于 1993 年 4 月 14 日和 15 日，连续两天为皮埃尔·塞尔作证。

1997 年，负责收集被纳粹残害至今仍然在世的人的证词的"斯皮尔伯格基金"到达图鲁兹，向皮埃尔·塞尔收集证词。皮埃尔·塞尔在斯特拉斯堡旅行时，也提供了一部分证词。他的证词加上其他一批最新证人的证词一起，被拍摄成影片《175 条款》。此片于 2000 年 2 月在柏林国际电影节上，荣获国际新闻工作者评论大奖。该片的作者正是著名电影《秘密胶片》的制作人罗布·爱泼斯坦和杰弗里·弗里德曼。他们的影片专门批评 50 年代和 60 年代好莱坞神话中仇视同性恋电影审查的历史。[99]皮埃尔·塞尔到处去巡回作证也并不容易，正如罗布·爱泼斯坦所言："每当人们询问他的时候，他都异常激动。回忆当年生活和遭受的痛苦是多么难受的事情啊，就像是我们要他再过一次从前的日子，不过，他对我们这么做，完全理解。"[100]

至于"政治囚犯"这个词，其含义是模糊不清的，这一点我们前面已提到过。这个词事实上集中了公民群众中各种身份不明确的受难者。比如说皮埃尔·塞尔这个人，给他的定性是"同性恋囚犯"，这个身份已经很接近真实的历史了。[101]此外，还应该更进一步了解法国警察局与德国占领者之间的合作，究竟到了何种程度，他们责任有多大。这个问题从来都搞不清楚，无论是入侵之前、占领期间还是解放之后。斯特拉斯堡的新闻记者学校进行过一次调查，1996年在他们自己的报纸上公布：科尔马的警察局局长阿拉珀蒂特先生主动把该地区的同性恋者档案交给纳粹占领者。[102]按照当时情况来说，他只应该交出其他一些档案。这位积极的局长一点也没有考虑到要解放，一心只想保住自己的官职。最后，在各方面的压力下，他被判绞刑，当然罪行不仅仅是这一条。他原本可以安静地退休、安度晚年的。因为，希尔梅克集中营的头子卡尔·布克就是在莱茵河对岸，离阿尔萨斯几公里的地方安静度过他最后时日的，他只判了很轻的罪，法庭特许按退休处理。

积数十年之久的完全互不理解，其结果是对同性恋仇恨的加深。这个仇恨，对我们既如此之近又非常遥远。我们看到，在20世纪他们长时期被视为惹是生非的流氓、专事挑衅的疯子、弄权的阴谋家或青年人的勾引者、鸡尾酒会上的小丑或不停述说自己苦难的啰唆鬼。如果任其随意行动而不对其加以控制，他们就会如民间谚语所说："不敢说出来的爱情，变成喋喋不休的神经病。"

不可告人的结盟

刚刚结束的那个世纪告诉我们，同性恋者受了两次罪：一方面，人们在任何媒体或报刊上看到他们的形象，都是被歪曲、被夸张了的，其中一些不乏是在压力之下干的；另一方面，行为不敢公开这一弱点，使他们在提供医疗记录时，感到非常为难，这给仇恨自由者和仇视同性恋者之流准备了肥沃的土壤，使之能利用来煽动群众。

某些政治人物的同性恋面貌被揭露出来，使得以前的一切说明和解释获得的信任感，全都坍塌了。同性恋问题需要重新考虑，20世纪初，同性恋运动的精力都集中在对"郊游"（outing）的揭露方面，从希斯菲尔德到活跃的同性恋新闻记者，他们的方向是模糊的，几乎是误入歧途。他们给欺骗策略让路，使得人们在遭大屠杀前，都还蒙在鼓里。在20世纪初，人们冒着危险，开始承认自己的欲望，拒绝一代人接着一代人的不断默默忍受痛苦。在很多个世纪的蒙昧主义之后，这个冒险行为是值得的。当时，压迫依然存在，一些人在秘密状态下行动，另一些人过着双重生活。由于经常有金钱这一障碍，因此要建立一个真正的团结一致的联合体是不大可能的。城市人大胆和放任的风气增加了他们政治方面的要求，困难在于，在夜间提心吊胆的群居和白天一本正经表现之间，如何巧妙协调起来。

下面的叙述，其目的并不是对同性恋的思考。我们不过是根据我们所理解的萨特的原则，将其纳入我们的分析罢了。说？不说？什么时候说？怎样说？莫里斯·布朗肖在他1985年所写的《不可告人的结盟》一书中表述为：一种不正常中的正常。他说："这是否想说这个不可告人的结盟自己都不承认，或者做出并不存在这种结盟的样子。因为每次当人们谈到他们存在的方式时,就会说让他们存在是由于错误。因此,是否最好让他们沉默呢?是否最好不必在意他们自相矛盾的表现,而是把他们从他们从未经历过的昔日岁月中解脱出来,使他们回到现代生活当中呢?维特根斯坦最著名的格言'对无法言说之物,应保持沉默'的意思就是,既然在表述事情的时候,不能控制自己的嘴巴,那么为最终的沉默,还是应该说出来。但用什么样的话语方式说呢?这正是这本小书向人们提出的问题之一,这并非要他们回答,主要是让他们知道此问题存在。因此,人们发现,它也具有强制性政策的意义。它不允许我们现在对自己漠不关心,在打开我们尚不熟悉的天地时,使我们对一直受到威胁和充满希望的新关系负起责任。然而我们却一直徘徊在我们所说的'事业'和我们所说的'无所作为'之间。"[103]

我们认为莫里斯·布朗肖的问题是很关键的问题。什么时候站出来?什么时候说话才不会冒互相仇恨的危险?在宗教审判和人民审判之间,在家庭仇视和朋友抛弃之间,在医疗诊断和刑事处罚之间,在这些危险的缺口之中,什么时候决定集体一致地冲破那道狭窄的门为好呢?我们也知道通过力量和知识,利用分歧争取人心,找到肯定的答案。[104]

米歇尔·福柯说,最近由新关系创造出来的这些自由空间迫使我们接纳一种"强迫性政治概念",此观念由组织好自己生活的意义开始。让-路易·博里就是因为这个,才不得不在同性恋的欲望和从众人看法中得到解放的欲望两者之间经受这种杂技式训练的:"同性恋者通过这些有压力的社会场所,就像是通过同样多的布雷区一样,他们得到了承认,他们终于被接受了,他们应该开始享受同性恋生活了,虽然短暂但很开心的生活了。正是根据需要躲开、克服和推倒这些障碍,清晰的界限才显露出来,社会学家夸大其词地称之为同性恋的天地。"[105]

如果人们询问欧洲的同性恋突然显现的策略的话，人们只能听听米歇尔·福柯的说辞了。在 1978 年 7 月 10 日的一次谈话中，他说："从希斯菲尔德开始，医生们就开始说'这些人是两性人，他们是一些退化了的人'。同性恋运动反驳说：'既然你们把我们看成是两性的混合体，我们当然就有特异的性关系。我们要么是两种性别同时存在，要么就是一个具有两种性特点的第三性别。'而同性恋者都喜欢掩盖自己。在前面，医生们说：'协调统一的第三性，需要良好的荷尔蒙治疗才能维持，你们很快就会看到。'这些同性恋疯子怎样驳斥呢：'但你们的荷尔蒙，我们不需要。或者说，如果我们需要，那就是我们想把自己变成真正的女人。'……总之，人们参加所有那些运动，运动在策略上是可分析的，这个迂回曲折的策略，既讨好这一方，另一方也接受……只有看到，同性恋这一概念诞生于 1870 年，而关于同性恋问题的冲突和斗争则是随后 20 年间开始的，人们很想封锁同性恋这个概念，同性恋运动一方当然拿起武器进行反击。这就是纪德、奥斯卡·王尔德和马格努斯·希斯菲尔德等人所做的。应该为之积极奋斗，因为这是历史政治的依靠，人们可以根据他们的经验、他们的联系方式，以及人们想要剥夺的他们的娱乐方式进行。"[106]

1978 年，即米歇尔·福柯发表他的意见的同一年，盖伊·奥克汉姆描写了针对同性恋者的致命陷阱如何在东方和西方同时布下它们的大网，以及后来又扩大到美国，在那里建立新领地、创造新办法，其基础就是城市结盟加上莫里斯·布朗肖提到过的"强迫性政治概念"。但有一个要求同性恋运动必须抓住，那就是重新掌握宣传自己的手段，而这是解放后，也就是国会纵火案三十多年后在欧洲议会大厅里曾被抛弃了的宣传手段。

正面人物

马里努斯·冯·德·卢贝是本书开始时提到过的荷兰籍年轻人,他于 1933 年被纳粹司法部门处死,罪名是用他着火的上衣,纵火焚烧柏林的国会大厦,当时希特勒刚刚上台。他不是一个英雄,他是牺牲品。奥克汉姆心情沉重,对这个历史上尚无定论的形象十分同情:"在斯大林主义和纳粹主义的挤压下,冯·德·卢贝是这段历史的反面人物,这个历史事件只不过是现代化大国之间狗咬狗的斗争而已。这是我们命运的信号。牺牲者无人了解,也没有辩护律师,突然宣布被处死了。"[107] 难道在这历史的恐怖时期,我们只有"反面"英雄?只有同性恋者被追捕、被刑讯、被杀害的历史?只有在仇恨的意识形态面前无力抵抗的牺牲者吗?

答案是有的,它来自阿姆斯特丹,来自马里努斯·冯·德·卢贝的一位同胞。他叫威廉·阿龙德。荷兰当时还享受着由于法国人入侵和拿破仑法典的制定给他们带来的同性恋无罪的恩惠。荷兰法律因此在一个世纪之久一直非常宽松。但这方面的惩罚法律,在耶稣教和天主教的压力下,1911 年又恢复了。一个希斯菲尔德的同时代人,约恩克海尔·肖勒,他创建了一个同德国正在发展的运动完全一样的同性恋运动组织。这个组织具有荷兰社会的宽容精神,这种精神直到今天依然存在。德国人入侵后,这个组织被取缔,档案资料也被销毁。一些荷兰同性恋者融入了他们国家集体的身份之中,同他们遭受苦难的民族一起同患难共甘苦,并毅然参加到抵抗运动之中。阿龙德和弗里达·贝莉范特住在阿姆斯特丹的同一条街上。事实上,威廉·阿龙德同他这位搞女同性恋的朋友弗里达·贝莉范特以及另外 12 个"谋反分子"一起,策划了荷兰最漂亮的抵抗组织大行动:袭击盖世太保在阿姆斯特丹的机关驻地,销毁党卫军钦定的"不受欢迎者"的档案资料，其中包括：反法西斯分子、共产党员、犹太人、同性恋者、"堕落"艺术家。

威廉·阿龙德是一个大男孩，是一个过今天不考虑明天的空想家。他在日记中是这样描写他的童年的："当我回顾以前那些岁月时，我只记得一个身穿黑色上衣，面孔苍白而消瘦的人，他站在操场中间，安静而腼腆。"他的父母是做贵妇节日用品买卖的，生意十分兴旺。他整天生活在假发、香粉盒子和化装舞会的服饰中间。他学了一个时期绘画，于七八岁时离开家庭，离开自己的兄弟和姐妹，以后再也没有回来。[108] 他在拉仑安顿下来，同一位艺术家朋友一起住在一间画室里。在他被纳粹处决后，他的侄儿作证说："威廉是一个空想型小伙子。他并不明确知道他想做什么。他经常拜访很多荷兰艺术家，他经常同他的朋友一起到阿姆斯特丹去，在那儿游荡、喝酒或在露天咖啡馆品尝小面包。他十分孤独，成天只知道画画。"[109]

后来威廉·阿龙德离开拉仑去了爱尔克岛。他 1920 年 8 月 26 日写道："生活的教训是要学会独自生活。……我应该更强，内心更平静。离开了全家之后，我感到无比的无助和孤独。我的寂寞和人们的幸福美好使我难以忍耐，而且我又生活在他们中间。"他收到为鹿特丹市的饭店绘画的订单。他于 1925 年回到阿姆斯特丹。但贫穷威胁着他。他写道："日子一天天过去，工作毫无着落。有些时刻，我会突然想到，我的生活和我这个人是多么空虚，多么没有意义啊。我到处游荡，挣钱和寻找欢乐的欲望驱使着我。友谊在我的生活中算不了什么，特别是我那些聪明的朋友给予我的友谊，都远远满足不了我的欲望和需求。……昨夜庆祝节日。时间还是那么难以消磨，只有巨大的寂寞陪伴着我。我和我的小朋友喝得烂醉如泥之后，跑到河边去跳舞。"

1940 年 10 月，威廉给他最要好的女友赫塔写信："我们被一大堆困难包围着，如一条破船到处都在漏水。已经没有钱付房租了。然而我却觉得过得比从前好，因为有让在，他是我的天使。他是如此之善良和勇敢，不向任何困难低头，尽一切努力去挣钱。在这个城市中，如此感情丰富、如此和蔼可亲的小伙子实在是绝无仅有。什么时候，当我看见让穿戴不缺、饮食无忧了，我的心情就会更好。"他似乎预见到什么似的，补充道："所有这一切，可能都存在一个最终目的吧？一个生活的新篇章，也许并不那么倒霉，不那么悲观呢？"

在全国举行悼念王后的纪念日的时候，阿龙德喜欢男扮女装，在阿姆斯特丹的大街上闲逛。他不掩饰他是同性恋。相反，他不无酸楚地写道："我这几年明显见老了，我放弃了不少以前的幻想。我生活过来了，而我觉得自己是关在一个笼子里，受小资产阶级和各色三教九流人物的挤压，就像我的家庭给我施加的压力一样。他们只知道一件事情：挣钱。另外，我的同性恋身份必须对我的父母和亲属们隐瞒，而在艺术家们的眼里，我是一个怪物。不管走到哪里，我都是一个不健全的人。"后来，他放弃了绘画开始写作，出了一本可以说是自传性的书，后来证明这是他的重要著作。后来他崇拜荷兰画家马提·芒斯，这位画家生活在巴黎穷人区并参加了区里的工作，他画的油画作品反映的都是普通平民的生活。阿龙德在德国军队将要进攻他的国家的时候，完成了这本传记。他写道："日常生活的艰难和复杂，使我们自己对主要问题的判断力非常迷茫，使我们在矛盾和冲突面前很难堪，使我们很难掌握自己的命运。"

这一时期，他遇到了一位搞女同性恋的朋友弗里达·贝莉范特。她作证说："人们什么都谈，但主要还是和我们有关的以及我们周围发生的事情。德国人已经来到我们的大门口。我们理所当然要谈论他们将使用何种方法，在什么时机把荷兰变成他们的属地。

第五章　重新认识之路

这在所有人的眼里是明摆着的事情，只不过具体时间尚不能预见罢了。"这个时间终于在 1940 年 5 月 10 日这天到来。弗里达·贝莉范特这年 36 岁。她感到忧虑：她是乐团指挥，是世界上首批女指挥家之一，领导着拥有 110 名音乐家的阿姆斯特丹大学交响乐团。这位著名妇女在城里散步时，大胆地搂着她同性恋女友的腰。另外，在她的乐团里，有不少犹太人。她本人也是犹太人，因为父亲是犹太人。她的音乐家家庭后来被纳粹全部杀害了。她的兄弟和丈夫在德国人入侵不久就自杀身亡了。

荷兰被占领后德国着手文化斗争，成立了一个国家社会主义艺术文化协会，所有艺术家都必须根据他们的指示开展活动。犹太人通通被清除出去。接下来，犹太作曲家的作品禁止演奏。再后来，所有荷兰犹太人都从音乐院校、交响乐团中被开除。一年后，所有荷兰艺术都变成了雅利安艺术。

1941 年，威廉·阿龙德发表了一篇反纳粹宣言。同时他同女友弗里达一起，参加到为遭迫害的公民大规模制造假证件的活动中，这一工作当然得到其他抵抗运动组织的帮助。弗里达·贝莉范特说："情况是这样的：当我们当中的一人受到怀疑或逮捕时，他的身份证号码相近的号码以及身份证登记办事处的号码就有可能进行复制模仿。为此，我们决定摧毁身份证登记办事处，在为决定此事举行的一次会议上，我说：'如果大家同意干这件事，那就立即行动！'"

破坏行动就这样当场定下来，但准备工作需要一点时间。因为进入办公机关需要两套制服，一套上尉制服，一套中尉制服。我们的人穿上后才能进入办公楼内的身份证办公室的房间。楼内有另一位我们早已买通的突击队员，他保持中立，假装什么也没有看见。大楼外，还有一人望风，以保证进入内部的行动队员不会遭遇危险。[110]

1943年3月27日，两位军官出现在门卫面前。门卫向他们致希特勒式敬礼后，他们说奉命检查档案存放室。进入大楼后，他俩发现档案保管员已经双手高举，面向墙壁站在那里了，原来第一行动小组已经先到了。档案室里，有80万份卡片，都是列为怀疑对象的公民的卡片。一个突击队员回忆当时的情景："在一个半小时的时间里，柜子空了，卡片从卡片箱中倒出来，满地都是纸张和印章，在地板上直接燃烧着。后来，23点45分，行动小组在大门口重新聚齐，从容地消失在夜色之中。档案室和存放卡片的房间首先倒塌。"阵阵爆裂声好像在祝贺这次行动的成功。该建筑的底层是存放警察局普通档案的地方，也在这次行动中被烧毁了。大楼被烧毁后第二天，老百姓都偷偷相互庆贺，赞扬这一非同寻常的英雄主义。希特勒占领者对这奇耻大辱大为光火。

　　没过多久，事情还是暴露了。参加这次行动的人中，有一个告密者，名叫冯德尔·费恩。威廉·阿龙德与他的同伴一起，在3天后被捕了。刑讯、拷打之后，给他们定了"阴谋破坏重罪"。阿龙德和他的同志们一起，被关在阿姆斯特丹监狱的一个特别区域里。他们都穿上了囚服，夜里睡在地上，既没有床单，也没有被子。日常吃少得可怜的食物，牢房里光线昏暗，白天和夜里都差不多。

　　弗里达·贝莉范特未遭逮捕。虽然搜查得很紧，但抵抗运动组织多方保护援助她。她化装成男人到处东躲西藏，逃过了一次又一次危险。她说："一天，我上理发店去理发。我把帽子挂在墙上。理发师走过来问我：'先生，你刮胡子还是剪发？'我回答：'就剪发。'"她在报刊和广播里获知她的抵抗运动的朋友们吃官司的信息，心急如焚但又爱莫能助。她顺利地逃到瑞士，后来又到达美国。解放后，她想重回荷兰生活。但她回忆说："没有任何一个人谈起使我魂牵梦萦的那5年的事情。每个人都要重新安排自己的生活，每个人都要想办法挣钱。"她最终还是重返美国，在那里指挥

第五章 重新认识之路

最著名的好莱坞交响乐团，继续投身妇女运动，直到 1995 年 91 岁时病逝。

对威廉·阿龙德和他的同伴的起诉于 1943 年 6 月 18 日开始，这时他们已在狱中关了 3 个月。他们在审判庭出现时，是每两个人一组被拷在一起的。审判大厅里，上膛的刺刀一直对着他们站立的方向。检察官说威廉·阿龙德在法庭上"满不在乎，用诙谐的语言，宣称他的行动正是为了避免流血"。法庭要他对参加行动的同伙进行评价时，阿龙德反驳说，假如当时未找到这些人的话，我将毫无困难地找到另外一些人来"帮我完成这样的行动"。行动突击队员之一，吉斯·赫尼判了 18 年监禁，他后来证实说："阿龙德千方百计试图说明，他本人是此次行动唯一的负责人。一切都是他干的，组织策划、招募突击队员……因为他希望最终只有他一个人被枪毙。"但最后，同阿龙德一起被判死刑的，有 12 名同伴。

为执行死刑腾出了三间囚室。死囚们只有几个星期的日子好活了。他们用阅读、争论以及欢笑来打发这最后的时间。阿龙德给他的女友之一写了最后一些话："亲爱的楚泽，刚才监狱长给我送来了刑前牢饭和死刑通知。对我说，死刑明天早上执行。我和我的同志们一起度过了一些宝贵的时刻。这些幸福时刻在我个人生活中是从未有过的。我们的生活被人从各个方面包围着，有士兵，有专门的监视者，也有其他的犯人，他们都了解我们做过什么。因此我们坦然而轻松。我要走了，对所有的朋友们，对他们的友谊和爱，我满怀感谢之情。永别了。"

阿龙德最后的要求是品尝一块荷兰的奶油馅饼；至于舍德巴克，那位负责偷两套纳粹制服的小伙子，他希望死的时候，身上穿着粉红色衬衣。在这次未杀一人而拯救了数千人生命的英雄行动之后 3 个月，即 1943 年 7 月 1 日凌晨，阿龙德和他的战友们于奥弗恩的海滩上被枪决。

同性恋和公民权

在整个 20 世纪中，男人的故事中总少不了同性恋问题。一部分人想救自己的命，另一部分人拿生命来冒险。但当历史随着一些非常事件的出现，进入你死我活的斗争的战场时，同性恋的境况就处在自觉和冒险之间了，差不多就是处在最后审判和疯人殿堂之间了。正是在这样的背景下，我们没有丢失任何东西，找到了像威廉·阿龙德这样的英雄，一个满腔热情的真正公民。但他并不是唯一的一个。[111]

因为还有一个奥地利人埃里克·利弗卡，他也是一位这样的英雄。1941 年，这位 17 岁的维也纳共产主义战士成功地把手伸向了党卫军看管的、装有大量犹太人的卡片、政治反对派的名单以及苏联情报人员代号的档案柜里，并把这些档案销毁了。战后，1950 年，以色列国给他授了勋。后来，他出来揭露斯大林主义并被奥地利共产党开除。再后来，他又投身于争取修改奥地利刑法"129 条款"的斗争，此条款相当于"175 条款"，它每年都要导致数百名同性恋者被判刑。他的国家的司法部门终于对他采取措施。他被以该条款的名义判处 4 个月监禁，罪名是"与同性别的人有色情行为"。诺贝尔奖获得者赫尔曼·黑塞以及另一个名叫库尔德·席勒的人都对他表示支持（席勒先生是一位幸存者，是马格努斯·希斯菲尔德的老战友）。1958 年，他在没有任何罪证的情况下，再度被判刑 18 个月，罪名是"违反自然道德企图猥亵未成年人"。1965 年，再次被关押 6 个月，判词是"为金钱目的拥有不道德的物品"。当时出现了大量抗议活动。当时东德正在如火如荼地为废除"175 条款"进行斗争。奥地利的反同性恋法律最终于 1971 年被废止。[112]

第五章 重新认识之路

人们看到，对抗的力量仍然十分顽强。[113]这种力量来自数十年来反同性恋的习惯势力。有些人甚至是第一次世界大战的幸存者。因此萨尔旺将军，这位 1914—1918 年战争的老战士团队的主席，才于 1998 年 7 月在《马其诺防线报》报上，抱怨他的部门的预算受到削减的威胁，而数以百计的各种协会则享受着地方团体的各种津贴："应该考虑，是否可以从有些地方把钱节约下来，比如，从那些松散的同性恋者协会方面，从预防艾滋病方面考虑。有哪个同性恋者组织考虑过回报法国呢？"[114]

某些第一次世界大战的老战士已经不再有最初反种族主义那样高涨的反同性恋情绪了。[115]早在 1924 年，老战士作家协会副主席德·福尔热先生就曾给司法部长写信，要求他禁止法国第一份同性恋杂志《倒错》的发行："这份杂志公然宣布他们的下流纲领。……假如明天我的孩子被这些明目张胆的纲领所吸引，购买这种杂志并因之中他们的毒而堕落下去，你们要负什么样的责任呢？……《倒错》在大街上公开出售，公布他们的地址，组织小型推广活动。"[116]在 20 世纪末，人们发现了一种愤怒情绪，让-马里·勒庞就有这种情绪。他于 2000 年 7 月 8 日在罗马评论盖伊·沃尔德·普赖德的行为，在一次集会上揭露"同性恋的热衷宣传"，揭露压力集团"故意破坏青年人的主要道德观。……不正常行为举止的增长变成了一种道德体系。……应当把法国从日渐衰落的境况中拯救出来"。[117]二十多年前，司法部长罗伯特·巴丹泰在 1981 年 12 月 20 日召开的国民议会的讲坛上，当决定废除贝当的反同性恋法律之际，公开宣称："现在是时候了，应该主动意识到，法国对同性恋者歉疚甚多，同歉疚于国家其他公民一样多。"

另一位正面英雄艾梅·斯皮茨，他认为罗伯特·巴丹泰的讲话很有道理。艾梅·斯皮茨是阿尔萨斯人，他在第戎被盖世太保逮捕，第戎是德军攻战的第 31 个敌国领土。他是克莱贝尔天王星秘密组织的成员。纳粹入侵阿尔萨斯之前,他是当地《阿尔萨斯新闻》报的记者。纳粹占领后,他于1941年6月参加了法国武装战斗组织,远距离地同阿尔萨斯新闻报驻蒙彼利耶的分支机构《流亡者回声报》合作。逃亡到里昂后,他志愿参加了接待流亡者组织的工作。他因此得以在几个月之内,记录了一百多名阿尔萨斯同性恋者流亡的事件,其中有些是志愿离开,有些是当局勒令离开。在第戎被捕后,他在罗曼维尔要塞被关押了10个月。后又转到希尔梅克附近的斯特鲁多夫集中营。当时皮埃尔·塞尔正同其他数千名囚犯一起关在希尔梅克集中营里。艾梅·斯皮茨最后又被送往达豪集中营,直到美国第七军到来把他们解救出来。战争结束后,他于1946年写了一本关于集中营的书,拉特尔·塔西尼在给该书写的前言中指出:"艾梅·斯皮茨要求法国不要忘记,他不呼唤报复,他不播种仇恨:仇恨永无结果,只能伤害和毁坏它所遇到的一切东西。"[118]

　　皮埃尔·塞尔和艾梅·斯皮茨,两个人都是阿尔萨斯人,两个人都是同性恋者,而且差不多又是同一代人,然而两人从未谋面。80年代初,其中一人去世的时候,另一人开始说话了。1941年11月,当皮埃尔·塞尔从希尔梅克集中营出来并穿上德军制服奔赴俄国前线的时候,艾梅·斯皮茨作为政治犯被关进了科森集中营,后来又转至阿拉什集中营和达豪集中营。40年后,他出来说明自己是同性恋者。正是通过同性恋者戴维和乔纳森所办的天主教协会会刊,他才有机会和勇气出来说话。正如一位大学教员伊夫·鲁塞尔在《解放报》上发表的言论:"对于幸存者来说,说出来是一种新的考验。假如你曾经不把自己当做一个真正的人,为什么要说,如何说那些真实情况?要把自己重新变成真正的人有时是一个很长时间的事情。治疗好自己的创伤往往是敢于站出来作证的前提。"[119]1980年,这位71岁高龄的*Gai Pied*报的忠实读者,在他去世前几个星期，在戴维和乔纳森的会刊上，向1 200个该刊的读者，泄露了他战前的秘密幽会和他离开阿尔萨斯同性恋伙伴的记录。同时，他也叙述了他在集中营里亲眼看见的歧视同性恋者的恐怖景象。

艾梅·斯皮茨不知道斯特拉斯堡事件，此事件是几个月之后发生的。他也不知道皮埃尔·塞尔"站出来"这件事。[120]已经太迟了：时间已经过去了，最后的一批证人已到了生命的尽头。在华盛顿大屠杀纪念馆的庇护下，遭受第三帝国迫害的7名同性恋幸存者最后签名发表一个共同宣言："我们年事已高，精力衰退，已无力为我们所受的、纳粹加在我们身上的不公正行为而斗争。我们中间很多人从来都没有敢于出来作证。大量的男同性恋者和女同性恋者都已带着他们悲惨的记忆离开了人世。"他们最后以令人心碎的一句成语结束宣言："我们所想往的世界始终也没有到来。"[121]

某些被囚者联合会组织对他们得到的权利非常满足，因而提出辩解说：我们可能由于"特殊身份者"的愤怒情绪，提到某些被纳粹关起来的无名无姓的同性恋者，其实，纳粹是把他们作为普通群众，以其他名义抓起来的。这个论据是愚蠢的、不公平的。首先我们谈的不是一般的男人和女人。我们谈的是那些因明显的同性恋身份被追捕、因特殊的"行为习惯"被揭发的人们，是所有那些属于那个特别集体的人们。米歇尔·切尔斯写道："在建立一个共同纪念组织方面，建立一个以性为基础的团体，也就是说，建立定期聚会、趣味相投、定义模糊的团体无论在时间或空间上都是非常不可靠的，是保持不了多久的。它将比现在存在着的犹太人团体和茨冈人团体更加不稳定。然而纳粹把这个问题解决了，他们通过他们的罪恶行为，至少把同性恋者组成了团体，一个受苦受罪最多的团体，一个恰好是事先并无组织的团体。换句话说，假如他们不确信萨特所说的：反犹主义造就了犹太人，反同性恋思想造就了同性恋者这句话，他们就会承认，反犹主义和反同性恋思想早已赋予犹太人和同性恋者一种虽然很小，但却是很顽强的集体形式的存在。"[122]

这些没有留下姓名的同性恋者，他们从逻辑上说是希望留下姓名的，而他们却在其他的大搜捕中被抓起来，首先成为他们文化和社会地位、种族和政治倾向的牺牲品。有些人甚至在提起这一现实时，都有一种极度的残忍，其声调是如此之缺乏团结一致精神，有的只是讽刺挖苦和侮辱性言辞。[123]同样，犹太人参加抵抗运动组织并非以他的犹太人身份，而是以普通公民的身份，他们所参加的社会活动超越了一切思想分歧、社会地位以及他们特殊的烙印。正如历史学家弗朗索瓦·贝达里达所说："一些犹太人大量参加欧洲抵抗活动，他们参加到一些活动之中，参加到各种秘密团体和游击队组织之中，参加到一些根本不是专门的犹太人的活动之中，但他们参加的却是反对共同敌人的斗争。那么如何给这样一些犹太人定位呢？"至于这些前被囚禁者协会，他们至今依然怀疑纳粹的焚尸场里堆积的是些什么样的人，他们顽固地喜欢根据业已过时的或单一的道德标准进行"挑选"，他们荒谬的论据已经到了尽头，使自身处在对一场真正大屠杀不得不隐瞒的境地。

事实上，同性恋者"正面英雄"是有的，尽管他们没有留下姓名，他们是纳粹分子因其他原因在人民群众中进行大搜捕时的牺牲品。比如，根据华沙犹太人隔离区最后一批生还者之一所说："有大量的犹太青年同性恋者，他们在1943年4月19日到5月16日这段最后的日子里，拒绝了同他们的家庭一起逃亡保命。这些犹太同性恋者，的确，如果他们有幸万一逃脱的话，也多半不愿意建立家庭，但他们为了他们的人民能活下来，大多数参加了战斗。他们在与外界隔绝的犹太人隔离区的废墟中，面对2 500名党卫军包围，成功地坚持了四个星期之久。当这些英勇男人数以百计地死去的时候，数十个家庭终于得以逃脱。这次英勇斗争的影响很小，没有引起任何人的重视。"[124]

我们认为，马里努斯·冯·德·卢贝不能列入这些正面英雄的行列之中。这个短命的牺牲者，只不过是一项早已准备好的反自由计划的启动装置而已。不过我们还是要指出，他对共产主义和无政府主义的同情还是被历史学家们首先记住，而并不太在意他的同性恋身份。纽伦堡诉讼开始以来，他们就是这样做的。历史学家们在提到"血腥之夜"和纳粹打手清洗冲锋队的同性恋时，总是滔滔不绝。其实，那次清洗并未消除对德国军队内部同性恋的怀疑。相反，避居在巴黎的波兰犹太青年赫尔彻尔·格特兹本，他在1938年袭击德国大使馆专员冯·拉特时，就利用了同他的亲昵关系、同他的"同性恋"关系，从而阻止了纳粹分子在这场沸沸扬扬的官司中，利用他的犹太人身份。另外，我们认为，还有费尔南·博尼埃·德拉沙佩勒，一位天主教修士，他于1942年杀死了达尔朗，这是一次为民除害的处决，因为当时历史的钟摆正摆向盟军一边。

总有一天，我们会一致接受这些英雄斗士，并赋予他们的同性恋身份一定的价值。总有一天，我们会一起向这些同性恋抗争者躬身致敬，因为他们比其他人付出更多，正如他们自己所说，这一切都是由于他们性行为的差异。总有一天，我们会，我们会向各类站出来作证的人致敬，他们使很多人物出现在我们的记忆中，丰富了本书的内容。因为他们最终敢于说出了很难启齿的事情，既说出同性恋真相，也说出了社会仇恨。

我们还应该抓紧时间听他们的诉说。我们惊恐地看到，半个世纪的时间还是远远不够的。

注释

[1] 1993年5月，时任老战士和战争受害者部部长的 Louis Mexandeau 去

世,临死之前,他在荣军院大广场上发表演说称:"有一些与众不同的人,他们身上有一种和谐,他们把最美的感情奉献给了上帝和法兰西。"(《流放者》月刊,1993年4月第7页)

[2] Bénédicte Vergez-Chaignon 在前引书第 108 页上写道:"迫切的需求促使政府设置了一个战俘重新分类局,弗朗索瓦·密特朗作为 1942 年 6 月以后的非占领区新闻部负责人在这个机构中工作……良好的关系和信心为密特朗在 1943 年赢得了一把法兰克战斧。"参见 Pierre Péan:《法兰西青年》,Fayard 出版社,1994 年,第 208 页以及以下多页。

[3] 马泰奥利报告,第 62 页。

[4] 马泰奥利报告第 8 页引用的红衣主教会议档案。该报告也指出,"犹太人"逐渐取代了"以色列人","以色列人"在战前是个具有敬意的称呼,战后却变得有些奉承的味道,这种词义变化具有政治性,这就像同性恋者被称作"鸡奸者"、美国黑人运动叫做"奈吉尔"、1968 年以后的女同性恋者自称"红色娼妓"一样。

[5] 米盖尔·波拉克:《集中营的经验——维持社会身份试验》,Mitailié 出版社,巴黎,1990 年,第 72 页。

[6] 参见阿奈特·维耶维奥卡:《记忆与忘却之间的犹太人》,布鲁塞尔大学出版社,1987 年,第 107~153 页。

[7] 后面将要提到的流放记忆基金会报告证实,在阿尔萨斯的希尔梅克和斯特鲁托夫集中营中,某些同性恋者佩戴蓝色四方帽。

[8] 弗朗索瓦·贝达里达:《纳粹主义与种族大屠杀》,Bathan 出版社,巴黎,1990 年。

[9] "历史与记忆,流放与流放者"研讨会,第戎,1999 年 4 月,会议文集第 10 页。该文集由文献、信息和社会运动协会(ADIAMOS)编辑。

[10] 让·维格勒,第戎研讨会文集,1999 年。

[11] 我们不想在流放者联合会的特殊词汇上多费口舌,任何不精确之处都可被用来制造可悲的混乱。反之,由于抵抗运动方面的警惕性不够或根本没有,一些真正英勇的组织,诸如全国阵线、治安荣誉团等,都被极右分子据为己有了,这一点确实令人扼腕。

第五章　重新认识之路

[12] *Arcadie* 第82期专号，题为《我们对同性恋支持者有何认识?》。

[13] 间接通过以 Maurizio Belloti 名义出版的文学刊物 *Acardie* 1959年10月号，第645页，粉红色三角也被牵扯在其中。

[14] Norman G. Finkelstein 在他颇受争议的著作《纳粹屠杀犹太人工业》（La Fabrique 出版社，巴黎，2000年2月）中指出，坚定地认为纳粹曾对犹太人实行大规模屠杀的说法之所以一时间广泛流传，是因为以色列人从1967年起发现，他们的外交政策在试图接近阿拉伯世界的西方世界面前出现摇摆。这位作者也是犹太人，他认为，突然重提这段历史无非只是政客们一种为时已晚的策略。1960年 *Arcadie* 杂志社的社长因有人把同性恋视为社会灾害而深感忧虑。我们由此不难想象，这部见闻录的出版同样也是一种揭盖子的举动，也是一种不可抑制的对丑恶行径的追忆。卡尔·马克思曾说：只有让耻辱更加为人所不齿，才能使真相落石出。

[15] 《反正常报告》，Libre 出版社，被禁出版物，巴黎，1971年，第112～113页。可以想见，此文的出版未曾向安德烈·博德里征求许可。在围绕着这篇文章进行的智力欺诈活动中，这篇见闻录偷偷摸摸地被塞进记述 FHAR 所收到的信件那一章中。

[16] 《红色》周刊1976年4月30日刊登的《同性恋弄脏了吗?》。GLH 位于圣德尼郊区大道的总部前不久遭到了极右分子的炸弹袭击。

[17] 参见《法国关于同性恋长达四十年的争论，1942—1982》，载《同性恋杂志》，1998年夏季号，第56～57页。

[18] 《政策周刊》1972年2月9日，第6期，谈论 FHAR 的文章《反正常报告》。

[19] 1979年3月号出版的第一期 *Gai Pied* 刊登了一些未曾在法国出版的摘要。这份杂志的编辑机构自称 ETR，由粉红色三角出版社出版。

[20] 海因茨·黑格尔：《佩戴粉红色三角的人们》，1982年，第121页。

[21] 同上书，第14页。

[22] 埃里克·法桑：《同性恋：表达/镇压》，第188页。

[23] *Gai Pied*，1982年4月号，第16页。

[24] 《世界报》1978年1月1日，第14版。

［25］可是在某些人看来，海因茨·黑格尔的这些回忆由于是以假名发表，而且所记仅限于战时，所以不够充分。

［26］参见 Bent 这部著作，书中有该剧剧本。Persona 出版社，第 59 页及以下多页。

［27］1981 年 11 月 24 日信件，载于《流放者》月刊 1982 年 1 月号。

［28］1981 年 12 月 8 日信件，载于《流放者》月刊 1982 年 1 月号。

［29］该剧于 1996 年在巴黎的 Aketeon 剧院再度上演，Thierry Lavat 执导；2002 年在 Oeuvre 剧院再度上演；1998 年曾在格勒诺布尔上演，由 Jean-Vincent Brisa 执导。法国科学院院士 Bertrand Poirot-Delpech 曾致函在巴黎再度上演时的导演，信中说："这部戏丝毫没有掩饰 Shoah 的无耻行径，它告诉我们，纳粹一旦确定了它想要灭绝的对象后，就不让它的灭绝性的仇恨放过其中的任何一类人。我希望每个观众能从这些不认识的屈死者中间找到自己。"

［30］参见 Bent 这部著作，第 84 页。

［31］1987 年在 Fayard 出版社出版了莱昂·阿尔蒂·埃尔兴格主教的著作《为真相甘冒风险》，这位作者确实不像是现代人。他写道："反对堕胎是人类任何一种伦理的严格要求。……遗憾的是，对于那些先寻求感官一时之快再说的人而言，精神与心灵已经不再有多少价值。"（第 35 页和第 70 页）。这位主教在这部似乎在总结他的宗教活动的书中，只字未提 1982 年我们向他提起的诉讼。此后不久，他强烈反对 PACS，斯特拉斯堡 Act Up 因此而冲进他的教堂。1994 年，埃尔兴格主教孤苦伶仃地死在一所休养院里。不过，他生前最大的愿望得到了满足，他的遗体被安葬在大教堂的地下坟场。这种非同寻常的荣耀只有这一个例外，一百年才扩大一次授予范围。

［32］参见《世界报》，1982 年 4 月 11 日，*Gai Pied* 1982 年 5 月号，阿尔萨斯 FR3 电视台的报道，1982 年 4 月 12 日法国电视二台由克里斯蒂娜·奥克朗播报的新闻节目以及 Isabelle Baechler 所作的地方新闻报道。参见动荡的这几天中斯特拉斯堡的电视报 "斯特拉斯堡事件"，这个节目由 CARIS 协会的 Jacques Vandemborghe 和 Jean-Marc Machal 制作。

［33］ILGA 就是 1979 年在伦敦创建的 "国际男女同性恋者协会"（International Lesbian and Gay Association)。

[34] 被上诉法院判刑的个人有：Jacques Vandemborghe、Geneviève Pastre、让·勒比图以及另外两个 *Gai Pied* 的负责人。并处罚金 4 500 欧元。执法官急于执行判决，几个执法者闯入 Pastre 位于圣日耳曼热纳维耶芙街的住宅将她拘留，原因是我们决定拒不缴纳罚金。这笔罚金最终部分地由同性恋人群捐资解决，号召捐资的传单上写的是"为残疾人捐资"。

[35] *Gai Pied*，1982 年 12 月号。

[36] *Gai Pied*，1983 年 1 月号。

[37] 1985 年参加此次悼念仪式的代表团成员有：让-皮埃尔·约克尔（*Masques*），Thérèse（*Mouvement Lesbian*），Jacques Vandemborghe（*CARIS*），让·勒比图（*Gai Pied*），此外还有作家 Geneviève Pastre 和雷诺·加谬。

[38]《鸭鸣报》，1980 年 5 月 3 日。

[39] 90 年代初，伊里诺斯州的男女同性恋者协会"粉红色的佛拉芒"试图召开一次"同性恋者纪念流放全国研讨会"，以便在全国范围内协调去法国献花事宜。可是，此类活动往往取决于地方力量与市政当局、警察当局、地方流放者协会的关系以及媒体的态度。

[40] 居伊·阿斯库埃写道："我自己强行前去安放花束，但受到阻拦。三个家伙拽住我的胳膊，十来个警察挡住我的路。"还可参见米歇尔·克雷索勒发表在《解放报》1993 年 4 月 27 日上的文章。盖伊·奥克汉姆的朋友记者米歇尔·克雷索勒在《解放报》上定期撰文，讲述被流放的同性恋者的故事长达十年，直至 1994 年去世。

[41]《世界报》1985 年 4 月 29 日。

[42] *Gai Pied*，1985 年 5 月 11 日。

[43] 同上。

[44] 这一代人与多米尼克·费尔南德斯在《粉红色的星》（Grasset 出版社，1978 年，巴黎）中所描写的那一代人相似，就像如今那些接触了 PACS 以后，在楼道上看到同性恋邻居亲嘴就生气的人一样："迪图尔先生和太太趴在一层窗户上窥视，企图当你经过时羞辱你，可是没能得逞。你用嘲弄的神气盯着他们，他们不得不低下眼光，放下发黄的窗帘。不过你还应该知道，

他们等待报复的力量来自何处，他们抱有什么样的肮脏希望。数以百万计的人与他们一样，被我们以迅雷不及掩耳之势逮个正着，但是并不因此而有所收敛。人人都站在窗帘后面，从缝里盯着你。你一不小心就要付出十倍的代价。我认识这种人，他们若是见到我们出门时不得不在胸前别上粉红色三角，绝对不会不高兴；他们如果胆子再大一点，甚至会强迫犹太人在心中重新缝上黄色的星。"

［45］请看记录了Canal＋plus频道于1995年6月23日星期五播出的《同性恋之夜》事件的电视报道。

［46］参见《Struthof，流放者的沉默》，这是一份关于阿尔萨斯同性恋者遭受折磨的相当详尽的资料，由斯特拉斯堡新闻学校（CPJ）收集整理，刊登在阿尔萨斯的地方新闻刊物 News d'Ill 1994年6月第24期，第34～38页。

［47］参见马泰奥利报告，第18页。

［48］《世界报》，1994年4月26日。

［49］托尼·莱内为George Eisan的《纳粹大屠杀时的犹太儿童》写的序言，Calmann-Lévy出版社，巴黎，1993年，第10页。

［50］UNADIF，1994年4月15日致MDH主席让·勒比图的信件。

［51］《鸭鸣报》，1994年4月21日。

［52］参见"同性恋与社会主义协会"1995年整理的资料集。

［53］MSI，意大利主要极右政党候选人皮埃罗·皮斯卡罗里的竞选演说词，数十年来，该党一直试图威吓意大利的同性恋运动："同性恋者都是神经官能症患者，都是让我恶心的功能残缺者，他们几乎就是强奸犯、乱伦者和畜生。"

［54］米歇尔·罗卡尔1994年6月1日致MDH的信。

［55］恩杰罗·里纳迪，《快报》，1994年5月11日，第84页。

［56］《书的世界》，1994年5月17日，第14页。

［57］罗伯特·巴丹泰：《寻常的排犹主义》，前引书，第12页。

［58］ Masques，第25期，1985年春季号，第41页。

［59］我们惊奇地在马泰奥利报告的一个注脚中读到一个提示，它表明对犹太人和同性恋者的处理有所区别，这种区别涉及被合并的领土，而这些领

第五章 重新认识之路

土被承认的要求当时尚属无效。"使团没有在其研究中处理上莱茵省、下莱茵省以及摩泽尔省的情况,这些省在行政上当时不再归属法兰西国家。"(第 21 页)

[60] 普里莫·莱维:《聊天与谈话》,第 215 页。

[61] Pierre Eudes 的致词。流放者联合会代表大会,1994 年 5 月 26 日,刊载于《流放者》月刊第 24 页。

[62] FNDIRP1995 年 4 月 19 日致 DMH 函。

[63] 《流放者》,Jean Masson 的记述,1995 年 9 月。

[64] 《流放者》,1995 年 4 月。

[65] 与梵尚·塔迪埃和让·勒比图的谈话,《流放者》引用,巴黎,1987 年。

[66] 在 Annettte Levy-Willard 所著《纳粹对犹太人的大屠杀,历史资料》(前引书)出版之际,刊登在《解放报》2001 年 9 月 15 日上的与此书作者的谈话中,Raul Hillberg 大为光火:"我见到过一些同性恋组织,口口声声说纳粹曾大规模屠杀犹太人,以此说明同性恋者在纳粹德国的遭遇。可是,90% 的德国男同性恋者从未遭到逮捕或监禁。"如果说,纳粹大肆屠杀犹太人这种说法确实有误,那么,当时占德国人口将近 10% 的是同性恋者,意味着总数达到 20 万人,这部书对这许多人只字未提。

[67] 米歇尔·万谢诺,1985 年,第 112 页。

[68] 戴维·鲁塞:《集中营世界》,第 62 页。

[69] 戴维·鲁塞指出,Kapo 一词很快被大家所接受,但来源不清。或许来自意大利语,意为头颅,或许是 Kaoporal 的缩略形式,或许是 Kamerad Polizei 的缩合形式,Kamerad Polizei 在布痕瓦尔德集中营头几个月中很流行。

[70] 戴维·鲁塞,第 153~155 页。

[71] 1995 年 5 月 5 日 FNDIRP 两位主席 Benjamin Remacle 和 Lucien Genin 签名的致海滨塞纳省省长函。

[72] 《现在》,1994 年 9 月 14 日。

[73] 《佩戴粉红色三角的人》,第 92~93 页。

[74] 米歇尔·克雷索勒:《窗口的一个疯女人》,第 16 页。

[75] 1995年5月15日，卢昂 LDH 致海滨塞纳省省长函："死亡集中营解放之际，在流放者纪念馆举行了一次仪式，您主持了此次仪式。一个纳粹受害者代表团受到冷遇，没有参加纪念仪式，那就是同性恋者代表团。这种分离政策与人权和对基本自由的尊重背道而驰。因此，我们将我们对于此事的愤慨通知您，对于我们民主的代表者来说，此事难以形容。"

[76]《巴黎，诺曼底》，1996年4月10日。

[77]《巴黎，诺曼底》，2000年5月5日。

[78] 2000年4月30日在麦斯，同性恋者代表团无人理睬，成为"时间流放"的受害者。省长事先在4月24日的信件中作了通知："你们的要求只能登记在正式范围以外。"里昂也发生了相似的论战。地方原流放者联合会在《里昂进步报》上声称："在法兰西土地上（阿尔萨斯和洛林已被兼并），没有一人因同性恋而被捕和被流放。所以，我们认为，如果把同性恋者置于这次纪念仪式的首位，并且专门向他们献花，那就是向读者歪曲历史真相。"

[79] 参见1997年4月26日地方报纸《团结》，同时参见2000年4月最后一星期法国地方报纸上的其他主要标题。

[80] 1999年9月15日《南方快报》。参见1999年10月21日刊登的 MDH 的回答。

[81] 1999年4月22日函件。乔治·弗德尔曼还创建了以 Menachem Taffel 命名的小组，此人是1943年斯特拉斯堡的 Reichs-Universität 的 Pr Hirt 的受害者，Pr Hirt 让人从奥斯维辛运送一些犹太人和茨冈人给他，这些人在 Struthof 被杀害后又被切成小块，然后给斯特拉斯堡大学医学院的学生做实验。

[82] 让-路易·博里：《你们如何称呼我们这些同性恋者》，前引书，第25页。

[83] 巴黎第十大学教师 Louis George Tin，巴黎高等师范学院1998年研讨会文集《同性恋：表达/镇压》。第9页。

[84] 埃米尔·勒泰特：《基督徒的见证》，1995年5月2日。埃米尔·勒泰特是 MDH 的副主席。

[85]《马泰奥利委员会调查报告》，第19页。

[86] 同上书，第 41 页。

[87] Odile Jacob 出版社，1991 年，第 114 页。

[88] Dr Dimitri Viza：《被遗忘的大屠杀》，《世界报》1994 年 1 月 16 日。

[89] 老战士和战争受害者部，内阁 1993 年 4 月 23 日新闻公报："美国的大屠杀纪念馆是为第二次世界大战前和战争期间被纳粹疯狂杀害的 1 100 万死难者建立的，其中有犹太人，也有政治反对派、苏联和波兰战俘、残疾人、同性恋者、宗教异见者。"

[90] 粉红色三角联合会国际组织的报告，纽约，2002 年，第 11 页和第 20 页。

[91] 1995 年被 HOSI（维也纳的一个同性恋协会）找到的海因茨·黑格尔（真名 Josef Kohut）的最后一位伙伴，把两盒资料交给华盛顿大屠杀博物馆，其中有一枚极为罕见的粉红色三角原件，这是他在巴伐利亚的 Flossenbürg 集中营中佩戴的，编号为 1896，bloc 6。

[92] 在长达 20 年时间中，官方始终反对在达豪集中营安放一块铭牌，直到 1994 年才终于安放成功。

[93]《红玫瑰之日》是一部由 Etienn Vallès 导演的影片，编剧为 Charles-Henri Daumet，片长 80 分钟，1997 年 4 月 19 日星期日 20：45 在《法国文化》栏目中播放。

[94] AndréSarq：*La Guenille*，信函与诗歌，Actes Sud 出版社，1995 年，第 11 页。

[95] 1994 年 1 月 4 日在法国电视一台播放的 *Perdu de vue*，由 Jacques Pradel 主持。皮埃尔·塞尔此时正在寻找他囚禁在希尔梅克集中营时的证人。

[96] 让·布瓦松：《粉红色三角》，第 74 页、91 页。

[97] 此次放映创造了当年观众数量最多的记录，皮埃尔·塞尔事后收到了 300 封支持信，辱骂和威胁信仅收到 3 封。但是，他的住宅房门上被涂上了一个纳粹卐字符号和"犹大"字样。1995 年他已 72 岁，一天在做完电视节目后，在图卢兹的一条步行街上被一群青年辱骂、殴打，这伙人优雅潇洒，充满仇恨，是一伙名副其实的法西斯分子。

[98] 1996 年 6 月 16 日刊登在《南方快报》上署名 Guy Matry 的一封信，

再度掀起仇恨。这封信写道:"数年以来,有人当作实例告诉我们,一个人在阿尔萨斯的希尔梅克集中营囚禁了一段不长的时间后被释放,在俄国前线充任一个德国军官的副官,直至战争结束。"

[99] 两个关于同性恋流放者的展览同时举行,一个在柏林的 Schwules 博物馆,另一个在萨克森豪森附近的集中营。这次研讨会还得到了德国绿党的支持,该党一位议员 Volker Beck 要求国会"正式恢复受纳粹迫害的同性恋者的名誉,正式表示遗憾和毫不含糊的道歉"。2000 年 12 月 7 日,上述要求均得到满足。

[100] *Têtu*,2000 年 4 月号,第 59 页。

[101] 《政府公报》,1990 年 4 月 14 日。

[102] 参见 2001 年 12 月 8 日《解放报》末版上的皮埃尔·塞尔生前最后一张照片。

[103] 参见关于阿尔萨斯同性恋流放者的资料《沉默的流放者》,载 1994 年 *News d'Ill* 第 24 期,第 34~38 页,前面已经提及。

[104] 莫利斯·布朗绍:《不可告人的群体》,Minuit 出版社,巴黎 1985 年,第 54 页。

[105] 当 Antia Bryant 正在美国大放仇视同性恋的厥词时,美国作家 William Burroughs 于 1987 年接受我的询问时也感到忧虑,他语带惊惶地说:"我们也许走得太远了。"(载 *Gaie Presse*,1987 年第 1 期)

[106] 让-路易·博里:《你们如何称呼我们这些同性恋者》,第 88 页。

[107] 米歇尔·福柯与让·勒比图 1978 年 7 月 10 日的谈话,载《同性恋杂志》1996 年第 2 期秋季号,第 50 页。*Saint Foucault de David Halperin*(EPEL 出版社,巴黎,2002 年)大量引述了此次谈话。福柯在他的最后一篇文章《福柯与同性恋文化政策》(载《说的和写的》,Gallimard 出版社,第四卷,1994 年,第 163~167 页)中,再次引用这次谈话。

[108] 盖伊·奥克汉姆,*Gai Pied*,1979 年 7 月,第 1 期。参见同一作者的《科学灭绝的疯狂年代》,载 *Race d'Ep*,第 97~144 页,Lionel Soukaz 根据这篇文章于 1979 年拍摄了一部影片。在这部影片中,历史学家皮埃尔·哈恩扮演马格努斯·希斯菲尔德。他的那两位顾问则由 FHAR 的作家和战士

Yves Jaquemard、Jean-Michel Sénécal 扮演；哲学家 Rene Schérer 扮演 Von Glöden 男爵。在最后一场戏中，盖伊·奥克汉姆出演 70 年代的一个巴黎同性恋者，此人在巴黎歌剧院附近的酒吧中晃荡，阿根廷演员和作家 Copi 和哲学家 Gille Chatelet 也经常在此出没。

［109］威廉·阿龙德一家因其亲眷的英雄行为后来在全国扬名。

［110］威廉·阿龙德和弗里达·贝莉范特传记中的大部分资料，都摘自与他们有关的 1998 年那部报道片。这部报道片的制作人是 Toni Boumans，出品人是 Frame Mediaprodukties 和阿姆斯特丹的 Nedelandse Culturele Omroep-producties。这部报道片与 Lutz Van Dijk 的作品之间有若干细小的差别，对此我们无缘置喙，Dijk 的片子新近由 Charles Adam 译成法语，名为《同性恋流放者》，参见荷兰人 Gert Hekma 对威廉·阿龙德的研究。

［111］华盛顿大屠杀博物馆临时发给参观者一张流放者的身份证，借此使参观具有个人特色。在此类身份证中，威廉·阿龙德的身份证至今犹存。马萨诸塞州众议员 Gerry E. Studds 参观这个博物馆时也恰巧得到了一张。此人是 1994 年美国众议院"站出来说话"的众议员之一。他说："得到这张身份证，令我十分感动。"（MHW 公报，1995 年 7 月 20 日）

［112］让-路易·博里在《你们如何称呼我们这些同性恋者》（前引书，第 84 页）中转引马尔罗的话："同性恋研究通过把同性恋者排除出资产阶级，使后者对自己的阶级弱点有一个更加清晰的认识，就连一个政党也做不到这一点。"

［113］参见《同性恋流放者》，第 129～140 页。

［114］UNADIF 联合会具有无与伦比的活力，似乎不会在历史证据面前善罢甘休。2000 年 6 月的代表大会上，该会在其月刊《流放者》上整版刊登了一篇署名抗议文章，题为《停止歧视》。文中写道："许多逃出集中营世界的犹太同志赞同我们的观点，但他们遭受着若干派性分子的严重骚扰。很遗憾，被认真倾听的恰恰是这些人。"同一期月刊上位置靠后处还有另一篇文章，占了整整两页的这篇文章是为"流放纪念日同性恋者纪念活动"而写，文中令人吃惊地写道："他们把同性恋事业看得重于他们的流放生活，因而触犯了原流放者，这些流放者从未把任何人排斥于纪念活动之外，甚至是那些

无缘无故被流放的人……谁来为无故流放者专门组织一次纪念集会？"(《流放者》2000年6月—7月号，第5页，第28~29页)

[115] 见《马其诺防线》，第87期，1998年7月。参见 Gay e. Male 杂志第43期上的一篇文章《不应把老战士和老顽固混为一谈》，1999年9月。

[116] 在他的《寻常的排犹主义，维希及其辩护士》中，罗伯特·巴丹泰提到了 Xavier Vallat，此人是第一次世界大战中的英雄，当选为老战士协会的总书记，后来被贝当任命为法国犹太人问题专员。(第75页及以下多页)

[117] 弗洛朗斯·塔马尼转引，同前书，第508页。

[118]《世界报》，2000年7月11日，第4版，第34版。教皇约翰-保罗二世严厉抨击在梵蒂冈四周举行的20万同性恋者大游行，他在这个大赦之年说："同性恋的行为违背自然法则。"

[119] Lattre de Tassigny 将军为艾梅·斯皮茨的著作《Le Struthof，阿尔萨斯纳粹的苦役犯监狱》撰写的序言，Selestat 出版社，Stammung，1946年，第7页。

[120]《解放报》，1994年6月15日。

[121] 历史学家 Fabricie Virgili 的一部近作在谈及解放之时被剃光头的妇女们的故事时，说到当时也有被剃光头的男子，我们对这些男子所知甚少，对他们的指控是什么呢？这是历史上模糊不清的又一页。(La France Virgile，Payot 出版社，巴黎，2000年)

[122] 这里说的是 Kurt von Ruffin（93岁，利希滕贝格集中营）、Friedrich von Groszheim（91岁，诺因加默集中营）、Albrecht Becker（89岁，纽伦堡监狱，后来转往东线）、皮埃尔·塞尔（72岁，希尔梅克集中营，后来转往东线）、Teofil Kosinki（70岁，Totun 监狱、Kossow 监狱，后来转往 Stuhm 集中营、Graudenz 集中营、汉堡附近的 Hahnoefersand 集中营）、Tiemon Hoffman（70岁，格罗宁根监狱）、Dik Monster（70岁，Amersfoort 集中营，后来转往勃兰登堡集中营）。MHW1995年公报。其中数人如今已经去世。

[123] 米歇尔·切尔斯的文章《否定与再否定，粉红色三角问题》，前引书，注22，第18页。

[124] 米歇尔·切尔斯的文章，第 21~22 页："为粉红色三角的记忆所作的斗争与反对不折不扣的否定主义的斗争十分接近，因为前者也需要使用与后者相同的武器……必须时刻从政治上捍卫实证历史学和活的记忆，因为记忆永远不可能给予，因为记忆可以谋杀，因为历史学无论怎样实证，毕竟不是纯科学，历史学始终摆脱不了政治和道德力量的较量，而这些力量必然会圈定历史学的范围，为历史学研究指出方向。"

[125] 犹太人同性恋者协会 Beit-Haverim 副主席 Dan Vyde 搜集的证言。

结束语

2001年4月26日,前被囚者全国纪念日之前3天,利昂内尔·若斯潘总理在一次在荣军院大厦中举行的纪念会上宣布:"除了纪念这一件大事以外,其他任何东西都不必在意。重要的是,我们的国家完全承认,在被德国占领期间发生过对某些少数群体、西班牙的难民、茨冈人和同性恋者残酷迫害的事实。"[1]在这个纪念日里,有好几百人,其中30人身披三色绶带,得以参加全国正式纪念大会之后所进行的追思活动。此次大会是在巴黎旧城西岱岛举行的,是专为纪念被纳粹迫害的同性恋者而举行的。共和国的代表出席了大会,周围环绕着法国国旗和绣着三角形标记的集中营旗帜,以伞兵为代表的军队也参加了大会。由于有警察保护,大会进行得十分顺利。

胸前饰有粉红色标记的同性恋者代表团,从该纪念性建筑物的铁栅栏入口处进入的时候,站在该纪念性建筑一侧的合唱队唱起了瓦内奥-拉图尔1832年的哀乐,然后是一分钟默哀。没有任何人发表任何讲话,整个会场一片沉寂。会议进行中,皮埃尔·塞尔首先向犹太人组织递交了一封表示团结一致的信函,然后他又去向西蒙娜·韦伊表示问候,并去同贝特朗·德拉诺和老战士部国务秘书让-皮埃尔·马斯雷举行了会谈。最后,他才与同性恋者代表团一道,向牺牲者献上了花圈。

纪念会进行当中,新任巴黎市长贝特朗·德拉诺向前同性恋被囚者纪念大会递交了一封支持函件,他还特别宣布:"在这举行纪念的日子，我明确地再次强调，纪念会是为所有曾经被囚人员举行的，无一例外，他们都应受到尊重。我非常高兴现在由政府出面，通过建立一个委员会，来重新找回历史的真相，任何人都不能对此视而不见。是的，粉红色三角标记存在过。但隐瞒和否认他们的势力将会重新出来，抓住这些曾经在狱中受难的、被纳粹野兽和疯子摧残的牺牲者不放……同性恋协会代表团被官方纪念活动所接纳以及他们得以献上花圈这一事实，在我看来是不容置疑的一大进步……所有的女人和所有的男人们，我们都应百倍警惕。我们反对歧视、反对凌辱、反对专制和排斥的斗争远远没有取得最后胜利。"

事实上，这个全国纪念日活动举办前，组织者就同老战士部国务秘书和被囚禁者基金会进行过接触，他们就地方同性恋代表团被邀正式参加并敬献花圈一事举行商谈。此事被省政府批准并且发了公文。[2]让-皮埃尔·马斯雷在同性恋报刊上宣称："我希望人们不要忘记因同性恋而坐牢牺牲的那些男人和女人。因此，如果以前我们把他们遗忘了的话，最简单的办法就是现在来追思和纪念他们。"[3]在十五个左右的城市中，类似的献花圈举动均顺利进行，只有少数几个城市如鲁昂、里尔和蒙彼利耶等有些小小冲突。

在全国纪念日举行之后的一周周末，400个法国前被囚被流放者协会的成员于5月初重聚在斯特拉斯堡，举行他们一年一度的代表大会。这是一个引起众怒的时刻。他们自己的月刊《被囚禁者》在4个月之后公布了这次冲突事件。该刊编辑部的文章是很清楚的："关于我们所关心的两个主要问题，即孤儿的救助补贴问题和过分渲染同性恋者参加前被囚禁者纪念活动问题，马斯雷先生都没有给我们带来我们所期望的满意答案。……此外，今天参加活动的同性恋者都不是在集中营环境和时代中出生的人。[4]不管他们是什么，政府已经成立了被囚禁者纪念基金会，着手对同性恋'被囚禁'问题进行研究。我们以平静和信任的心情，等待着研究结果。"

但是，在斯特拉斯堡，平静和信任的心情并未出现。大会在报告中礼貌地指出："庄严的闭幕式在负责老战士部工作的国务秘书在场的情况下，发生了异乎寻常的骚乱，这是我们代表大会历史上从未有过的现象。"在法国前被囚被流放者协会主席的带领下，一个代表向国务秘书提出质询并批评利昂内尔·若斯潘4月26日在荣军院的讲话。[5]若斯潘进行了反驳："你们难道害怕历史的真相吗？一个历史调查委员会将告诉我们一切。"[6]此外，让-皮埃尔·马斯雷意识到，对阿尔萨斯和莫泽尔的偏见也是构成排斥同性恋问题的因素（皮埃尔·塞尔也是阿尔萨斯人），于是他在讲台上补充道："人们对我说：'我们赞成为法国前被囚禁牺牲者举行纪念活动。'那好吧。法国的牺牲者。但一旦到了这一时刻，人们又对我说：'法国没有同性恋身份的前被囚禁者。'但人们还向我说：'也许有一位，但他是阿尔萨斯人。'这样一来，阿尔萨斯和莫泽尔就不是属于法国的了。然而，这两个地方的的确确是法国的。为了我们的境况得到改善和重视，我同洛林、莫泽尔和阿尔萨斯的当选议员一道，进行过顽强的斗争。"这位莫泽尔的当选议员最后补充道："尽管只有唯一的一个，但我同其他议员一样，我是他们中的一员，我是光荣的。"大会记录："大厅中发生了巨大的骚乱。"

接下来的一个星期，国务秘书赴克莱蒙费朗，出席在那里举行的前被囚被流放者协会全国代表大会。他受到与会者的热烈欢迎，[7]证明反对者阵营在此问题上已经缓和。一个真正意义上的纪念愿望将会实现。正如这个联盟最近发表的题为《集中营里的同性恋和同性恋者》一文的前言中所指出的："在此问题上最近我们采取的立场引起了激烈的争论。我们认为在对待这个问题上，有必要更冷静些，不要有先入之见，也不要有敌意和偏见。一切以历史事实为准。"人们可以读一读2001年6月莫里斯·武特的一篇署名文章，这位前被囚者联盟的领导成员谈到了最早的真实情况："同性恋和同性恋者，首先有必要对这两个经常混淆的概念进行区分，这并不是喜欢唱反调，才认为必须注意到，集中营里的同性恋，常常并未有过像关在监狱中的同性恋者那样的行为。莫里斯·武特注意到佩带粉红色三角标记的囚犯在集中营里没有活很长时间，因为党卫军使用残酷的手段，以折磨他们来取乐。"他最后说："难道非得要剑拔弩张、兴师动众地在牺牲者当中进行甄别吗？难道不应该坚持既不排斥，也不节外生枝，仅以沉痛历史的客观事实对待一切吗？"[8]

政府决定重新开放官方的历史档案。为了同性恋组织机构所要求的这一历史任务，那个时代的历史专家都愿意出来为被囚禁者纪念基金会效力。[9]集中营的罪恶制度难道还要死灰复燃吗？汉娜·阿伦特说："并不是集中营本身的无效能性质使它显得既特别又使人不安，它本身的职能就注定它是无效能的。如荒唐惩罚完全无辜的人，强迫他们劳动时显得无能，徒劳无益地吓唬那些已经非常顺从的老百姓。事实是，即便是紧急的军事行动也不能干扰这种'人口政策'。因为对于纳粹分子来说，杀人工厂的运行比打赢战争更重要。"[10]对我们来说，近数十年中，没有得到答案的问题非常之多。关于阿尔萨斯和莫泽尔，还需要确定法国警察局在被占领之前就已非法建立了同性恋者档案以及把档案移交给纳粹分子的情况。还应该知道有多少阿尔萨斯人和莫泽尔人因此而被无端殴打、被驱逐、被抓捕，以及他们被关押在监狱或集中营的时间和关押的条件。我们也想知道北加莱地区同性恋者的命运，他们的地位就同那里其他居民的命运一样，是取决于布鲁塞尔的，在那里，犹太人的命运特别悲惨。我们对生活在尼斯地区的男人和妇女的情况也一无所知，尼斯是休战期间赠送给墨索里尼统治下的意大利的。对于1942年至1992年期间，在达尔朗的仇视同性恋法律影响下，给成千上万的同性恋牺牲者造成的损失，又当如何计算呢？

法国本土是呈六边形的,这一点我们在上学时就知道了。为什么我们有些同胞忘记了它呢?2002年公布了一份报告,其中好像是说,在第一批公开的档案中,似乎在阿尔萨斯不止有皮埃尔·塞尔一个人,而是有数百人之多。[11]如果该报告中的人名是需要保密的话,则他们的出生日期表明有些像皮埃尔·塞尔那样的被囚禁者当时是18岁。而另一些生于1869年的同性恋囚犯,那时应该是70岁左右的人了。在集中营里,老人的命运更要悲惨得多。戴维·鲁塞回忆道:"在这贫穷脏乱的环境中,最使人想不到的严重情况是,所有年龄的差异都取消了。所有原来对老人的某些礼貌和尊敬的习惯通通没有了。老人们同大家一样服从强制措施。年轻人可以打他们、骂他们,可以任意把他们从座位上赶走自己取而代之。老人们体弱,是别人嘲弄、蔑视和侮辱的对象。"[12]这些信息是从数以百计的阿尔萨斯和莫泽尔同性恋被囚禁者口中得到的,他们都是穿越希尔梅克和斯特鲁多夫两个集中营的铁栅栏逃出来的。这些信息应该促使人们在未来的正式纪念活动中,把粉红色三角标记的真实情况公之于众。巴黎旧城西岱岛的纪念已经做到了,在那里,粉红色三角标记很快就会被雕刻出来,同其他一些象征性纪念物放在一起,供人们瞻仰。

我们期待着,在未来的纳茨维勒-斯鲁多夫开纪念会时,有一块供人们纪念的场地。我们也期待着能竖立一个纪念牌,把欧洲独裁者统治之下同性恋者受迫害、遭杀戮的事实记录下来。

然而,今天的这个结束语并不能使事情结束,我们听说,2001年5月10日,开罗对一家夜总会"女王之舟"进行了一次搜查,52个被认为是同性恋者的人,被军事法庭判处5年监禁。[13]他们被送进牢房,名字在大众媒体上公布。他们各自的家庭也受到街区当局的虐待。埃及法律并不明确惩处同性恋。一个政权,当它始终担心着国内有一群愤怒的人民而且提防着一批胃口很大的野心家的时候,它必然会发明一些同纳粹一样的阴谋手段,把社会矛盾的出路寄托在同性恋这只替罪羊的身上。这些阴谋分子可能属于某个黑色教派,他们试图把同性恋者纳入他们的秘密组织。这是 2001 年关于宗教裁判的调查结果。[14] 正如蓬皮杜中心主任让-雅克·拉里亚贡在 2001 年 11 月 20 日《解放报》上发表的文章所说:"人们停止在法庭上传讯同性恋者。……正当有关'175 条款'的影片在我国公开放映的时候,埃及却在有意识地打击同性别人的性关系,以此表明他们同西方现代社会有所不同,他们不惜冒同历史上最黑暗行为同流合污的危险。"[15] 但他们并不能最后解决矛盾。罗伯特·巴丹泰提醒人们:"歧视政策永远令人厌恶,永远。它是一种成见的表现,是偏见。它始终使你感到一种隐蔽的迫害压力。打击和迫害同性恋力量依然存在。我没有把握说,在某些地方,这种情况不会延续下去。"[16] 直到今天,世界上仍有 87 个国家在对同性恋进行谴责。[17]

本书只希望叙述一个世纪以来没完没了的荒唐追逐和政治斗争。也谈到同性恋者的反抗,他们面对社会禁令,敢于公开站出来承认自己的身份。但愿这一历史悲剧的教训能促使人们互相理解,能把不宽容和偏狭永远抛弃,使人们都和谐地共同生活。

注释

[1] 参见《解放报》2001 年 4 月 27 日、30 日。

[2] 弗兰克·扎尼开设的网站为这种政治压力推波助澜,这个网站搜集了纳粹对同性恋者的实施迫害的所有证据(www.chez.com/triangle)。此外,皮埃尔·塞尔曾在马赛夏季同性恋大学作证。一份由千余人签名的请愿书也表达了进一步了解的要求。(参见 MDH 的文章《共同回忆》,载文化杂志 *Gay Triangle* 第三期、第五期,2001 年,第 656~661 页)

[3] 双月刊 *Gay Illico*,2001 年 5 月 31 日。

［4］有一些人享受着官方的所有颂扬和国家的敬重，半个世纪以来一直领取年金，享受着历史为他们带来的荣耀，他们享有经由家庭渠道传播回忆的方便，我们为了解决这个历史问题曾与他们核对，令人十分惊诧的是，他们为向年轻一代传播非常困难而抱怨，年轻人似乎想要逃离"他们的"模式。这并不妨碍他们批评同性恋者代表团中的年轻人，这些年轻人希望回忆，但以他们的长者不能享用这些政治和社会好处中的任何一项、也不能享用记忆的传播为条件，而此事正是发生在这个没有为同性恋流放者发放过一笔年金的国家中。

［5］国民教育部部长亚克·朗的工作人员向所有历史学教授分发了《把 Shoah 的故事告诉你的孩子》一书。此书由 Stephane Bruchfeld 和 Paul Levine 撰写，由 Ramsay 出版社出版，书中的第 34 页和 37 页讲述了纳粹主义对同性恋者的特殊迫害，所引用数据与我们在本书中所引用的数据相同。

［6］《流放者》，第 526 期，2001 年 5—6 月，巴黎，第十五区，Bauches 街 8 号。

［7］让-皮埃尔·马斯雷在老战士部任职四年后于 2001 年 9 月卸任，参加参议员竞选。具有讽刺意味的是，他当选的省份是摩泽尔，这里向来是保卫共和联盟的议员保罗·米盖盘踞的领地，而这位议员恰恰是 1960 年把同性恋者斥为社会灾害的始作俑者。

［8］*Le Patriote Résistant* 第 740 期，2001 年 6 月，第 17 页。

［9］其他欧洲国家也采取了同样措施。所以，当皮埃尔·塞尔著作的西班牙文版的序言终于触及佛朗哥统治下的同性恋者的命运时，西班牙议会的司法委员会于 2002 年 1 月 15 日通过了一项法律草案，要求为佛朗哥统治时期的同性恋受害者平反。仅在佛朗哥独裁统治的最后十年间，就有一千余人受到迫害。此外，一个国际组织，即粉红色三角联合会，他们在全世界联合了九个协会，其中包括 MDH 以及美国联邦法院和瑞士银行属下的三十个协会，联合这些协会的目的是引起对大屠杀所造成的损失和可索还的手段的注意，以便牢记在心；此事涉及幸存者，但同样关系到促使真实记忆永存的手段，诸如调查费用、记录口述资料、文献整理和大学研究所需的资料（参见 PTC 的报告，La Lambda Legal Defense and Education Fund，inc，2000 年 1 月 14

日,纽约)。OIM(国际移民组织)号召展开一个围绕受纳粹迫害的同性恋受害者的信息和赔偿运动(IOM/HVAP,瑞士,日内瓦,Morillons 街 17 号,71,1221 信箱)。PTC 的国际报告强调指出,在 20 年代和 30 年代,当不宽容态度甚嚣尘上乃至突然发作时,德国同性恋者所开银行户头多达数千个,战后无人前来或无人能来索要这些存款。

[10] 汉娜·阿伦特的文章《社会科学研究方法与集中营研究》,载《奥斯维辛与耶路撒冷》,第 204 页。

[11] 参见 Claude Mercier 撰写的流放记忆基金会报告,此报告的内容涉及"第二次世界大战期间从法国送往纳粹集中营的同性恋流放者",题为《逮捕理由第 175 号》,2001 年 10 月作为通知分发给各个流放者联合会。同性恋者历史委员会的工作开展之前,国务院于 1995 年作出决定,将阿尔萨斯和摩泽尔的同性恋流放者的真实性问题(我们得到的最初数据即来源于此)纳入将于 2003 年由该部发布的《纪念册》中的一章。

[12] 戴维·鲁塞,转引自《奥斯维辛与耶路撒冷》,第 65 页。

[13] 参见《解放报》2001 年 9 月 3 日,《世界报》2001 年 9 月 17 日。

[14] 2001 年 9 月 11 日发生在纽约的针对美国和西方民主国家的袭击事件,凸显了塔利班的运作机制。他们对妇女的刻骨仇恨,以及他们在自己内部实施将女同性恋者处死的教规使妇女纷纷躲藏起来,他们的未成年小战士就成了提供性服务的工具。仅 2001 年一年,沙特阿拉伯至少将 81 个同性恋者斩首。另外还有一个正面英雄虽然没有出现在法国报刊上,美国传媒却向他表示敬意。这是一位年轻人,9 月 11 日那一天,他用手机告诉母亲,他将要反抗劫持飞机的匪徒,当时他正在那架准备施行自杀攻击的飞机上,结果飞机既没有撞向白宫,也没有撞向国会大厦,而是坠毁在宾夕法尼亚州的森林中。他的母亲证实,他是同性恋协会的成员,也是旧金山同性恋者橄榄球队的队员。这架飞机上反抗劫机的发起人,就是这位 30 岁的马克·宾厄姆。或许是他的与众不同之处和早就领略了社会仇恨的经历,促使他发出信号,与日本的神风队飞行员自杀式的劫机犯展开搏斗。出席马克·宾厄姆葬礼的参议员约翰·马克凯恩谈到了"同性恋者"。马克·宾厄姆极为罕见地被追授国会勋章。

［15］爱泼斯坦和杰弗里·弗里德曼的影片《175条款》于2001年秋季在法国的十余个城市放映。许多场次放映完毕后进行座谈，尤其在里尔、巴黎、图卢兹、马赛、波尔多、里昂、格勒诺布尔、牟罗兹、南锡、蒙佩里埃、南特、波域和斯特拉斯堡。

［16］罗伯特·巴丹特于1995年6月15日法国电视三台播出的节目《世纪的脚步》，主持人为让-马里·卡瓦拉。

［17］其中包括阿根廷、巴西、保加利亚、多米尼加、菲律宾或美国的某几个州。

译后记

有些问题困扰所有时代、所有文明和所有意识形态。同性恋能算一个。

从历史上看,古代希腊尊崇同性恋。古罗马世界也不讳言此事,文治武功皆受赞颂的哈德良皇帝迷恋希腊娈童安提诺乌斯,便是最著名的实例。基督教传入欧洲后,同性恋的声誉开始一落千丈,最终被认为是一个犯罪,值得国家法律和宗教教规的惩罚。到了近代,首先在德国,同性恋才成为一个科学研究项目,德国的马格努斯·希斯菲尔德和他的研究中心同行,可以说是这一领域的先驱。这方面的研究虽多,各家意见却还没有趋于一致。起初,一般认为同性恋是后天的,和社会习俗与周围环境有关,是一种恶习。后来更多专家认为它是先天的、遗传的。如果我们相信它是一种生理变态,它却对一般的身心健康没有影响。同性恋者中不乏才智之才,尤其出了许多艺术家和大作家。另一方面,如果把同性恋认作是一种需要治疗的疾病的话,则各种疗法收效甚微。

不同社会在不同时期对同性恋的宽容程度有所差别。在纳粹德国,同性恋从一个道德问题、医学问题或社会问题变成政治问题。为了雅利安人的世界霸权,纳粹德国鼓励生育,于是不能繁衍后代的同性恋者受到最严厉的惩罚。惩罚的手段是把他们送进集中营,要他们承担最繁重、最低贱的劳动,直到被"优先"送进毒气室。德国本土和德国占领地区的同性恋者都遭受了这样的浩劫。

反法西斯战争胜利后,各国为法西斯集中营中的受难者和牺牲者建立了纪念碑,为他们举行各种纪念活动和展览,尽管同性恋者在集中营里的表现不比其他群体逊色,他们作为被迫害者的身份却一直未被承认。一个象征性的事件是,年复一年,每逢集中营中牺牲者和英雄全国纪念日举行悼念活动,追忆那些集中营的受害者时,法国的同性恋团体却无权与其他受难者组织(战俘、犹太人、茨冈人等)一样,以自己的名义,为巴黎西岱岛上的前被囚者纪念碑献上一束悼念的花圈。经过长期的斗争,至2001年的纪念日,胸前饰有粉红色三角标记的同性恋者代表团终于赢得此一权利。

  本书记述了同性恋者受纳粹德国迫害的过程,和他们在战后为不被遗忘而做的不懈努力。历史最终是公正的。它记住一切,有时以显赫的形式,有时以悄悄的、隐蔽的方式。历史要求人们有耐性。

邵济源

Les Oubliés de la Mémoire by Jean Le Bitoux
Copyright © Hachette Littératures, 2002
Simplified Chinese version © 2015 by China Renmin University Press.
All Rights Reserved.

图书在版编目（CIP）数据

爱与黑暗："二战"时期欧洲的同性恋者/（法）勒比图（J. L. Bitoux）著；邵济源译.—北京：中国人民大学出版社，2015.5
ISBN 978-7-300-21088-9

Ⅰ.①爱… Ⅱ.①勒… ②邵… Ⅲ.①同性恋-研究-欧洲-1939～1945 Ⅳ.①D750.81

中国版本图书馆 CIP 数据核字（2015）第 073670 号

纪念世界反法西斯战争胜利 70 周年
爱与黑暗
"二战"时期欧洲的同性恋者
［法］让·勒比图（Jean Le Bitonx）著
邵济源 译
Ai yu Heian

出版发行	中国人民大学出版社		
社　　址	北京中关村大街 31 号	邮政编码	100080
电　　话	010-62511242（总编室）		010-62511770（质管部）
	010-82501766（邮购部）		010-62514148（门市部）
	010-62515195（发行公司）		010-62515275（盗版举报）
网　　址	http://www.crup.com.cn		
	http://www.ttrnet.com（人大教研网）		
经　　销	新华书店		
印　　刷	北京易丰印捷科技股份有限公司		
规　　格	148 mm×210 mm　32 开本	版　次	2015 年 6 月第 1 版
印　　张	8.875 插页 1	印　次	2016 年 7 月第 2 次印刷
字　　数	214 000	定　价	28.00 元

版权所有　侵权必究　印装差错　负责调换